WESTEND

Zum Buch:

Zwei auf den ersten Blick banale Fragen: Das weltweit frei vagabundierende Spekulationskapital ist ein Krisenrisiko ersten Ranges – warum gelingt es noch nicht einmal, eine Finanztransaktionssteuer einzuführen? Je schneller ein Auto fährt, desto mehr klimaschädliche Abgase emittiert es – warum gibt es kein Tempolimit? Klar: Lobbyismus. Es ist skandalös, wie es Lobbyverbänden gelingt, politische Entscheidungen zugunsten der eigenen Profite zu beeinflussen. Leidtragende sind in der Regel wir, die Bevölkerung. Die Autoren zeigen, in welchen Bereichen und welchem Umfang Lobbyisten tätig sind, und sie fordern: Mehr Transparenz bei den politischen Entscheidungsfindungen und Schluss mit den illegitimen Auswüchsen des Lobbyismus!

Ines Pohl ist seit 2009 Chefredakteurin der taz. Die studierte Germanistin arbeitete zuvor als freie Journalistin, Ressortleiterin Politik der *Hessischen/Niedersächsischen Allgemeinen* und Korrespondentin für die Mediengruppe Ippen in Berlin.

Ines Pohl (Hg.)

Schluss mit Lobbyismus!

50 einfache Fragen, auf die es nur eine Antwort gibt

Redaktion:
Mathias Bröckers und
Jürgen Gottschlich

WESTEND

Mehr über unsere Autoren und Bücher:
www.westendverlag.de

Die Deutsche Nationalbibliothek verzeichnet diese Publikation in der Deutschen Nationalbibliografie; detaillierte bibliografische Daten sind im Internet über http://dnb.d-nb.de abrufbar.

FSC
www.fsc.org
MIX
Papier aus verantwortungsvollen Quellen
FSC® C083411

ISBN 978-3-86489-024-6

Umschlaggestaltung: toepferschumann, Berlin
Autorenfoto: taz
Typografie: Stefanie Silber Gestalten, www.silbergestalten.de
Satz: Publikations Atelier, Dreieich
Druck und Bindung: CPI – Clausen & Bosse, Leck
Printed in Germany

Inhalt

Vorwort 9

Warum Lobbyismus kontrolliert werden muss 12

Lobbyorganisationen und LobbyistInnen 32
1 Lobby im Amt 32
2 Lobbyisten zeigen Gesicht 36
3 Waffen in die weite Welt 40
4 Bertelsmann: Lobbyismus als Steuersparmodell 44
5 Heavy Metal und soziale Marktwirtschaft 48
6 Die SPD als Lobby-Schlachtfeld 53
7 Lobbyisten als Parteispender 56
8 Die Lobby Gottes 61
9 Verleger gegen Google 64
10 Bilderberger – die Weltlobby 70

Banken und Finanzen 74
11 Ackermann und der Schuldenschnitt 74
12 Banken gegen Transaktionssteuer 78
13 Ratingagenturen – Lenker der Weltwirtschaft 82
14 Das Elend der Griechen 85
15 Wirtschaftslobby vs. Lafontaine 88

Auto und Verkehr 92
16 Warum wir weiter rasen 92
17 Die Geher-Lobby 95

18 Kranich fliegt steuerfrei 99
19 Brummis als Lagerhallen 103
20 Im Dienst nur Mercedes 107
21 Die Bahn: Privatisierung auf Kosten der Allgemeinheit 111

Agrar und Nahrung 114
22 Bauernverband: Lobby für die Turbo-Kuh 114
23 Agrarkonzerne als Subventionsgewinner 117
24 Legehennen: Skandal ohne Ende 121
25 Schlechtes Essen bleibt unerkannt 125
26 Warum wir immer weiter shoppen 128
27 Saatgut: Die Monopolisierung von Lebensgrundlagen 131
28 Lebensmittelindustrie schlägt Verbraucherschutz 135
29 Warum Gentechnik auf dem Acker bleibt 139

Ökologie und Energie 143
30 Kampf dem Müll 143
31 Friedensnobelpreis für die Atomlobby 146
32 Solarseilschaften im Ökobusiness 150
33 Energiewende hat Kohle 153
34 Das Ende der Glühbirne 156

Pharma und Drogen 160
35 Warum der Drogenkrieg nie endet 160
36 Psychopharmaka und Suizid 164
37 Pharmalobby verführt Kinderärzte 168
38 Spielsucht wie geschmiert: die Automatenlobby 172

Politik und Lobby 177
39 ACTA: Urheberrechtslobby vs. Internetcommunity 177
40 Das Sterben der Hallenbäder 181

41 Shoppingcenterlobby unterwandert Kommunen 185
42 Entwicklungshilfe für Geberländer 189
43 Minister ohne Fortüne 192
44 Einbürgerungen für Deutschlands Kinder 196
45 Türkei: Warten auf die EU 198
46 Niemand will Krieg. Niemand? 203
47 Gute Lobby/böse Lobby: Greenpeace 206
48 Europas letzter Diktator 211
49 Kein Strom im Erdölland 215
50 Männer leiden am Patriarchat 218

Die Autorinnen und Autoren 223

Vorwort

Von Ines Pohl

Interessenvertretung ist eine Grundlage der Demokratie. Wo alle Macht vom Volke ausgehen soll, muss das Volk mit seinen vielfältigen und unterschiedlichen Interessen auf Reformen, Gesetze, Verordnungen und die, die sie machen – Parlamente, Regierungen, Abgeordnete –, Einfluss nehmen. Diese Einflussnahme ist so alt wie die Demokratie selbst und eine unverzichtbare Lebensader der politischen Willensbildung. Die Forderung »Schluss mit Lobbyismus« meint deshalb nicht, diese Einflussnahme zu stoppen. Niemand kann wollen, dass Entscheidungen künftig nur noch im luftarmen Muff von Beamtenstuben und Kommissionen vorbereitet werden. Vertretungen von Interessen soll und muss es geben, wenn Demokratie lebendig bleiben soll. Dabei muss aber klar und transparent sein, wer welche Interessen warum vertritt. Wenn Gewerkschaften sich für Arbeitnehmerinteressen einsetzen, wenn Kirchen ihre religiösen Belange vorbringen oder Studierende bessere Bildungsangebote fordern, würde das niemand Lobbyismus nennen.

Und darum geht es auch nicht, wenn heute neben Gesetzgebung, Rechtsprechung und Verwaltung und den Medien als vierter Gewalt von der »fünften Gewalt« des Lobbyismus gesprochen wird. Bei dieser Neuentwicklung handelt es sich genau betrachtet vielmehr um einen Rückschritt in autokratische Systeme, wo einst privilegierte »Hofschranzen« in den Vorzimmern der Macht »antichambrierten«, um ihre Partikularinteressen durchzudrücken. Wenn heute aber Vertreter bestimmter Industrieverbände direkt in Ministerien angestellt sind oder Minister sich Gesetzesvorlagen von externen Industrieberatern schreiben lassen oder Politiker nach Ablauf der Amtszeit nahtlos in Großkonzerne wechseln und durch die Drehtür wieder zurück in ein Amt – dann sind wir von solchen vordemokratischen Hofschranzensystemen tatsächlich nicht mehr weit entfernt.

Solche Auswüchse zu stoppen und zu verhindern, dass sich Partikularinteressen zuungunsten des Gemeinwohls durchsetzen, liegt im ureigenen Interesse jedes demokratischen Systems. Weil wir zeigen wollen, wie Lobbyismus wirksam kontrolliert werden kann, haben wir diesem Buch ein Gespräch mit Timo Lange, dem Sprecher von LobbyControl, vorangestellt – der Nichtregierungsorganisation, die sich seit 2005 in Deutschland in Sachen Lobbyismus engagiert. Und wie notwendig ein solches Engagement ist, zeigen die fünfzig Beispiele, die Autorinnen und Autoren der *taz* für diesen Band ausgewählt haben. Auch wenn die Fragen auf den ersten Blick banal erscheinen mögen, werden Sie erschüttert sein, welche Verwebungen es zwischen Politik und Privatinteressen gibt: Wir wissen, dass das weltweit frei vagabundierende Spekulationskapital ein Krisenrisiko ersten Ranges ist – warum gelingt es noch nicht einmal, eine Finanztransaktionssteuer einzuführen? Je schneller ein Auto fährt, desto mehr klimaschädliche Abgase emittiert es – warum gibt es kein Tempolimit? Warum verschwinden selbstverständliche Dinge wie Hallenbäder oder Glühbirnen, warum werden ungesunde Lebensmittel nicht deutlich gekennzeichnet, warum wird der aussichtslose »Krieg gegen Drogen« immer weiter geführt, warum verpesten Flugzeuge steuerfrei die Luft, warum werden immer mehr Kinder mit Psychopharmaka gedopt? Jedes Mal und immer wieder stecken Lobbyisten und ihre Profitinteressen dahinter. Und die Leidtragenden sind in der Regel wir, die Bevölkerung. Die Beiträge zeigen, in welchen Bereichen und welchem Umfang Lobbyisten tätig sind, und sie fordern: Mehr Transparenz bei den politischen Entscheidungsfindungen und Schluss mit den illegitimen Auswüchsen des Lobbyismus.

Ich verspreche Ihnen eine erhellende Lektüre, die Sie durchaus aufregen soll!

Warum Lobbyismus kontrolliert werden muss

Ein Gespräch mit Timo Lange von LobbyControl

LobbyControl wurde 2005 gegründet. In diesem Jahr wurden die Nebenjobs von Politikern – Friedrich Merz hatte ganze achtzehn – zum Medienthema. 2006 sorgte der Wechsel des Ex-Kanzlers Schröder zu Gazprom für Aufsehen, dann der Übertritt von Wolfgang Clement zu RWE … Doch bevor wir zu solchen konkreten Fällen kommen: Wie definiert LobbyControl das Phänomen Lobbyismus überhaupt?

Lobbyismus ist zunächst einmal die gezielte Einflussnahme auf politische Entscheidungen. Das sind in der Regel Gesetze, Verordnungen, das können auch Vergabeverfahren sein. Diese Einflussnahme kann direkt erfolgen, indem professionelle Interessenvertreter sich mit politischen Entscheidungsträgern in Kontakt setzen, sich mit ihnen treffen, Argumente vortragen und versuchen, ihre Positionen möglichst gut in die Politik zu bringen.

Zu Lobbyismus gehört aus unserer Sicht aber auch der erweiterte, eher indirekte Bereich, den man auch mit dem Begriff Public Affairs bezeichnet, sowie die Arbeit von Denkfabriken, die langfristig den politischen Diskurs verändern. Hier sollen politische Entscheidungen über die Öffentlichkeit indirekt beeinflusst werden. Es ist also ein Bündel aus verschiedenen Strategien und Maßnahmen, die man in den Blick nehmen muss, wenn man Lobbyismus analysieren will.

Handelt es bei solchen Versuchen der Einflussnahme nicht um die selbstverständliche Vertretung von Interessen in einem demokratischen System? Wo liegt das Problem?

Wir haben in Deutschland und in Europa derzeit ein großes Problem mit Lobbyismus, was vor allem daran liegt, dass er weitgehend unreguliert ist. Lobbyismus ist aktuell sehr intransparent und es mangelt an Regeln, die mehr Transparenz herstellen würden. Wenn die Öffentlichkeit nicht nachvollziehen kann, wer eigentlich mit welchen Mitteln in wessen Auftrag auf welche politischen Entscheidungen einwirkt, ist das ein Problem für die Demokratie. Das Problem wird noch verstärkt durch ein großes Ungleichgewicht der Kräfteverhältnisse. Nicht jedes Interesse hat eine organisierte, finanzstarke und professionalisierte Lobby, nicht jedes Interesse hat eine Organisation hinter sich stehen, die hier in Berlin ein Lobbybüro unterhält. Und durch dieses große Ungleichgewicht drohen schwächere Interessen unter die Räder zu kommen. Dieses Kräfteungleichgewicht – kombiniert mit der Intransparenz – stellt im Grunde das demokratische Prinzip in Frage, nach dem jede und jeder eine Stimme und die prinzipiell gleichen Möglichkeiten haben sollte, ihre/seine eigenen Interessen, Vorstellungen, Überzeugungen in die Politik einzubringen.

In einer Studie des Otto-Brenner-Instituts wurden unlängst Lobbyisten aus der Industrie zitiert, die meinten, dass sie eigentlich der David seien und NGOs wie Greenpeace der Goliath. Industrielobbyisten sehen es also genau spiegelverkehrt, indem sie sagen, sie seien nicht angemessen repräsentiert in den Medien. Da sind wir bei dem Punkt »guter Lobbyismus/schlechter Lobbyismus«. Interessenvertretung ist in jeder Demokratie nicht nur legitim, sondern sogar erwünscht und notwendig.

Ja, Interessenvertretung ist etwas Legitimes und notwendig für eine lebendige Demokratie. Dass NGOs in Wahrheit die mächtigeren Akteure sind, ist jedoch Unsinn. Sicherlich gibt es inzwischen viele NGOs, die ebenfalls erfolgreich Lobby- und Kampagnenarbeit betreiben. Dennoch gibt es durch die eingesetzten Budgets und die Schaffung und Nutzung von privilegierten Zugängen zur Politik ein starkes Ungleichgewicht bei den Möglichkeiten der Einflussnahme – und das nicht zugunsten der NGOs. Bei der Frage nach gutem und schlechtem Lobbyismus muss man zwischen der inhaltlichen und der methodischen Ebene unterscheiden. »Schlecht« ist Lobbyarbeit dann, wenn unlautere Methoden und Mittel eingesetzt werden, wenn verdeckt gearbeitet wird und zum Beispiel nicht erkennbar ist, wer hinter einer bestimmten Kampagne steht, wer der Auftraggeber eines Lobbyisten ist. Das ist unabhängig davon, ob das eine NGO oder ein Wirtschaftsverband macht. Auch deswegen muss Lobbyismus transparenter und stärker reguliert werden, um solchen Methoden vorzubeugen. Über die inhaltliche Ebene kann man »guten Lobbyismus« nicht definieren.

Die Atomlobby findet wahrscheinlich, dass ihre Arbeit in Ordnung ist, weil sie überzeugt ist, wir brauchen Atomstrom.

Es geht nicht darum zu sagen, die Atomlobby vertritt Interessen, die ich nicht gut finde, und deshalb sollten die ihre Lobbyarbeit einstellen. Unsere Kritik setzt nicht daran an, dass wir sagen, bestimmte Lobbys vertreten ein schlechtes Interesse, sondern daran, dass die Möglichkeiten der Einflussnahme unausgewogen sind. Neben der reinen Lobbyarbeit gibt es ein ganzes Feld von engen Verknüpfungen und Verzahnungen zwischen der Welt der Wirtschaft und der Politik – zum Beispiel der Wechsel von Spitzenpolitikern aus dem Amt in Lobbyjobs. Das ist das sogenannte Drehtürphänomen, das ebenfalls dringend einer Regulierung – durch eine Karenzzeit – bedarf. Spitzenpolitiker wechseln meist zu großen Unternehmen oder gründen eine eigene Lobbyagentur. Das verstärkt das Ungleichgewicht zwischen verschiedenen Interessengruppen. Auch insofern teile ich die Einschätzung nicht, dass die NGOs die Goliaths sind, die die Politik vor sich hertreiben. NGOs und Bürgerinitiativen haben die Möglichkeit, über die Mobilisierung von vielen Menschen Druck aufzubauen. NGOs können über die Medien bestimmte Themen platzieren und Debatten anstoßen. Das ändert aber nichts an den grundsätzlichen strukturellen Verhältnissen. Schauen wir uns doch nur die Lobbybudgets an und fragen: Wer hat wie viel Geld, um Kampagnen zu machen, um Agenturen zu beauftragen, um hochprofessionelle eigene Lobbyisten zu beschäftigen, um Denkfabriken zu beauftragen oder eben um Personal aus der Politik abzuwerben? Dann sehen wir die Vorteile ganz klar nicht auf Seiten der NGOs.

Und trotzdem haben wir den Atomausstieg. Was nützt also all das Geld, wenn doch offensichtlich die Lobby der anderen Seite, sprich der Atomausstiegsbefürworter, sich am Ende als stärker herausstellt?

Richtig, der Ausstieg aus dem Wiedereinstieg wurde beschlossen. Aber zuvor wurde in sehr intransparenten Verhandlungen zwischen der Bundesregierung und den vier großen Energiekonzernen zunächst der Ausstieg aus dem Ausstieg beschlossen. Dort wurde die Problematik des privilegierten Zugangs zu Entscheidungsträgern sehr deutlich. Der Zugang war hier nochmal besonders, weil sich Schwarz-Gelb im Wahlkampf 2009 der Unterstützung der Atomlobby sicher sein konnte. Mit der Laufzeitverlängerung 2010 haben sich Atomlobby und die Regierung Merkel weit aus dem Fenster gelehnt und gegen breite gesellschaftliche Vorbehalte agiert. Sie waren also besonders verletzlich, als dann die Katastrophe von Fukushima eintrat. Die Kombination aus Umweltkatastrophe, voriger Lobbypolitik und der bevorstehenden Landtagswahl in Baden-Württemberg hat dann das Verhältnis zugunsten der Atomkraftkritiker gekippt.

Es gibt also Möglichkeiten, auch gegen starke Lobbys politisch zu handeln und Widerstand zu leisten. Trotzdem ist aber grundsätzlich eine Machtasymmetrie vorhanden – und da setzt sich dann zum Beispiel die Industrie mal wieder weitgehend durch. Dabei geht es oft nicht darum, etwas Eigenes auf die Agenda zu bringen, sondern einen Regulierungsvorschlag zu verhindern, zu blockieren, zu verzögern, zu verwässern, abzuschwächen. Und das ist etwas, wo Wirtschaftslobbyisten sehr aktiv werden. Wenn zum Beispiel ein Vorschlag auf dem Tisch liegt, Lebensmittel mit einer übersichtlichen Ampel für die Verbraucher zu kennzeichnen, dann wird richtig viel Geld mobilisiert, um dieses Ampelsystem zu verhindern, weil man als Lebensmittelindustrie fürchtet, dass das zu Umsatzeinbußen führt.

In der FAZ *erschien kürzlich ein lamentierender Artikel im Wirtschaftsteil, weil ein Ausschuss des EU-Parlaments ACTA, das internationale Urheber- und Patentabkommen, abgelehnt hatte. Die Autorin beklagt sich darin über »Governance by Shitstorm« und wo wir denn hinkämen, wenn sich die Politik von ein paar Bloggern und Twitterern treiben ließe. Tatsächlich waren im Fall von ACTA hunderttausend Menschen ganz leibhaftig auf der Straße – und erst dann war das für die Regierung und für die Medien ein Thema. Die Mobilisierung für diese großen Demos fand aber in der Tat weitgehend über das Internet statt, das insofern auch eine aktive Macht geworden ist.*

Bei ACTA muss man dazu sagen, dass es in diesem Fall das erste Mal war, dass das Europäische Parlament bei so einem Abkommen ein Wörtchen mitzureden hatte. Bisher konnten EU-Kommission und Rat über solche Abkommen allein entscheiden, jetzt konnte die einzige direkt gewählte Europäische Institution mitentscheiden. Das Parlament ist in seiner Arbeitsweise wesentlich transparenter als die Kommission, und die Abgeordneten sind ihren Wählerinnen und Wählern gegenüber verantwortlich. Das hat Auswirkungen darauf, wie auf Proteste reagiert wird. Im Vorlauf zu ACTA haben wir dagegen gesehen, wie in kleinen Gruppen mehr oder weniger unter Ausschluss der Öffentlichkeit verhandelt wurde. Die Proteste gegen ACTA sind auch eine Reaktion auf solche fragwürdigen Entscheidungsprozesse und ein wichtiges demokratisches Korrektiv. Der Protest war wichtig, um das Thema auch im Parlament zu politisieren und eine öffentliche Debatte über ACTA anzustoßen. Es ist eigentlich eine Frechheit, politische Proteste als »Shitstorm« abzutun. Durch das veränderte institutionelle Gefüge der europäischen Institutionen nach dem Lissabon-Vertrag hat das Parlament an Macht dazugewonnen. Das war ein wichtiger Schritt, auch um zu gewissen einseitigen Lobbyeinflüssen auf die Kommission und die Regierungen der Mitgliedstaaten, also den Rat, ein Gegengewicht zu ermöglichen.

Dass sich der Widerstand zuerst im Netz gerührt hat und dann in die reale Welt überschwappt, scheint ja durchaus auch eine Chance zu sein, wie zivilgesellschaftliche Interessen, wie Druck von Bürgerinnen und Bürgern an Einfluss gewinnen.

Das Thema Partizipation ist etwas, was viele Menschen seit einigen Jahren nicht nur vor dem Hintergrund von Infrastruktur-Großprojekten stark bewegt. Durch das Internet und die neuen technischen Möglichkeiten haben sich Partizipationsmöglichkeiten und Mobilisierungsstrategien verändert. Das bewegt inzwischen auch die etablierte Politik, wirbelt die Parteienlandschaft durcheinander und betrifft natürlich auch die Lobby- und Unternehmensseite stark. Dort wird sich inzwischen intensiv Gedanken darüber gemacht, wie man auf die veränderten Bedingungen reagieren soll. Eine Strategie ist es, Partizipationsinstrumente einzusetzen, um letztlich Akzeptanz zu schaffen. Dabei geht es aber nicht darum, tatsächlich Mitbestimmung zu ermöglichen. Vielmehr schaut man, wie eine Partizipationsveranstaltung zu konstruieren ist, damit das Gefühl vermittelt wird, hier wurde mitgesprochen. Das heißt also: Akzeptanz schaffen, ohne eine den eigenen Interessen zuwiderlaufende Entscheidung zu riskieren. Mehr Partizipation und mehr direkte Demokratie sind sicher auch ein Einfallstor für Lobbyeinflüsse, indem Geld in die Hand genommen wird, um Kampagnen zu finanzieren oder Bürgerinitiativen für die eigene Sache zu gewinnen. Das ist das sogenannte Astroturfing-Phänomen: Man tut so, als sei man eine Bewegung oder Initiative von unten, während sie tatsächlich von oben gesteuert oder finanziert wird. Das kann auch so laufen, dass eine bestehende Gruppe oder Initiative mit zusätzlichen Ressourcen, politischen Kontakten oder einer professionellen PR-Strategie unterstützt wird.

Wie zum Beispiel die sogenannten Klimaskeptiker, die von den Ölmagnaten wie den Koch-Brüdern gepusht werden. Auf der anderen Seite – Beispiel Stuttgart 21 – sah es so aus, als sei eine breite Mehrheit gegen den tiefergelegten Bahnhof, und wenn die Volksabstimmung stattfindet, ist eine Mehrheit dafür. War das möglicherweise auch ein Beispiel von Astroturfing, waren die Proteste möglicherweise gar nicht echt?

Die Lobbyisten waren natürlich auch bei der Volksabstimmung aktiv und haben massiv für Stuttgart 21 geworben. Es gibt eine interessante Auswertung der Volksabstimmung von »Mehr Demokratie«. Sie kommt unter anderem zu dem Schluss, dass die Pro-Stuttgart-21-Seite mehr finanzielle Ressourcen hatte und dass die Stadt Stuttgart und der Verband Region Stuttgart einseitig informiert haben. Auch das Engagement der IHK Stuttgart und Ulm wird kritisch bewertet. Es gibt tatsächlich Lobbyisten, die, wie gesagt, Bürgerbewegungen gerne unterwandern würden. Insofern ist es immer gut, genauer hinzugucken, ohne paranoid zu werden. Es braucht auch hier mehr Transparenz über die Finanzierung von NGOs und Initiativen. Ein Lobbyregister hilft dabei. Damit könnten wir schauen, welche Lobbyisten sind vor Ort, woran arbeiten sie und mit welchen Mitteln? Auch NGOs müssten sich dort eintragen und ihre Finanzquellen offenlegen. In dem Bereich von direkter Demokratie und Partizipation ist es natürlich ebenso wichtig genau hinzuschauen, wer welche Kampagnen finanziert oder Unterschriftensammlungen initiiert. Hier muss es Regeln geben, die dafür sorgen, dass Finanzquellen offengelegt werden. Darüber hinaus sollte es Ausgabenlimits für Kampagnen im Rahmen von Volksabstimmungen geben.

Aber was soll ein Lobbyistenregister bringen? Wissen wir in Wirklichkeit nicht schon immer, wer wohinter steckt? Ist es nicht anhand eines Gesetzes oder einer Verordnung, je nachdem, was zur Debatte steht, immer schon klar erkennbar, wem es nützt?

Nein, das ist eben nicht immer klar erkennbar. Nehmen wir den Bahnskandal: Da hat die Bahn verdeckt die Aktivitäten der vermeintlich unabhängigen Denkfabrik Berlinpolis finanziert. Sie wollte damit dem breiten Protest gegen die geplante Bahnprivatisierung entgegenwirken. Aufgeflogen ist das erst zwei Jahre später durch unsere Recherche. Ein Lobbyregister hilft dabei, solche verdeckten Strategien und Methoden zu verhindern. Es schafft mehr Überblick über die Lobbyszene und hilft Gegenstrategien zu entwickeln. Insofern trägt ein Lobbyregister dazu bei, ein mehr an Chancengleichheit für alle Akteure herzustellen.

Aber in den USA gibt es ein Lobbyistenregister, ganz Washington ist voller Lobbyisten, obwohl es ein Register gibt. Und sie sind bekanntermaßen sehr erfolgreich.

Richtig. In Amerika haben wir natürlich noch ganz andere Probleme, was das Thema Geld und Politik angeht, insbesondere im Bereich der Wahlkampffinanzierung. Das ist hier in Deutschland eine andere Problematik. In Amerika ist das Lobbyregister auch nicht perfekt, so wie es ausgestaltet ist. Es stellt trotzdem einen Grad an Transparenz her, den wir hier nicht haben. Ein Lobbyregister ist sicher keine Wunderwaffe. Aber zum Beispiel haben die Zahlen aus dem US-Lobbyregister die Recherchen angestoßen, die letztlich zur Aufdeckung des Skandals um den Superlobbyisten Jack Abramoff geführt haben.

Welchen krassen Fall von verdecktem Lobbyismus hätten wir in Deutschland in letzter Zeit verhindert, wenn wir hier ein ordentliches Register hätten?

Das ist natürlich schwierig zu sagen, weil wir immer nur die Spitze des Eisbergs kennen. Aber die verdeckte Pro-Privatisierungs-Kampagne der Bahn wäre früher aufgeflogen. Und es wäre sehr viel einfacher, solche Phänomene durch ein Lobbyregister zu erfassen, wenn Lobbyagenturen ihre Kunden dort offenlegen müssen. Das hat auch eine korruptionspräventive Wirkung, indem man genauer verfolgen kann: Wer steckt eigentlich wohinter? Wer arbeitet mit wem zusammen? Wo fließen welche Gelder? Das Register soll Lobbyarbeit nicht verhindern, sondern sichtbar machen, wo etwas passiert, und dann die Möglichkeit geben, genauer nachzuforschen.

Es geht auch nicht nur um die krassen Fälle. Wer macht heute eigentlich die Lobbyarbeit für den Panzerverkauf nach Saudi-Arabien? Wen hat Krauss-Maffei-Wegmann unter Vertrag und wie viel Geld fließt da? Oder wer hat Lobbyarbeit dafür gemacht, dass die staatlichen Einwohnermeldeämter unsere Daten an Adresshändler verkaufen dürfen, ohne die Bürgerinnen und Bürger um Zustimmung zu fragen? Solche Fragen sind spannend – ein Lobbyregister würde dazu Antworten geben.

Außerdem würde ein verpflichtendes Lobbyregister die Kräfteverhältnisse zwischen den verschiedenen Lobbygruppen sehr viel sichtbarer machen. Wir wüssten, wie viele Lobbyisten es gibt, für wen sie arbeiten und mit welchen Budgets. Das würde in der öffentlichen Debatte eine erhöhte Sensibilität für diese Faktoren ermöglichen.

Es müsste eigentlich auch das Interesse der Politik sein, das schlechte Image des Lobbyismus zu korrigieren. Das tut sie aber eher nicht, Forderungen nach einem Lobbyregister hat die Linkspartei schon mal vor fünf Jahren eingebracht, das wurde abgelehnt.

Transparenz löst nicht alle Probleme die wir mit Lobbyismus haben, das ist völlig klar. Es ist ein erster Schritt, um der Öffentlichkeit zu ihrem Recht zu verhelfen, die Umstände, unter denen politische Entscheidungen getroffen werden, zu kennen. Mit dem Volk als Souverän der Demokratie kann es nicht sein, dass bestimmte Gruppen verdeckt oder in einer nicht nachvollziehbaren Weise agieren und zugleich erheblichen Einfluss haben auf politische Entscheidungen. Daran muss einfach etwas geändert werden. Darüber hinaus muss es klare Schranken zur Begrenzung von privilegierten Zugängen und Verflechtungen zwischen Politik und Interessengruppen geben, zum Beispiel mit einer Karenzzeit und einer Begrenzung von Parteispenden. Mehr Transparenz ist auch in anderen Bereichen notwendig, etwa bei den Nebeneinkünften von Abgeordneten.

Aber ist die Jagd nach Intransparenz und daher unstatthafter Beeinflussung nicht wie der Versuch, ein glitschiges Stück Seife festzuhalten? Selbst wenn es ein Lobbyregister gäbe und dort alle Verbände und Lobbybüros aufgeführt wären, dann werden doch einfach nur andere Anwaltskanzleien mit unscheinbaren Namen bemüht, um bestimmte Dinge einzufädeln. Das heißt, die ent-

scheidenden Gespräche werden immer nur ins nächste Hinterzimmer verlagert, wenn die öffentliche Aufmerksamkeit auf einen bestimmten Punkt gerichtet ist.

Ein Register würde dazu dienen, dass es diese Umwege, diese Ausweichmöglichkeiten in dem Sinne eben nicht gäbe. Man braucht eine klare Definition davon, wer Lobbyist ist und sich dementsprechend dort registrieren muss – samt der beauftragenden Organisation –, und dann würden natürlich auch Anwälte dazu zählen, wenn sie als Lobbyisten tätig sind.

Die aber niemand verdonnern kann, ihre Mandanten offenzulegen.

Aus unserer Sicht ist das durchaus möglich. Man braucht hier eine Differenzierung zwischen Anwälten, die originäre anwaltliche Tätigkeiten ausüben, die ihre Mandanten bei der Ausübung ihrer Grundrechte vertreten oder sie in Rechtsfragen beraten, und solchen Anwälten, die explizit den Auftrag haben, politische Entscheidungen zu beeinflussen.

Wenn die Forderungen umgesetzt würden, hätten wir dann nicht so etwas wie einen unangenehmen Überwachungsstaat? Ist die Forderung von Transparenz von unten nicht eine, die wir als Forderung von oben nie dulden würden?

Es geht hier nicht um einfache Bürgerinnen und Bürger, die irgendwie überwacht werden sollen, sondern um eine ganz bestimmte und zwar auch relativ überschaubare Gruppe von Personen, die in Berlin professionelle Interessenvertretung gegen Geld betreiben. Sie haben einen wesentlichen Einfluss auf Politik, auf politische Entscheidungen. Die Bürgerin, die ihrem Abgeordneten einen Brief schreibt oder im Wahlkreis ihre Meinung sagt, wäre natürlich nicht von solch einem Register betroffen – ebenso wenig wie Teilnehmende einer Demo, die natürlich auch Politik beeinflussen wollen, aber eben nicht professionell und dauerhaft. Ein Lobbyregister hat nichts mit einem Überwachungsstaat zu tun. Ansonsten könnte man auch fordern: keine Transparenz bei der Parteienfinanzierung, sollen die ihr Geld doch herbekommen, wo sie wollen! Wir wollen diese Art der Überwachung nicht!

Weil die Transparenz eines Lobbyregisters nicht ausreicht, gibt es die Forderungen, den Drehtüreffekt durch eine Karenzzeit zu erschweren, damit ein Politiker nicht sofort in einen Wirtschaftsverband oder ein Unternehmen wechselt. Wenn ich im Gesundheitsministerium war, dürfte ich nicht sofort zu einem Pharmakonzern wechseln und ihn beraten, wie er am besten sein nächstes Gesetz durchbekommt.

Uns geht es vor allem darum zu sagen: Innerhalb der drei Jahre nach dem Ausscheiden aus dem Amt sollten Lobbytätigkeiten nicht möglich sein. Und zwar nicht nur in dem Bereich, für den ich vorher politisch zuständig war, sondern allgemein. Denn hier wird dann ein unglaubliches Kontaktnetzwerk, ein in öffentlichem Auftrag erworbenes Insiderwissen und Knowhow weitergetragen. Das verstärkt das Missverhältnis zwischen verschiedenen Interessengruppen, da es in der Regel so ist, dass die Top-Leute aus der Politik in die Top-Unternehmen wechseln und in der Regel nicht zu kleinen NGOs oder mittelständischen Unternehmen. Besonders brisant ist es selbstverständlich dann, wenn jemand in genau den Bereich wechselt, für den er oder sie vorher politisch zuständig war. Darüber hinaus besteht die Gefahr von Interessenkonflikten in dem Sinne, dass Entscheidungen noch während der Amtszeit an den Interessen eines möglichen zukünftigen Arbeitgebers ausgerichtet werden könnten.

Aber um jetzt mal mit Schröder zu sprechen: Was ist denn falsch daran, wenn der ehemalige Kanzler seine guten Kontakte zu

Herrn Putin und ähnlichen Leuten nutzt, um uns den Zugang zu den großartigen Gasreserven Russlands zu bahnen?

Es ist falsch, weil es die Demokratie untergräbt. Schröder handelt doch nicht im öffentlichen Auftrag, um den Zugang zu Gaslieferungen zu sichern. Vielmehr kaufte Gazprom Schröders Kontaktnetzwerk ein, um gegenüber der Politik besser aufgestellt zu sein. Das können sich nur finanzstarke Unternehmen und Lobbyorganisationen leisten. Wenn der Bundeskanzler in den letzten Monaten seiner Amtszeit noch so ein Projekt einfädelt und dann direkt zu der dafür verantwortlichen Firma wechselt und davon profitiert, führt das automatisch zu Verdächtigungen, dass die Entscheidung für Nord Stream nicht nur als Ergebnis einer Abwägung objektiver Argumente getroffen wurde.

Gibt es eklatantere Beispiele als Schröder und Gazprom aus der jüngsten Vergangenheit?

Ja. Zum Beispiel Gerald Hennenhöfer, der jetzige Leiter der Abteilung Reaktorsicherheit im Umweltministerium. Er war schon mal in der gleichen Position, bis 1998 unter Umweltministerin Merkel. Nach dem Regierungswechsel damals ist er aus dem Ministerium ausgeschieden und umgehend zu Viag – dem Unternehmen, das heute E.ON heißt – gewechselt. Dort wurde er Generalbevollmächtigter für Wirtschaftspolitik, das heißt, er war faktisch der Lobbyist, der unter anderem sein ehemaliges Ministerium lobbyiert hat. Er vertrat die Interessen eines Konzerns, den er vorher als Abteilungsleiter regulieren sollte – und verhandelte schließlich auf Seiten von E.ON den Atomausstieg mit der rot-grünen Bundesregierung. Er hat dann noch eine Zeit lang als Anwalt unter anderem für den damaligen Betreiber der Asse gearbeitet. Als dann Schwarz-Gelb 2009 wieder an der Regierung war, ist er wieder auf seinen alten Posten zurückgewechselt. Er ist also ein sogenannter 360-Grad-Seitenwechsler.

Ist es in solchen Fällen nicht schwer nachweisbar, dass es einen wirklichen Schaden gegeben hat? Das scheint doch ein grundsätzliches Problem der Lobbyismus- und Kontrolldebatte, dass wir einfach nicht sagen können, was denn gewesen wäre, wenn Schröder nicht zu Gazprom gegangen wäre. Wo ist denn unter den bisher aufgedeckten Fällen ein Schaden nachweisbar?

Die wirkliche Nachweisbarkeit ist schwierig. Das ist übrigens so ähnlich wie bei Korruptionsfällen, bei denen es einen Anfangsverdacht gibt, aber letztendlich selten exakt eine Unrechtsvereinbarung nachgewiesen werden kann, weil es keine schriftlichen Unterlagen gibt. Hier muss man sich dann mit Indizien behelfen. Wenn bei Seitenwechseln Interessen kollidieren, ist das noch schwieriger, weil man den Fall schließlich empirisch nicht zweimal durchspielen kann. Das ist nur einmal geschehen und außerdem spielen noch viele andere Faktoren bei politischen Entscheidungen eine Rolle. Wir haben natürlich Indizien und Hinweise, die dann darauf hindeuten, dass möglicherweise eine Beeinflussung vorlag, dass eben nicht nur im Sinne des öffentlichen Interesses entschieden wurde. Dass wir es nicht exakt beweisen können, ist für mich kein Argument dagegen, das Phänomen Drehtür unter Kontrolle zu bringen. Beim Drehtüreffekt haben wir die eine Seite, bei der es darum geht zu fragen: Welche Entscheidungen wurden getroffen, als der Betreffende noch in der politischen Verantwortung war? Auf der anderen Seite stellt sich die Frage: Was passiert, wenn der Seitenwechsler mit seinem dicken Adressbuch und seinem Insider-Know-how in einen Lobbyjob wechselt?

Was waren denn in den letzten Jahren die krassesten Fälle von immerhin gut unterstellbarem Schaden durch solche Seitenwechsel?

Den Schaden hat zunächst grundsätzlich die Allgemeinheit, wenn politische Entscheidungen an den Interessen eines möglichen zukünftigen Arbeitgebers ausgerichtet werden. Wie gesagt lässt sich der konkrete Schaden selten exakt belegen, aber es gibt durchaus Fälle, wo zumindest der Verdacht naheliegt, dass eine enge Beziehung zwischen Entscheidungsträger und einem zukünftigen Arbeitgeber eine Rolle gespielt hat. Hennenhöfer wurde zumindest aus der Anti-AKW-Bewegung für einige Entscheidungen stark kritisiert, zum Beispiel als er zugunsten von RWE und entgegen des Beschlusses der damaligen hessischen Regierung die Abschaltung des AKW Biblis per bundesaufsichtlicher Weisung verhinderte. Wolfgang Clement hat sich in seiner Zeit als Wirtschaftsminister stark für Kohlesubventionen eingesetzt und wechselte nur wenige Monate nach dem Ende seiner Amtszeit in den Aufsichtsrat von RWE. Und als Arbeitsminister peppelte er die Leiharbeitsbranche und wechselte kurze Zeit später zur Zeitarbeitsfirma DIS. Auf europäischer Ebene wechselte die Vorsitzende des Verwaltungsrats der europäischen Behörde für Lebensmittelsicherheit EFSA hin und her zwischen der EFSA und der Lobbyorganisation International Life Sciences Institute. Als Vorsitzende war sie für die Wahrung der wissenschaftlichen Unabhängigkeit der EFSA und die Auswahl der wissenschaftlichen Berater zuständig. Zugleich wurden in den vergangenen Jahren eine Vielzahl von Interessenkonflikten und engen Verbindungen zur Lebensmittelindustrie bei der EFSA bekannt. Das EU-Parlament segnete der EFSA daher kürzlich den Haushalt nicht ab und erwähnte die Vorsitzende Diana Banati namentlich in der Begründung. Erika Mann war als EU-Abgeordnete für ihre unternehmensfreundliche Haltung bekannt und hat an vielen Gesetzgebungsverfahren im IT-Sektor mitgewirkt. Seit letztem Jahr ist sie nun Cheflobbyistin von Facebook in Brüssel.

Bei all diesen Fällen kann man jedoch nicht sagen, es war ausschließlich der Seitenwechsel beziehungsweise die Aussicht auf einen lukrativen Industriejob, der hier einen Einfluss hatte. Clement hat sich schon lange zuvor für die Kohleindustrie eingesetzt. Industriefreundliche Politikerinnen und Politiker wechseln nun eben bevorzugt in die Industrie. Wir fordern, dass der Wechsel in explizite Lobbyjobs nicht möglich sein soll, da das zu einseitigen Vorteilen für eine Interessengruppe führen kann.

Gibt es auch einen Vorschlag, wie mit Nebentätigkeiten von Politikern umgegangen werden soll? Kann man so viele haben, wie man will, wenn man sie nur alle schön versteuert und öffentlich macht?

Wir fordern vor allem mehr Transparenz, weil die bestehende Regelung wirklich desaströs ist. Sie verschleiert mehr, als dass sie etwas offenlegt. Immerhin sehen wir inzwischen, welche Nebenarbeitgeber es gibt, aber die Kenntnis darüber, welche Summen fließen, ist sehr begrenzt. Momentan müssen Bundestagsabgeordnete ihre Nebeneinkünfte in drei Stufen offenlegen, wobei die dritte Stufe – ab 7 000 Euro – nach oben offen ist. Das macht es unmöglich zu erfahren, ob der Betreffende für eine Beratungstätigkeit 8 000 oder 80 000 Euro bekommen hat.

Wie könnte denn eine Welt aussehen, in der Interessenvertretung möglichst gerecht und fair abläuft?

Wichtig ist, dass wir nicht stehenbleiben bei unserem gegenwärtigen politischen System und sagen, das ist die Demokratie und die ist gut so, wie sie ist. Wir müssen an der Demokratie weiterarbeiten, sie weiterentwickeln, sie stärken. Dazu gehört, dass wir mehr partizipative, mehr direktdemokratische Elemente einführen. Dazu gehört, dass die Politik selbst, die Institutionen, in sich transparenter werden, dass sichtbarer wird, was passiert eigentlich wann. Konkret könnte das beispielsweise heißen, dass Ausschussdrucksachen öffentlich gemacht werden. Wir brauchen natürlich auch die Expertise und das Betroffenenwissen, das Verbände und Unternehmen haben, wenn es um gesetzliche Regelungen geht, die sie betreffen. Das muss in die Politik kommen, aber eben auf eine transparente Weise. Das kann man durch öffentliche Anhörungen machen oder indem man Stellungnahmen von Interessengruppen zu einem Gesetzentwurf frühzeitig öffentlich macht. Wir brauchen insgesamt einen Wandel der politischen Kultur und mehr Transparenz in allen Bereichen: Parteienfinanzierung, Nebentätigkeiten von Abgeordneten, Lobbyeinflüsse. Dazu die bereits angesprochenen Schranken bei der Drehtür.

Wir haben jetzt viel über den direkten Lobbyismus gesprochen, den Versuch, auf Politiker, Entscheidungsträger und Regierungsinstitutionen Einfluss zu nehmen. Aber ist diese Art von direktem Lobbyismus nicht sogar zu vernachlässigen im Vergleich zu der Lobbyarbeit, die indirekt über die Medien die Öffentlichkeit beeinflusst? Oder anders gesagt: Wenn ich drei Chefredakteure von Bild, FAZ *und* Spiegel *an einem Tisch habe und denen sage, Leute, wir müssen da jetzt mal was machen. Und die drei sagen: Ja, stimmt. Ist das nicht eine letztlich viel mächtigere Kraft in diesem Spiel als der Lobbyist, der mit einem Abgeordneten frühstückt?*

Ich würde das nicht so unabhängig voneinander sehen, sondern als etwas Komplementäres, das die direkte Lobbyarbeit vorbereitet und begleitet. Mir fällt es natürlich viel leichter, einen Abgeordneten auf meine Seite zu bringen, wenn es vorher schon eine große mediale Kampagne zu dem Thema gab und die Debatte in eine bestimmte Richtung gelenkt wurde. Es ist ein ganz entscheidender Schritt, wenn ich es schaffe, über die Medien den Fokus etwa in der Debatte um ein Gesetz in eine bestimmte Richtung zu lenken. Nehmen wir die europäische Chemikalienverordnung REACH. Dort ging es zu Beginn der Debatte vor allem um Themen wie Umwelt- und Gesundheitsschutz. Hier wurde es von Seiten der Chemieindustrie erfolgreich geschafft, über geschickt zum richtigen Zeitpunkt platzierte Zeitungsartikel und bei Beratungsagenturen in Auftrag gegebene Studien den Rahmen der Debatte hin zu Themen wie Wettbewerbsfähigkeit, Arbeitsplatzverlust und Wohlstand zu verschieben. Wenn das so gelingt, ist das ein Riesenerfolg und für Lobbyisten eine viel bessere Ausgangsbasis für die direkte Lobbyarbeit bei Abgeordneten und Ministerien.

Es gibt auch, wie wir am Beispiel der Initiative Neue Soziale Marktwirtschaft sehen, langfristige Projekte, bei denen es nicht primär darum geht, eine konkrete politische Entscheidung zu beeinflussen, sondern indirekt ein Klima zu schaffen, das es ermöglicht, etwa umfassende Reformen der sozialen Sicherungssysteme – oder anders formuliert: Einschnitte in den sozialen Sicherungssystemen – besser durchzusetzen, akzeptabler zu machen. Die Aufgabe der INSM ist es dann, solche Einschnitte argumentativ zu unterfüttern und in der Bevölkerung ein Bewusstsein zu verankern, dass mehr Eigenverantwortung und weniger Staat gute Ideen sind. Damit soll der Widerstand gegen solche Einschnitte in den sozialen Sicherungssystemen abschwächt werden.

Aber wenn die Leute das dann ebenfalls wirklich meinen, dann ist das doch Demokratie. Also wenn die INSM zum Beispiel ein Argument so vorbringt, dass die Leute denken: Stimmt, eigentlich haben die recht. Wo ist dann das Problem?

Wenn auf Publikationen und Studien der INSM klar draufstehen würde »Die Arbeitgeberverbände der Metall- und Elektroindustrie sagen: Mehr Eigenverantwortung ist gut«, dann wäre schon einiges erreicht. Es ist immer noch vielen Leuten und auch Journalisten nicht bewusst, wer die INSM finanziert. Bei der INSM haben wir es mit einer PR-Kampagne zu tun, bei der allein der Titel »Initiative« schon irreleitend wirkt, weil Initiative nach einem Zusammenschluss von Bürgerinnen und Bürgern klingt, nach einer Bewegung von unten. Der Begriff »soziale Marktwirtschaft« im Titel klingt zunächst ebenfalls für viele Leute ansprechend beziehungsweise nach sozialer Gerechtigkeit. Diese Problematik gibt es bei Denkfabriken oder bei Lobbyismus in der Wissenschaft im Allgemeinen. Natürlich kann man sagen, wenn eine Studie diese oder jene Argumente hervorbringt oder diese Erkenntnisse produziert und dann letztlich jemand davon überzeugt wird – ja gut, dann ist das halt so. Aber die finanziellen Verflechtungen und den eigentlichen Absender hinter den Argumenten erkenntlich zu machen, das ist ein Mindestmaß an Offenheit, das es braucht. Es ist auch Aufgabe der Medien, hier ihre Kontrollfunktion wahrzunehmen und darüber zu berichten, wer da eigentlich welche Argumente und Argumentationslinien auch finanziell unterfüttert. Dann findet automatisch eine andere Debatte darüber statt.

Stand es nicht früh genug überall, von wem die INSM finanziert wird?

Es ist aber immer noch so, dass die Studien und Rankings der INSM in den Medien gerne aufgegriffen werden, aber selten in den Artikeln erklärt, wer hinter der INSM steckt. Über die Frage der Finanzierung hinaus wird in der Berichterstattung über die INSM selten deutlich gemacht, dass es sich um eine breit angelegte Kampagne mit vielen unterschiedlichen Elementen handelt: Die INSM schickt »Experten« und herausragende Personen des öffentlichen Lebens in Talkshows, um für ihre Positionen zu werben, sie produziert Lehrmaterial für den Einsatz im Schulunterricht und richtet sich mit ihren Studien ganz gezielt an ein Fachpublikum. Diese Gesamtschau an verschiedenen Maßnahmen wird meiner Meinung nach nicht ausreichend diskutiert.

Viele sagen, die INSM hatte die Hochphase ihres Einflusses in den späten Schröder-Jahren und habe seitdem an Bedeutung verloren.

Die INSM hat immer noch ein Millionenbudget für ihre Kampagnenarbeit. Richtig ist, dass das Budget im Vergleich zu früher nun deutlich auf etwa sieben Millionen Euro pro Jahr gesunken ist. Aber noch mal allgemeiner: Wenn Interessengruppen viel Geld in die Hand nehmen, um eine ausgeklügelte Kampagne zu fahren, dann ist das hochproblematisch, wenn nicht erkennbar ist, wer der Auftraggeber ist. Grundsätzlich muss den Menschen klar sein, dass es sich um eine Kampagne mit einem ganz bestimmten Ziel handelt. Erst dann kann ein Abwägen der Argumente auf einer ordentlichen Basis erfolgen und erst dann kann man sagen – wenn sich jemand tatsächlich überzeugen lässt von einem Argument –, das gehört zu einer Demokratie. Dazu gehört aber notwendigerweise die vollständige Information über die Hintergründe und Auftraggeber von Studien, Kampagnen und Umfragen.

Eigentlich die Aufgabe der Medien, der Journalisten.

Genau. Weil die Medien das aber nicht immer leisten können oder wollen und ihre eigenen, auch finanziellen, Probleme haben, deswegen gibt es inzwischen Organisationen wie LobbyControl. Wir sehen uns in der Pflicht zu recherchieren und Kapazitäten bereitzustellen, wo die klassischen Medien das aus welchen Gründen auch immer nicht machen oder nicht können.

Das Gespräch führten Ulrike Winkelmann und Mathias Bröckers Ende Juni 2012 in Berlin.

Lobbyorganisationen und LobbyistInnen

I

Spätestens seit 2006 weiß die Öffentlichkeit von Lobbyisten in Ministerien. Warum wurde die Mitarbeit externer Berater in Ministerien nicht strikt untersagt?

Von Ulrike Winkelmann

Zuletzt blieben nur noch wenige Stellen übrig, wo die Bundesregierung sich Personal ausborgen konnte und wollte. So brauchte das Auswärtige Amt offenbar weiterhin Hilfe vom Goethe-Institut: Im zweiten Halbjahr 2011 arbeiteten sechs Beschäftigte dieses deutschen Kulturverbreitungsinstituts in der Außenbehörde, zwei davon im Referat 606-9, »Deutsch als Fremdsprache«, einer davon wiederum für sage und schreibe fünf Jahre. Vielleicht fehlte es dem diplomatischen Dienst an Sprachvermittlern. Man fragte sich natürlich auch, ob das Deutsche Zentrum für Luft- und Raumfahrt einen solchen dramatischen Personalüberschuss hatte, dass es über vierzig Arbeitskräfte entbehren konnte, um sie an das Bildungs- und Forschungsministerium auszuleihen.

Insgesamt aber fiel die Liste der »Leiharbeiter in Ministerien« nicht mehr so aufregend aus. Zu groß war der Skandal, als dass die Bundesregierung diese Praxis nach 2006 ungehemmt fortsetzen konnte. Es war in jenem Jahr nach dem enthüllenden Bericht des Fernsehmagazins »Monitor« der Öffentlichkeit wirklich nur schlecht vermittelbar, was Personen, die von Konzernen und Industrieverbänden kamen und bezahlt wurden, im Ministerialapparat und auch im Kanzleramt zu suchen hatten.

»Monitor« zählte im Oktober 2006 mindestens dreißig dieser Berater, doch die Bundesregierung selbst gab dann zu, dass innerhalb von vier Jahren gut einhundert »externe Mitarbeiter« in Ministerien und auch im Kanzleramt eingesetzt waren. Sie arbeiteten dort teilweise mehrere Jahre lang, teils an verantwortlicher Stelle und wahrscheinlich in bestimmten Fällen sogar bei der konkreten Formulierung bestimmter Gesetze mit.

So konnten zum Beispiel Mitarbeiter des Frankfurter Flughafenbetreibers Fraport AG im Verkehrsministerium vermutlich auf das Fluglärmgesetz Einfluss nehmen. Auch durfte im Umweltministerium ein Mann der Bayer AG gesundheitliche Bewertungen für Bauprodukte schreiben. Diese Vorgänge ließen sich kaum anders bezeichnen, als dass Lobbyisten sich ihre Wünsche nunmehr im Regierungsapparat selbst erfüllen konnten. Jedenfalls war diese Unterstellung nicht widerlegbar. Entsprechend böse war auch der Bundesrechnungshof, der die Sache untersuchte und Anfang 2008 schrieb: Die Beschäftigung solcher Leiharbeiter berge »erhöhte Risiken von Interessenkonflikten« und sei stark zu beschränken.

Die Begründungen, warum Ministerien mit tausenden von Beamtinnen und Beamten beim Schreiben von Gesetzesentwürfen Hilfe brauchten, waren ebenfalls schwer verkäuflich: Man habe angesichts der komplexen Sachverhalte etwa im Umweltchemiebereich die Expertise von außen benötigt. Warum sitzen in den Ministerien denn keine Experten, und wenn nicht in den Ministerien, wo denn dann? So lauteten die hämischen Rückfragen.

Nicht, dass es den zuständigen Stellen womöglich an Arglosigkeit gemangelt hätte. Nicht wenige der FremdarbeiterInnen im Bundesregierungsapparat waren im Rahmen eines freundlich gedachten Personalaustauschprogramms namens »Seitenwechsel« ausgeliehen worden. Sicherlich konnten die Industrievertreter in ihrer Zeit in den Bundesbehörden viel dazulernen. Umgekehrt kam es freilich nur in Einzelfällen zu einer Mitarbeit von Bundesbeamten bei Unternehmen. Möglicherweise dachte niemand, dass sie dort von Nutzen sein könnten.

Immerhin aber reagierten nicht nur der Bundesrechnungshof und die Opposition sowieso, sondern es bewegte sich auch eine der regierenden Parteien der Großen Koalition, die SPD. Nicht zuletzt auf Druck des Bundestags hin wurde 2008 eine Verordnung erlassen, wonach das Innenministerium halbjährlich einen Bericht »über den Einsatz externer Personen in der Bundesverwaltung« zu erstellen habe, woraus hervorgehen sollte, welches Ministerium auf welche Leiharbeit gerade angewiesen war. LobbyControl, eine tapfere kleine Nichtregierungsorganisation aus Köln, ließ es sich nicht nehmen, sich fortan jeden dieser Berichte zu besorgen und ihn sorgfältig zu prüfen.

Fragen blieben natürlich übrig: Wenn nun etwa der Einsatz von geborgten Kräften streng überwacht wurde – was war dann aber mit den Leuten, die über Kurzzeitverträge bei der Bundesregierung angestellt wurden, vorher und nachher gleichwohl ihrem Konzern dienten?

Doch die Brisanz des Einsatzes von »Externen« ließ sichtlich nach. Die Fremdpersonalstatistik im zweiten Halbjahr 2011 ließ auch die kritische Öffentlichkeit eher kalt. Die Vorstellung, dass das Auswärtige Amt vom Goethe-Institut unterwandert würde, dass das Bildungsministerium vom Raumfahrtzentrum instrumentalisiert würde, schien etwas abwegig.

Wobei kurz nach der Herausgabe des Papiers durch das Innenministerium doch noch herauskam, dass im Gesundheitsministerium Mitarbeiter der Krankenkasse AOK arbeiteten, die nicht im Bericht erfasst waren. Das hätte aber noch mehr Misstrauen geweckt, wenn das Gesundheitsministerium unter dem

FDP-Minister Daniel Bahr nicht jeder Nähe zur größten gesetzlichen Krankenkasse unverdächtig gewesen wäre.

Doch nicht nur der AOK-Mensch im Hause Bahr, auch die relative Leichtigkeit, mit der die Regierung im Jahr 2008 bereit war, auf die Leiharbeiter zu verzichten, wirft im Rückblick manche Frage nach deren wahrer Bedeutung auf. Ohne das Verdienst der Journalisten und LobbyController zu schmälern, die die Sache verfolgten, darf vermutlich bezweifelt werden, ob die eingesetzten Kräfte tatsächlich die Interessen der entsendenden Unternehmen oder Verbände durchzusetzen oder auch nur bekannt zu machen imstande waren. Es waren dafür möglicherweise doch zu kleine Lichter oder zu kleine Räder im Getriebe.

Es gibt jedenfalls Kanäle, auf denen Leute, die ein ganz bestimmtes Gesetz, einen einzelnen Paragraphen darin, vielleicht auch nur eine Kennziffer in einem Paragraphen, haben oder weghaben wollen, sich ohne Umweg über die Ministerialbürokratie einbringen können. Um beim Beispiel der Gesundheit zu bleiben: Ein einziges Abendessen bei Gerhard Schröder im Kanzleramt – eine Veranstaltung, die nach dem dort genossenen Rotwein als »Bordeaux-Runde« in die Annalen der Gesundheitsberichterstattung einging – reichte den Chefs der großen Pharmaverbände im Jahr 2004 aus, um ein ungeliebtes Gesetz zur Regulierung der Pillenpreise vom Tisch zu fegen.

Dass die FDP, die 2009 in der schwarz-gelben Koalition das Gesundheitsministerium übernahm, nie etwas anderes als die Interessen ihrer Klientel, also vor allem der Ärzte und Apotheker, vertreten würde, war wiederum sowieso jedem klar. Daher bedurfte es seither auch keines sonderlichen Nachweises von Interessenkollisionen. Für die Kontrolle der Leiharbeiter in Ministerien ebenso wie auch im darauf folgenden Skandal um die Beauftragung externer Anwalts- und Beraterkanzleien mit dem Verfassen von Gesetzesentwürfen gilt: Beunruhigend ist, wenn der Regierungsapparat nicht ausreichend eigene Kompetenz aufweist, um Gesetze und ihre möglichen Folgen selbst zu durchdenken. Das macht es der Industrie besonders leicht, sich ihre Rahmenbedingungen selbst zu gestalten. Wünschenswert wäre mithin: Striktes Verbot externer Mitarbeiter und mehr Kompetenz in der Administration.

2 *Lobbyisten haben in der Bevölkerung einen schlechten Ruf. Warum lassen sich trotzdem immer mehr Politiker auf diesen zweifelhaften Job ein?*

Von Jürgen Gottschlich

Es gibt wohl kaum jemanden in Deutschland, der nicht weiß, wer Gerhard Schröder ist. Gerhard Schröder, Ex-Bundeskanzler von Rot-Grün, Förderer der Autoindustrie, Liebhaber kubanischer Zigarren und der Vater von Hartz IV. Fast jeder weiß auch, dass Gerhard Schröder in seinem Leben nach der Politik nur wenige Wochen später wieder einen neuen Job hatte – als Aushängeschild des russischen Energieriesen Gazprom. Nicht viel anders ergeht es dem deutschen Publikum mit Schröders Vizekanzler Joschka Fischer. Bei ihm dauerte es zwar etwas länger, aber dann war auch der langjährige Frontmann der Grünen groß im Geschäft. Beraterverträge mit dem Autobauer BMW, dem Energiekonzern RWE und dem Lebensmittelriesen Rewe, um nur einige seiner Consulting Jobs zu nennen.

Der prominente Seitenwechsel von der Politik in die Industrie, lange eine Besonderheit der USA und in Deutschland wenn überhaupt dann bei FDP und CDU ein probates Mittel, um seine Altersversorgung aufzubessern – das halbe Kabinett Kohl wurde nach dem Ausscheiden aus dem Amt von Medienmogul

Kirch verpflichtet –, ist mittlerweile auch bei SPD und Grünen hoffähig geworden. Doch sind die bekannten Gesichter auch die besten Lobbyisten? In der bemerkenswerten Dokumentation des NDR »Rot-Grün macht Kasse«, die im August 2011 gesendet wurde, geht der Autor Christoph Lütgert unter anderem der Frage nach, was Schröder und Fischer bei ihren neuen Engagements für ihr Geld eigentlich tun. Ergebnis der Recherche: außer, dass sie ihren Namen hergeben, wenig bis nichts.

Obwohl sich viele ehemalige Wähler der beiden über den Seitenwechsel geärgert haben, echter Lobbyismus zeichnet sich gerade dadurch aus, dass ihre führenden Vertreter nicht jedem bekannt sind. Denn echte Lobbyisten sind ja Strippenzieher im Hintergrund. So ist es kein Wunder, dass eine der wichtigsten und einflussreichsten Lobbyistinnen Deutschlands, Cornelia Yzer, die Frau, die fast fünfzehn Jahre lang die mächtige Pharmalobby anführte, in der Öffentlichkeit, außerhalb des Fachpublikums, nahezu gänzlich unbekannt ist. Dabei ist Cornelia Yzer geradezu der Prototyp des Seitenwechslers und modernen Lobbyisten.

Die Frau aus dem nordrhein-westfälischen Lüdenscheid ist von Haus aus Rechtsanwältin, das ist in der Branche immer gut. Außerdem ist Frau Yzer zielstrebig auf ihre Karriere bedacht. Bereits mit 28 Jahren hatte sie eine leitende Position beim Chemie- und Pharmakonzern Bayer Leverkusen inne. Quasi nebenbei betrieb sie aber auch eine Karriere in der Politik. Früh in die CDU eingetreten, erbte sie einen Wahlkreis von einem Abgeordneten, bei dem sie mal ein Praktikum absolviert hatte, und zog mit 29 Jahren in den Bundestag ein. Das war 1990. Nur zwei Jahre später saß sie bereits als Staatssekretärin im Kabinett Helmut Kohl, zuerst im Familien-, später im Bildungs- und Forschungsministerium. Mit besten Kontakten ausgestattet, wechselte sie dann 1997 von der Politik wieder zurück in die Industrie und wurde Geschäftsführerin des »Verbandes forschender Arzneimittelhersteller«, der Lobbyvereinigung, die fast alle großen deutschen und internationalen Pharmakonzerne, die in Deutschland tätig sind, als Mitglieder führt.

Im Gegensatz zu Gerhard Schröder und Joschka Fischer kann man von ihr genau sagen, was sie in ihrer Zeit als Cheflobbyistin von 1997 bis 2011 für die Pharmaindustrie getan hat. Deutschland ist nach wie vor das Land mit den höchsten Arzneimittelpreisen weltweit, mehrere Gesundheitsminister, die mit Kostendämpfungsplänen und Gesundheitsreformen die Profite der Industrie schmälern wollten, bissen sich an der Pharmalobby, also in erster Linie an Frau Yzer, die Zähne aus. Eines der wenigen Porträts von ihr erschien 2004 in der *taz*. Die Autorin Anita Blasberg beschrieb sie als Lobbyistin aus Leidenschaft, die ihre Truppen im Verband wie ein General dirigiert und ihre Argumente im Schlaf herunterbeten kann. Sie galt als die »800-Millionen-Dollar-Frau«, weil sie immer wieder mit der Behauptung hausieren ging, dass für die Forschung und Entwicklung eines Medikamentes im Schnitt 800 Millionen Dollar aufgewendet werden müssten, bevor die Firma damit Geld verdienen könne. Tatsächlich gibt die Pharmaindustrie für Werbung weit mehr aus als für Forschung, worüber Frau Yzer eher weniger redete.

Natürlich bestreitet sie auch den Mangel an Transparenz bei ihrem Job. Schließlich würde sie ja nur beraten und nicht entscheiden. Wie das in der Praxis aussieht, beschrieb ein Beamter aus dem Gesundheitsministerium gegenüber Anita Blasberg ziemlich plastisch. Lobbyismus, erzählte er, setzt möglichst früh an, wenn über neue Gesetze gerade nachgedacht wird. Dann können die Auffassungen der Industrie am besten eingespeist werden. »Immer dann, wenn etwas in der Planung ist, geraten wir ins Kreuzfeuer. Die greifen sich die Leute an den Schaltstellen und bombardieren sie mit Anrufen, Mails und SMS.« Das Ziel der Lobbyisten seien die Rohentwürfe von Gesetzestexten, die sie meist eher sichten als die Abgeordneten. Yzer bestätigt das im Gespräch: »Im Optimalfall setzt unsere Beratung im frühen Entscheidungsstadium an. Wenn die Beamten sich zunächst orientieren, sich Basiswissen aneignen müssen. In dieser Phase können wir konstruktiven Einfluss auf den Gesetzestext nehmen, auch juristische Hilfe bei Formulierungen anbieten.«

Damit diese Hilfe auch angenommen wird, helfen vor allem persönliche Beziehungen. »Ich muss ein Vertrauensverhältnis aufbauen«, sagte dazu Cornelia Yper, »das mache ich durch solide fachliche Arbeit und dadurch, dass ich komplizierte Zusammenhänge einleuchtend erklären kann.« Laut dem Beamten aus dem Gesundheitsministerium geschieht dies häufig bei einem gemeinsamen Essen, einem gesponserten Wochenendtrip oder auch gemeinsamen Jogging.

Frau Yper sieht ihre Arbeit dennoch genauso dem Allgemeinwohl wie ihrem Verband verpflichtet. Die Interessen der Pharmaindustrie, ist sie überzeugt, decken sich mit den Interessen der Gesellschaft: »Wir wollen doch alle ein zukunftsfähiges Gesundheitssystem.« Das könnte ihre Nachfolgerin, Birgit Fischer nicht schöner gesagt haben. Deren Motto ist, so erklärte sie nach ihrem Amtsantritt im Mai 2011, »Kooperation statt Konfrontation«. Natürlich immer im Dienst des Patienten. Mit der Verpflichtung von Birgit Fischer als ihrer obersten Lobbyistin ist der Pharmaindustrie ein ganz besonderer Coup geglückt. Denn Fischer ist nicht nur Seitenwechslerin aus der Politik, sie kommt auch aus der SPD, galt gar lange als »linke Sozialdemokratin« und war Gesundheitsministerin in NRW bis 2005. Doch Fischer ist mehr als eine pikante Seitenwechslerin. Vor ihrer Verpflichtung durch den Pharmaverband war sie Vorsitzende der Barmer Ersatzkasse und damit eine der wichtigsten Gegenspielerinnen der Pillenlobby. Als ihr Wechsel bekannt wurde, hämte der gesundheitspolitische Sprecher der CDU, Jens Spahn: Das ist, als wenn Jürgen Trittin Chef des Atomkonzerns E.ON würde. Und Birgit Fischer liefert. Als im Frühjahr 2012 bekannt wird, dass die Krankenkassen, ihre gesetzlichen Krankenkassen, denen sie sich angeblich immer noch loyal verpflichtet fühlt, einen zwischenzeitlichen Überschuss von 1,5 Milliarden Euro erwirtschaften konnten, forderte sie sofort, einen von Gesundheitsminister Rösler durchgesetzten »Zwangsrabatt« für bestimmte Medikamente wieder zurückzunehmen. Mit dem Überschuss der Kassen sei die rechtliche Grundlage für den Zwangsrabatt entfallen. Die Verwendung der Überschüsse wird zwar noch diskutiert, doch Frau Fischer hat schon mal ihren Pflock eingeschlagen. So schnell wandeln sich die Auffassungen. Auf die Frage, warum Frau Fischer heute als Lobbyistin das Gegenteil von dem vertritt, was sie als Krankenkassenchefin nur ein Jahr zuvor für richtig hielt, hat das *Handelsblatt* folgende Antwort: Mit dem Wechsel zur Pharmalobby konnte Frau Fischer ihr Jahresgehalt von 200 000 Euro auf 450 000 Euro aufstocken. Das dürfte auch bei Schröder, Fischer und vielen anderen das Hauptmotiv gewesen sein, sich als Lobbyisten verpflichten zu lassen. Verhindern können wird man solche Seitenwechsel sicher nicht, aber wenigstens für eine angemessene Übergangszeit, bevor ein Wechsel stattfinden darf, sollte der Gesetzgeber sorgen.

3 *Wohlstand vor Friedensliebe – Deutschland ist weltweit der drittgrößte Waffenexporteur. Wie passt das zu einem angeblich so friedliebenden Land mit strengen Exportregeln?*

Von Ulrike Winkelmann

Die Stimmung an den weiß gedeckten Stehtischchen war skeptisch bis trocken. Was sicherlich nicht am raffinierten Buffet lag und auch nicht an der prunkvollen Umgebung. Die Parlamentarische Gesellschaft im alten Palais des Reichstagspräsidenten, ein Neorenaissance-Brocken in demselben Stil wie der Bundestag gegenüber, ist immer für gediegene Stelldicheins von Politik, Wirtschaft und manchem Medienvertreter geeignet.

Doch hatten sich die Abgesandten der deutschen Rüstungsindustrie von genau diesem Abend im Jahr 2011 schon ein bisschen etwas anderes erwartet. Wozu hatten die Unternehmen denn 2010 eigens einen neuen Lobbyverband, den Bundesverband der Deutschen Sicherheits- und Verteidigungsindustrie mit Sitz in der Berlin-Mitte-Schneise Friedrichstraße gegründet? Etwa, damit deren Vorsitzender Friedrich Lürßen, Chef der Bremer Lürssenwerft, nun so kleinlaut daherkam wie eben vernommen? Man müsse ja quasi froh sein, wenn die Kürzung des Verteidigungshaushalts wenigstens ein wenig gestreckt werde, hatte Lürßen in seiner Rede zum Verteidigungsminister Thomas de Maizière (CDU) gesagt, der aus der ersten Reihe zu ihm schaute. »Früher hätte man an dieser Stelle ja dreißig Prozent mehr Wehretat gefordert.«

Früher, ja. Irgendwann, damals, als die Bundeswehr noch eine halbe Million Mann (und nahezu keine Frau) umfasste, als das Verteidigungsministerium bei der Industrie noch dreistellige Zahlen an Großgerätschaften bestellte – hunderte von Flugzeugen, hunderte von Panzern! Lang ist's her. Die »Bundeswehr der Zukunft« aber, so genannt in dem 2011er Reformkonzept (es wird nicht das letzte bleiben), sie soll so schlank sein, so flexibel, so effizient mit ihren kaum 185 000 Soldatinnen und Soldaten und sage und schreibe bloß noch 220 Kampfpanzern – weniger als die Schweiz.

Wenig tröstend daher die Worte des Ministers an jenem gedämpften Abend, dass der Investitionsanteil am Verteidigungshaushalt, gut über sieben Milliarden Euro, immerhin nicht schrumpfe. »Aber unser zentrales Problem ist die Bindung dieser Mittel.« Sollte heißen: Eure hochfeinen Antennenanlagen, Zielfernrohre und sonstigen mittelständischen Spielereien kann ich euch nur abnehmen, wenn ich die seit Jahrzehnten eingeplanten Kampfflugzeuge und -hubschrauber doch nicht kaufe. Es müssen eben alte Bestellungen gekündigt werden, um neue zu ermöglichen. Mit einer solchen Bundesrepublik aber, ließ sich das Brummeln der Industrievertreter verstehen, ist kaum noch ein anständiges Geschäft zu machen.

Doch ist die deutsche Rüstungsindustrie ja seit jeher wenig auf den heimischen Auftraggeber angewiesen. Deutschland ist nicht umsonst der drittgrößte Waffenexporteur der Welt: Siebzig Prozent des Geschäfts machen EADS, Rheinmetall, Diehl, Heckler & Koch, Krauss-Maffei Wegmann, aber auch die vielen Dutzend kleineren Maschinenbauer und Schiffschrauber längst mit dem Verkauf ins größtenteils befreundete Ausland.

Wer aber selbst nicht kauft, soll gefälligst andere zum Mehr-Kaufen bewegen, lautet inzwischen die wichtigste Forderung der Lobby an die Bundesregierung. Diese ist sich ihrer Verantwortung voll bewusst – große Rüstungsgeschäfte werden, da meist ein Staat kauft, meist auch über Regierungshäupter abgeschlossen.

Nur – über welche? Die Unruhe der Rüstungsvertreter hat mit der Weltfinanzkrise ab 2008 mit gutem Grund so stark zugenommen. Denn nicht nur in Deutschland wird gespart. 2012 meldete das Stockholmer Sipri-Institut, die wohl umfassendste Datenbank zum Waffenhandel, dass erstmals seit dreizehn Jahren die weltweiten Militärausgaben nicht mehr gewachsen seien: eine Sensation. Zog man davon die Ausreißer ab – insbesondere China machte weiterhin gewaltige Sprünge auch bei den Rüstungsausgaben –, so fiel die Schrumpfung in den USA und Europa, aber auch in Lateinamerika umso deutlicher auf. Griechenland, das für seinen Rüstungswettlauf mit der Türkei von der deutschen Industrie jahrzehntelang mit dem nötigen Material beliefert wurde: minus 26 Prozent in drei Jahren. Brasilien, gerade in die Top Ten der Waffenkäufer aufgestiegen und zuletzt etwa von EADS als neuer Lieblingspartner entdeckt: minus acht Prozent in einem Jahr.

Die Region, auf der daher die Hoffnungen der Industrie ruhen, ist der Nahe Osten, insbesondere die arabische Halbinsel: traditionell waffenverliebt, traditionell den Deutschen zugetan, traditionell instabil. Instabilität ist gut, denn sie erhöht die Bereitschaft zum Waffenkauf. Instabilität ist schlecht, denn gemäß ihren Rüstungsexportrichtlinien ist die Bundesregierung verpflichtet, sämtliche Exporte, die nicht in die EU, Nato- oder ähnlich nahestehende Staaten gehen, »restriktiv« zu handhaben, wobei Menschenrechtsverletzungen, Konflikt- oder gar Kriegsszenarien und Terrorunterstützung eine Rolle bei der Genehmigung spielen sollen.

Doch erfordern neue Zeiten auch neue Argumente. Instabilität wird geopolitisch nutzbar gemacht. Mitte 2011 wurde bekannt, dass der Bundessicherheitsrat – der Teil des Bundeskabinetts, der die deutsche Sicherheitspolitik bestimmt – eine »Voranfrage« des Münchner Unternehmens Krauss-Maffei Wegmann, Saudi-Arabien mit 270 Kampfpanzern Leopard II zu beliefern, positiv beschieden hatte. Der öffentliche Aufruhr war beträchtlich. Hatte Saudi-Arabien doch gerade geholfen, einen zarten Zweig des »Arabischen Frühlings« zu brechen und einen Aufstand in Bahrain niederzuschlagen.

So war die Bundesregierung unter Kanzlerin Angela Merkel (CDU) gezwungen, der Republik eine Art neuer Sicherheits-Export-Doktrin vorzustellen. Deren Kurzfassung lautete: Wenn die USA nicht mehr Weltpolizist sein wollen, wenn die Nato sich deshalb insgesamt nach einer neuen Identität umschauen muss, wenn Deutschland daran gelegen ist, dass Staaten, die mit der Nato zusammenarbeiten, auch Verantwortung gegen den Terrorismus und gegen Schurkenstaaten übernehmen sollen – dann muss unsere Industrie auch Kampfpanzer nach Saudi-Arabien liefern können.

Saudi-Arabien gilt demnach als Verbündeter der Nato, indem es regional immerhin ein Gegengewicht zum Iran setzt. »Wir müssen die Staaten, die bereit sind, sich zu engagieren, auch dazu befähigen. Ich sage ausdrücklich: Das schließt auch den Export von Waffen mit ein«, erklärte Merkel im September 2011 vor ausgewähltem Publikum.

Es wird möglicherweise eine Weile dauern, bis die deutsche Öffentlichkeit sich an diese Logik gewöhnt hat. Möglicherweise verlangt diese Öffentlichkeit dann mehr Transparenz. Möglicherweise führt das eines Tages dazu, dass Ausfuhrgenehmigungen in Krisengebiete und diktatorische Staaten nicht mehr von einer Geheimrunde wie dem Bundessicherheitsrat, sondern von einem parlamentarischen Gremium beschlossen werden müssen.

Dann aber wird sich eine Frage stellen, an der die ganze Bundesrepublik sich bislang erfolgreich vorbeigemogelt hat: Gibt es eine demokratische Mehrheit dafür, der deutschen Rüstungsindustrie die Märkte der Zukunft zu beschneiden? Oder kauft Saudi-Arabien demnächst Wasserentsalzungsanlagen statt Panzer? Es wird eine Frage nach dem Industrie- und Wohlstandsmodell Bundesrepublik sein.

4 *Industrielobbying einmal anders. Bertelsmann zeigt, wie man geschicktes Lobbying auch noch scheinbar gemeinnützig machen kann.*

Von Annette Jensen

Partriarch Reinhard Mohn hatte vor seinem Tod vorgesorgt: 1993 übertrug er 76,9 Prozent der Bertelsmann-Aktien an die gleichnamige Stiftung. Der Coup ersparte seiner Familie nicht nur Milliarden an Erbschaftssteuer. Weil sie als »gemeinnützig« gilt, bekommt die Stiftung ihre jährlichen Dividenden steuerfrei.

Anders gesagt: Dem Staat entgehen enorme Einnahmen. Indirekt finanziert also die Allgemeinheit die Aktivitäten – doch die Inhalte bestimmt Bertelsmann.

Keine andere Stiftung in Deutschland hat so viel Geld. Doch nicht allein ihr Etat von fast 110 Millionen Euro im Jahr 2011 macht sie zu einer der einflussreichen Institutionen der Republik. Entscheidender ist, dass sie wesentlich geschickter vorgeht als die meisten anderen Lobbyorganisationen.

Das politische Ziel der Bertelsmann-Stiftung ist ein Staat, der ähnlich wie ein Unternehmen geführt wird. Möglichst viele öffentliche Aufgaben sollen Private erledigen – zum Beispiel der Bertelsmann-Konzern. Um dieses Ziel anzusteuern, geht die Stiftung indirekt und langfristig vor und spielt häufig über die Bande. Sie organisiert Kongresse, hält Kontakte zu Politikern aller Parteien und beauftragt renommierte Wissenschaftler mit Studien oder sogar der Formulierung von Gesetzestexten. Dabei geht es stets darum, öffentliche Institutionen in Bertelsmann-Projekte einzubinden. Ein sehr beliebtes Instrument sind deshalb auch die sogenannten »Reformwerkstätten« wie das Centrum für Hochschulentwicklung (CHE), das die Bertelsmann-Stiftung zusammen mit der Hochschulrektorenkonferenz gegründet hat. Dieses plädierte beispielsweise sehr öffentlichkeitswirksam für Studiengebühren. Warum sich die Professoren dieses Vorpreschen des CHE gefallen ließen, wo sie sich doch zuvor mehrheitlich gegen Studiengebühren ausgesprochen hatten, ist undurchsichtig. Klar ist jedenfalls: Die Bertelsmann-Stiftung vergibt viele gut dotierte Forschungsaufträge.

Um ihre Positionen und Expertisen öffentlich zu machen, braucht die Bertelsmann-Stiftung keine Werbeagentur: Schließlich gehören zum Konzern nicht nur zahlreiche Fernsehsender wie RTL und Vox, sondern auch Dutzende von Zeitschriften aus dem Hause Gruner und Jahr. Auch an der *Financial Times Deutschland* und am *Spiegel* ist Bertelsmann beteiligt. Dieser veröffentlichte beispielsweise Ende 2011 eine Titelgeschichte mit Ergebnissen aus dem *Deutschen Lernatlas*. Im Fokus des Bertelsmann-Werks steht die Frage, welchen wirtschaftlichen Gewinn Bildung verspricht und wie persönliches Engagement zum Ziel führt; die extrem ungerecht verteilten Bildungschancen fallen dagegen wie selbstverständlich unter den Tisch. So etwas prägt die öffentliche Wahrnehmung – insbesondere weil die »Tagesschau« und viele Zeitungen nachplappern, wenn etwas im *Spiegel* steht.

Überhaupt sind Bildungsfragen ein Schwerpunkt der Bertelsmann-Stiftung. Ihr Schlachtruf heißt: Die Kultusbürokratie muss zurückgedrängt und die Autonomie in den Klassenzimmern gestärkt werden. In den Ohren älterer Reformpädagogen klang das erst einmal wie Musik: Schließlich hatten sie genau diese Ideen in den siebziger Jahren selbst verfolgt und sind frustriert von der schlechten Ausstattung der Schulen und dem miesen Image ihres Berufsstands. Da erschienen »regionale Bildungsbüros« erst einmal als attraktiv. Angestoßen und inhaltlich gestaltet sind sie aber nicht von Reformpädagogen, sondern von der Bertelsmann-Stiftung – finanziert zum Großteil von Ländern und Gemeinden.

In Baden-Württemberg beispielsweise ist heute jede Schule zur Evaluation verpflichtet. Wie sie dabei vorgeht, kann sie im Prinzip selbst entscheiden – aber wenn sie es möchte, darf sie auch das günstige SEIS-Paket aus dem Hause Bertelsmann mit vorgefertigten Fragebögen für Lehrer, Schüler und Eltern und Auswertungssoftware nutzen. Die meisten Schulen greifen zu; schließlich müssten ansonsten die Lehrer, die sich schon jetzt völlig überlastet fühlen, selbst Kriterien und Erhebungsmethoden entwickeln. Dass sich in SEIS einmal mehr das Bertelsmann-Weltbild spiegelt, muss eigentlich nicht noch einmal erwähnt werden.

Als Medienmacht beeinflusst Bertelsmann die Politik nicht nur über die Berichterstattung. Für Regierende ist es auch äußerst attraktiv, sich dort als Vordenker darstellen zu lassen, weil sie dann eine gute Presse bekommen. So begrüßte beispielsweise der frühere Arbeitsminister Olaf Scholz (SPD) via *Spiegel* den Vorschlag eines neuen Arbeitsvertragsgesetzes, den zwei Kölner Professoren im Auftrag der Bertelsmann-Stiftung ausgearbeitet hatten. Ohne Zweifel besteht auch in diesem Bereich Reformbedarf. Doch sollte die Diskussion darüber nicht besser im Parlament stattfinden als auf einer privaten Internetseite? Tatsächlich blieb die Aktion aufgrund von Gewerkschaftsprotesten ein Rohrkrepierer. Aber was soll's: Geht ja dank »Gemeinnützigkeit« auf Kosten der Steuerzahler. Nicht geklappt hat auch Bertelsmanns Plan, ein Tochterunternehmen, der sogenannte Outsourcing-Dienstleister Arvato, reihenweise deutsche Stadtverwaltungen übernehmen zu lassen. Der im Vorfeld mit zahlreichen Preisen bedachte Modellversuch in Würzburg ist krachend gescheitert: Computerprogramme funktionierten nicht und für die Bürger wurde es weder billiger noch besser. Doch die jahrelange Lobbyarbeit für ein »neues Steuerungsmodell« in den öffentlichen Verwaltungen hat sich dennoch gelohnt. Seit 2009 müssen Städte und Gemeinden ihren Haushalt wie normale Wirtschaftsbetriebe bilanzieren. Für private Unternehmen bietet das einen großen Vorteil: Sie können jetzt genau sehen, welche Bereiche der öffentlichen Hand profitträchtig sind. Deshalb, bei aller Kritik an öffentlichen Strukturen, man sollte doch genau schauen, von wem Strukturveränderungsvorschläge kommen und welchen Interessen sie dienen.

5 *Vom rheinischen Wohlfühlkapitalismus zum neoliberalen Finanzmarktdiktat. Warum eine Kampagne für eine »Neue Soziale Marktwirtschaft« den ökonomischen Mainstream in Deutschland komplett veränderte.*

Von Tom Schimmeck

»Was die Bevölkerung will, und was die Führungskräfte in der Wirtschaft für notwendig hielten, klaffte himmelweit auseinander«, sprach rückblickend Martin Kannegiesser, Oberhaupt von Gesamtmetall, der Arbeitgeberverbände der Metall- und Elektroindustrie. Das war seine Lageanalyse im Jahr 1999. Die Strategen der deutschen Industrie hielten den rheinischen Kapitalismus für ein Auslaufmodell, sie wünschen sich mehr Reagonomics, sprich: weniger Staat, weniger Steuern, weniger Regeln, weniger Lohn und Kündigungsschutz für ihre Mitarbeiter.

Doch die Stimmung im Land war kurz nach dem Amtsantritt der ersten rot-grünen Regierung Schröder/Fischer gar nicht danach. Gerade hatten die Demoskopen aus Allensbach – im Auftrag der Arbeitgeberverbände – wieder festgestellt, wie sehr die Deutschen ihre sozialen Sicherungssysteme schätzen. Zwei Drittel zeigten sich höchst skeptisch gegenüber Unternehmerwünschen nach einem »Rückbau«. »In der Bevölkerung herrscht die Meinung vor, es solle alles so bleiben, wie es ist«, stöhnte Hans Werner Busch, Gesamtmetall-Hauptgeschäftsführer, und erkannte »die Gefahr einer erheblichen Stagnation«. Also beschlossen Kannegiesser & Co., »viel Geld in die Hand« zu nehmen, um Deutschlands Köpfe zu drehen. Das Ziel: Eine »andere soziale Marktwirtschaft«, so Hans Tietmeyer, bis 1999 Präsident der Deutschen Bundesbank, »unter dem Ballast freizulegen, der sich in den vergangenen Jahren angesammelt hat«.

Lobbyisten, Werbeprofis und PR-Experten, darunter viele Wirtschaftsjournalisten, halfen, eine moderne Kampagnenplattform gegen den »Ballast« zu bauen: die »Initiative Neue Soziale Marktwirtschaft«, kurz INSM. Ihr Ziel: die großen Themen neu zu »setzen«, einen neuen gesellschaftlichen Tenor zu schaffen, der näher an den Vorstellungen der Unternehmer ist. Ihre Strategie: auf möglichst vielen verschiedenen Kanälen eine maximale Durchdringungstiefe für ihre Parolen zu erreichen. Experten sprachen von »Issue-Management« und »Eventisierung«.

Die INSM stand nicht allein. Über zwei Dutzend »Reforminitiativen« mit ähnlichem Ziel buhlten in ihren Anfangsjahren um Aufmerksamkeit, mit Namen wie »Deutschland packt's an«, »Teamarbeit Deutschland«, »Aufbruch jetzt!«. In den Buchhandlungen stapelten sich die Werke selbsternannter Meinungsführer, die vor dem Abstieg des deutschen »Superstars« warnten, wenn es nicht zur Umsetzung der ach so dringenden Reformen käme. Das gleiche Personal drängelte in die Talkshows. Auch die Schröder-SPD funkte passende Signale: »Flexible Märkte sind ein modernes sozialdemokratisches Ziel«, hieß es 1999 im berühmten »Schröder-Blair-Papier«. Schon 1997 hatte Bundespräsident Roman Herzog mit seiner Ruckrede die Melodie vorgegeben. Herzog tauchte später als Galionsfigur bei dem von elf Großunternehmen finanzierten »Konvent für Deutschland« auf, eine Schöpfung von Roland Berger und Hans-Olaf Henkel. Sein 2002 gegründetes »Roman Herzog Institut« wird von der Vereinigung der Bayerischen Wirtschaft und der Arbeitgeberverbände der bayerischen Metall- und Elektroindustrie bezahlt.

Die INSM avancierte zur wichtigsten Schlagwort-Abschussrampe der Republik. Mit knapp zehn Millionen Euro Jahresetat ist sie die bestfinanzierte und beharrlichste Lobbyorganisation dieser Stoßrichtung. Von Anfang an verzichteten ihre Macher auf klassisches Aktentaschen-Lobbying, auf das leise Antichambrieren bei den Entscheidungsträgern. Die INSM sucht die breite Öffentlichkeit, soll große Stimmung machen, mit den neuesten Techniken moderner Kampagnen-Kommunikation. Das Konzept kam von der Werbeagentur Scholz & Friends, die zehn Jahre lang auch die INSM managte. »Die besondere Kunst«, dozierte Agentur-Geschäftsführer Klaus Dittko, »besteht darin, Inhalte, die für den Kunden wichtig sind, so aufzubereiten, dass sie auch für die Medien relevant erscheinen und zum Gegenstand der Berichterstattung werden.« Befriedigt bilanzierte er später, »dass die rot-grüne Bundesregierung im Jahre 2003 eine Fast-180-Grad-Wende der eigenen Politik gemacht hat, mit der Agenda 2010«. Das Wort »Reform« bekam eine völlig neue Bedeutung: als Synonym für Sozialabbau. Es bedeutet seither: mehr Markt, mehr »Flexibilisierung«. Mehr Leiharbeit, Studiengebühren, Privatversicherungen.

Am Anfang standen klassische Anzeigen, mit Slogans wie »Deutschland kann den Aufstieg schaffen« oder »Der Fehler liegt im System«. Bald schöpfte man aus dem Vollen, lancierte Foto-Events und Preisverleihungen, organisierte feine »Lectures« und informelle »Frühstücke«, Ausstellungen, Quizshows und »virale Browserspiele« (»Verballer die Staatsknete!«) im Internet – wo die INSM bis heute mit Blogs, Getwitter und »Lehrerportalen« sehr präsent ist (auf Facebook brachte sie es Mitte 2012 auf 62942 »Likes«). Im Sommer 2012 schickte die »Initiative« einen Motivwagen mit großen Pappfiguren von Angela Merkel, Philipp Rösler und Sigmar Gabriel durch Berlin, »um auf die Schuldenpolitik der Bundesregierung aufmerksam zu machen«. Der »Initiative« gelang so, meint der Berliner Politikwissenschaftler Rudolf Speth, die Schaffung einer »ideologischen Wertschöpfungskette«.

Große Medienhäuser ließen sich von der INSM als »Partner« einspannen. Mit der *Financial Times Deutschland* schuf man das »Reformbarometer«, mit der *Frankfurter Allgemeinen Sonn-*

tagszeitung kürte man den »Reformer des Jahres« (Udo Di Fabio, Friedrich Merz, Paul Kirchhof). Das Ereignis war live und öffentlich-rechtlich auf Phoenix zu bestaunen. Auch *Focus*, *Welt*, *Impulse*, *Manager Magazin*, *Zeit*, *Rheinischer Merkur* und *Handelsblatt* waren zeitweise mit von der Partie. Mit dem Magazin *Eltern* bastelte man den ersten »Kindergartenmonitor«, mit der *Wirtschaftswoche* erstellten die Lobby-»Experten« ein »Ranking« deutscher Städte, das deren Erfolg und »Dynamik« bewertete. Bis heute macht das Blatt zusammen mit der INSM allmonatlich den »Deutschland-Check«. Die Umfragen, Studien und Rankings der Lobbyorganisation, mit knackigen Zitaten und hübschen Grafiken angereichert, werden von vielen ausgedünnten Zeitungsredaktionen noch immer gern genommen. Wichtigster Inhaltslieferant dafür ist das von den Arbeitgeberverbänden finanzierte »Institut der deutschen Wirtschaft« in Köln.

Die beste Waffe aber war jahrelang eine Armada von »Botschaftern«, darunter zahlreiche Politiker, Wirtschaftskapitäne und willige »Professoren« wie Arnulf Baring oder Bernd Raffelhüschen. INSM-»Botschafter« streuen auf Konferenzen, in Interviews und als Dauergäste aller einschlägigen Talkshows die immergleiche Botschaft unters Volk: dass der Standort Deutschland zu teuer ist, zu viel Staat, zu hohe Löhne, zu viele Schutzrechte, Sozialleistungen und Regeln hat. Man präsentiert sich gern als Teil eines »überparteilichen Bündnisses aus Politik, Wirtschaft und Wissenschaft«. Selbst Fußballer und der Dalai Lama wurden schon eingespannt, beim »Botschaftertreffen« 2011 sprach Ex-EKD-Ratspräsident Wolfgang Huber. Anfangs war sogar Rot-Grün eingebunden, in Gestalt von Sozialdemokraten wie Peter Glotz, Klaus von Dohnanyi, Sigmar Mosdorf und der grünen Finanzexpertin Christine Scheel.

Inzwischen scheint die INSM auf den Kreis der »üblichen Verdächtigen« aus FDP, CDU und dem Mainstream der deutschen

Wirtschaftswissenschaften zurückgeworfen. Aus dem rot-grünen Spektrum ist nur der emsige Ex-Grüne Oswald Metzger, inzwischen CDU, übrig. Sowie Ex-Sozialdemokrat Wolfgang Clement, der im Juli 2012 den Vorsitz des INSM-Kuratoriums vom rührigen Propagandisten Tietmeyer übernahm. Die Finanz- und Wirtschaftskrise hat der Strahlkraft des neoliberalen Credos geschadet. Geradezu trotzig klingt jetzt etwa der INSM-»Ökonomenblog« (»die Stimme der ökonomischen Vernunft«), wenn dort aus den alten Slogans neue Überschriften gedrechselt werden wie »Mindestlöhne vernichten Humankapital«, »Sonderrechte für ältere Arbeitnehmer sind überflüssig und schädlich« oder »Spekulanten schaffen Wohlstand«.

Schon zu besseren Zeiten hatte die INSM mit Rückschlägen zu kämpfen. Unmut gab es etwa, als ruchbar wurde, dass die Lobbyorganisation 2003 einen Dreiteiler des Hessischen Rundfunks über »Märchen« der Sozialpolitik teilweise mitfinanziert hatte. 2009 schickte die INSM Jungjournalisten mit dem Versprechen durchs Land, mit allerlei Prominenz und Redaktionen wie »Anne Will«, *Neon*, *Zeit* und *Bild* in Kontakt zu kommen. Leider hatte man vergessen, die vermeintlichen Partner vorher zu fragen.

Die schönste und peinlichste Panne der INSM aber ist der »Marienhof-Skandal«: 2002 hatte die PR-Organisation stolze 58 670 Euro bezahlt, um in den Drehbüchern der ARD-Seifenoper »Marienhof« einige besonders dämliche Dialoge etwa zu den Freuden der Leiharbeit zu platzieren. So sprach Darstellerin Jenny in »Marienhof«-Folge 1938: »Ich habe einen Job!« Darauf Matthias: »Bei dieser Zeitarbeitsfirma?« Jenny: »Nicht nur einen Job! Eine richtig feste Anstellung …«

Selbst der »Deutsche Rat für Public Relations« fand solches einer öffentlichen Rüge würdig. Lerne: Informieren und Hinterfragen sind die ersten Gebote, wenn's um Reformen und den »Umbau des Staates« geht!

6 Lobby gegen Lobby: Wie Wolfgang Clement und Hermann Scheer um die innerparteiliche Ausrichtung der Energiepolitik kämpften.

Von Hannes Koch

Um keine andere Partei in Deutschland haben widerstreitende Lobbyinteressen so gerungen wie um die SPD. Das kann man gut beobachten am Beispiel der Energiepolitik. Jahrzehntelang kämpften innerparteilich die Vertreter der Atom- und Kohlepolitik gegen die Wortführer der Energiewende.

In den anderen Parteien verliefen die Auseinandersetzungen weniger heftig, weil dort eine Richtung dominierte, die andere jedoch in der Minderheit war. In Union und FDP hatten die Fürsprecher des konventionellen Energiesystems und damit auch die der entsprechenden Unternehmen das Sagen. Die ökologische Seite war unterrepräsentiert. Bei den Grünen lagen die Verhältnisse entgegengesetzt, jedoch viel eindeutiger – Freunde von Kohle und Atom fand man dort kaum.

In der SPD hingegen verfügten beide Seiten über starke Truppen. Der wesentliche Grund dafür: In den traditionellen Energieunternehmen spielen kommunale Politiker und Gewerkschaften eine große Rolle. Besonders Letztere haben auch in der SPD eine starke Bastion. Wenn es um die Arbeitnehmerinteressen innerhalb der Energiewirtschaft geht, ist das sehr oft gleichbedeutend mit den Anliegen der alten Energiekonzerne.

Andererseits aber ist die SPD eine Volkspartei mit dem Anspruch, ein politisches Angebot an möglichst breite Bevölkerungsschichten zu machen. Deshalb konnten auch die Vertreter der ökologischen Position nach und nach Land in der Partei gewinnen.

Für den langen Widerstreit der beiden Lager stehen zwei Namen: Wolfgang Clement und Hermann Scheer. Bis zu seinem

Parteiaustritt 2008 war Clement ein Exponent des eher konservativen, wirtschaftsfreundlichen Flügels der SPD und für diese Politik steht er auch heute noch. Scheer hingegen stand bis zu seinem Tod 2010 für die neue Zeit, die auch bei den Sozialdemokraten allmählich anbrach. Scheer erklärte die Energie- zur Überlebensfrage und propagierte den Übergang in eine »solare Weltwirtschaft«, wie der Titel seines Buches von 1999 lautet.

Clement (Jahrgang 1940) setzte sich bereits in seiner Zeit als nordrhein-westfälischer Wirtschaftsminister und Ministerpräsident (1995 bis 2002) für die Interessen der traditionellen Energiekonzerne ein. Gegen den grünen Koalitionspartner pochte er beispielsweise darauf, dass das Kohleunternehmen Rheinbraun die entscheidende Genehmigung erhielt, um den Braunkohletagebau Garzweiler weiter ausbeuten zu können.

Als Bundeswirtschaftsminister (2002 bis 2005) lieferte er sich ebenfalls manche Auseinandersetzung mit den Grünen. In der Debatte über das Gesetz für den Vorrang Erneuerbarer Energien plädierte Clement für eine geringere Vergütung des Ökostroms. Diese Intervention diente unter anderem dem Oligopol der vier großen Energiekonzerne. Weil jede ins öffentliche Netz eingespeiste Kilowattstunde von Wind- oder Sonnenstrom den Marktanteil der konventionellen Hersteller schmälert, haben diese ein Interesse daran, die ökologische Konkurrenz zu behindern. Clements Politik half ihnen, den Strukturwandel zu bremsen.

Ein Jahr nach der Abwahl der rot-grünen Bundesregierung wurde Clement 2006 Mitglied des Aufsichtsrats der Firma RWE Power AG, der Kraftwerkstochter des RWE-Energiekonzerns. Dass der SPD-Mann nunmehr von der traditionellen Energiewirtschaft bezahlt wurde, erschien vielen als logische Fortsetzung seiner früheren Politik.

2008 dann kam es zur folgenschwersten Auseinandersetzung zwischen Clement und Scheer, den Exponenten zweier

Richtungen, die sich in der SPD zunehmend unversöhnlich gegenüberstanden. In einem Artikel für die *Welt am Sonntag* warnte der ehemalige Journalist Clement vor den Ökoenergieplänen der hessischen SPD-Spitzenkandidatin Andrea Ypsilanti und riet indirekt von deren Wahl zu den bevorstehenden Landtagswahlen ab. Die SPD rügte ihren prominenten Kritiker daraufhin wegen parteischädigenden Verhaltens.

Wirtschafts- und Umweltminister in Ypsilantis Schattenkabinett war damals Hermann Scheer. Er beabsichtigte, die Atomkraftwerke im Bundesland Hessen möglichst schnell abzuschalten und den Strom stattdessen aus erneuerbaren Quellen zu beziehen. Umsetzen konnte er diesen Plan freilich nicht, weil die SPD keine Landesregierung zustandebrachte.

Ypsilanti hatte Scheer ausgesucht, weil dieser der bekannteste und glaubwürdigste Vertreter einer ökologischen Wirtschaftspolitik innerhalb der SPD war. Scheer (Jahrgang 1944) gründete 1988 Eurosolar, eine internationale Vereinigung für erneuerbare Energien. 1999 erhielt er für sein Engagement den Alternativen Nobelpreis.

In der ersten rot-grünen Bundesregierung formulierte Scheer ab 1998 zusammen mit dem grünen Bundesumweltminister Jürgen Trittin das Gesetz zur Förderung der erneuerbaren Energien. Dieses war die entscheidende Weichenstellung für den Boom der Ökoenergie in den folgenden zehn Jahren in Deutschland. International wurde das Modell der Förderung oft kopiert, innerhalb des Landes zur gleichen Zeit von der traditionellen Energiewirtschaft aber bekämpft – auch vom späteren Bundeswirtschaftsminister Clement.

Heute ist diese Auseinandersetzung in der SPD entschieden. Clement überlebte Scheer, besiegt hat er ihn nicht. 2008 gab Clement auf. Die SPD war nicht mehr seine Partei. Er trat aus. Sein Abschied zeugt auch davon, dass sich die Industriegesellschaft als materielle Basis der SPD wandelt – und damit ihre

Klientel. Die politische Position der traditionellen Energiewirtschaft wird schwächer.

Unter der Führung von Sigmar Gabriel als Bundesumweltminister und Parteichef legte sich die Sozialdemokratie auf den Kurs einer ökologischen Industriepolitik fest. Atomausstieg und Förderung der erneuerbaren Energien gehören zum Kern dieses neuen Programms. Wenn die SPD sich hier und da doch noch für die fossilen Energieträger einsetzt, ist das Erinnerung und Echo, aber kein grundsätzlicher Widerstand gegen den ökologischen Strukturwandel.

Fazit: Dass in Hessen kein Gegenmodell zur Großen Koalition entstehen konnte, das lange vor Fukushima alternative Wege der Energiepolitik nicht nur thematisiert, sondern auch tatsächlich umsetzt, ist vor allem intensiver Lobbyarbeit, auch und gerade auf Seiten der Medien, zu verdanken.

7 *Immer wieder stellt sich heraus: Großspender kaufen politische Entscheidungen. Warum dürfen dann ausgerechnet die Parteien über ihre Spenden entscheiden?*

Von Stefan Reinecke

August Baron von Finck verfügt über ein Vermögen von mehr als acht Milliarden Euro. Zu seinem Imperium zählen Technologiekonzerne, Maschinenbaufirmen und die Hotelgruppe Mövenpick. Gelegentlich beliebt es dem Baron, ihm genehme politische Kampagnen mit Geld zu bedenken. So unterstützte er in den neunziger Jahren die Kampagne gegen die Einführung des Euro, bekanntlich ohne Erfolg. Als deutlich wirkungsvoller erwies sich der Einsatz von Mitteln der Substantia AG, die zu Fincks Firmengruppe gehört. Diese zahlte 2008 und

2009 insgesamt 1,1 Millionen Euro an die FDP. Auch die CSU profitierte von zwei Spenden aus dem Hause Finck, Volumen: 820 000 Euro.

Das zahlte sich aus. Denn nachdem Schwarz-Gelb 2009 die Bundestagswahl gewonnen hatte, machten sich Liberale und CSU als erstes für eine deftige Senkung des Mehrwertsteuersatzes auf Hotelübernachtungen von neunzehn auf sieben Prozent stark. Davon profitierte direkt ein Unternehmen wie Mövenpick, das in Deutschland vierzehn florierende Hotels betreibt.

Das alles war ganz legal. Denn in Deutschland dürfen Unternehmen politischen Parteien unbegrenzt mit Geld unter die Arme greifen. Ein direkter Zusammenhang zwischen den Schecks und der für Mövenpick recht erfreulichen Steuersenkung lässt sich natürlich nicht nachweisen. Doch gerade dieses Diffuse, die indirekte Wirkung von Parteispenden durch Großunternehmen, ist bedrohlich für die Demokratie. Denn deren Glaubwürdigkeit zerfällt, wenn sie käuflich erscheint.

Beispiel zwei: Die Waffenfirma Heckler & Koch spendierte der FDP zwischen 2009 und 2011 20 000 Euro. Auch das schien völlig legal zu sein. Allerdings gab es eine verdächtige Stückelung in 5 000-Euro-Überweisungen, offenbar um die Veröffentlichungspflicht zu umgehen, die für Spenden über 10 000 Euro im Jahr gilt. Heckler & Koch ist direkt von politischen Entscheidungen abhängig: Waffenexporte müssen in Deutschland von der Regierung genehmigt werden. Und die schwäbische Waffenfabrik, die laut Wikipedia an 88 Länder, darunter übrigens auch Griechenland, liefert, verdiente von 2005 bis 2010 viel Geld mit dem Verkauf von Sturmgewehren nach Mexiko. 2010 unterband das Wirtschaftsministerium den lukrativen Deal. Daraufhin spendete Heckler & Koch an die Liberalen – und zwar direkt an die FDP Tuttlingen. Das ist der Kreisverband von Ernst Burgbacher, der als Staatssekretär im Wirtschaftsministerium mittelbar an Waffenexportgenehmigungen beteiligt ist. Die Staatsanwaltschaft in Stuttgart mochte da nicht an Zufall glauben und machte im Winter 2011 bei einer Razzia interne Firmenmails dingfest, die den Verdacht erhärteten: Heckler & Koch wollte mit dem Geld für Burgbachers Kreisverband die Chancen verbessern, wieder ungestört Waffen nach Mexiko zu verkaufen.

Ähnlich raffiniert agierte der Konzern Gauselmann, der mit Spielautomaten mehr als eine Milliarde Euro Jahresumsatz macht. Weil Politiker immer mal wieder Verbote des Spielautomatenbusiness ins Gespräch bringen, baute der Konzern vor. Über die Jahre spendeten leitende Konzernmitarbeiter eine Million Euro an Union, SPD, FDP und Grüne, in kleinen Tranchen. Das Geld tauchte in Rechenschaftsberichten der Parteien daher nicht auf – die Zahlungen lagen unter der 10 000-Euro-Grenze, ab der die Veröffentlichungspflicht gilt.

Diese drei Fälle sind spektakulär. Es mögen Einzelfälle sein – aber sie verdeutlichen ein generelles Problem. Wenn mächtige Privatleute oder große Unternehmen politischen Parteien Geld schenken, dann geschieht dies nicht immer aus reiner, selbstloser Liebe zu Demokratie und Parlament. Vieles bewegt sich in einer Grauzone zwischen gezielter, und damit justiziabler Einflussnahme wie im Fall Heckler & Koch und nicht minder problematischen Versuchen, Entscheidungsträger mit Geld zu bedenken, die zufällig über Dinge befinden, die die vitalen Interessen der spendenden Unternehmen betreffen, wie im Fall Mövenpick.

Die deutsche Politik tut sich seit Jahrzehnten ausgesprochen schwer damit, dem mit einem klaren Regelwerk beizukommen. Einige Details wurden zwar 2002 verändert. So müssen seitdem Spenden über 50 000 Euro zügig vom Bundestag veröffentlicht werden. Doch das Grundproblem ist ungelöst. Von ausreichender Transparenz, die mögliche Einflussnahmen zumindest sichtbar macht, kann noch längst keine Rede sein.

Dabei ist all das schon lange bekannt. 2001 mahnte die unabhängige »Rau-Kommission« Änderungen an – etwa beim Sponsoring, das oft nur vertuschte Parteienfinanzierung ist. Unternehmen und Parteien nutzen Sponsoring – zum Beispiel mit völlig überteuerten Standmieten von Firmen auf Parteitagen –, um ein klandestines Geschäft zu machen. Das ist ein guter Deal für beide Seiten: Die Firmen können die Ausgaben, anders als bei Parteispenden, von der Steuer absetzen. Die Parteien müssen die Sponsoren (oder vielmehr Spender) nicht offenlegen und dürfen solche Einkünfte in ihren Rechenschaftsberichten in der Rubrik Sonstiges verstecken.

Doch passiert ist in Sachen Sponsoring seit zehn Jahren nichts. Deutschland ist wegen dieser laxen Parteispendenpraxis sogar ins Visier der EU geraten. Die Anti-Korruptionsinstitution des Europarats GRECO fordert von der Bundesregierung seit langem endlich wirksame Gesetze gegen geheime Spenden per Sponsoring und eine Veröffentlichungspflicht auch für niedrigere Spenden – damit das Stückeln zumindest schwieriger wird. Doch Bundesregierung und Parlament tun wenig. Die Lage in Deutschland, so GRECO 2012, ist »allgemein unbefriedigend«.

Dass es, zumindest theoretisch, auch anders geht, zeigt das Beispiel Frankreich. Dort sind seit einigen handfesten Skandalen Spenden von Firmen an Parteien seit 1995 generell verboten. Praktisch sieht die Sache indes weniger leuchtend aus. Es mangelt an ausreichend ausgestatteten Kontrollinstanzen, und der Erfindungsreichtum von Parteien und Unternehmen, Verbote im Graubereich des Halblegalen zu umkurven, ist ungebremst.

Die Frage lautet: Warum gibt es hierzulande kein ordnungsgemäß überwachtes Verbot von Unternehmensspenden? Warum fordert nur die Linkspartei ein Totalverbot von

Firmenspenden? Was hindert die Parteien daran, das Naheliegende zu tun?

Die einfach Antwort darauf lautet: Es ist das Geld selbst. Bei der FDP machen die Spendeneinnahmen ein Drittel des Budgets aus. Bei den Union und SPD liegt die Quote niedriger. Doch in Zeiten rapide sinkender Mitgliederzahlen sind gerade die Volksparteien notorisch klamm. Es entspricht schlicht der Logik der Apparate, sich selbst zu erhalten. Zudem ist es für Parteien nicht einfach, andere Finanzquellen aufzutun. Wenn sie mehr Geld pro Wähler fordern, werden sie als Selbstversorger auf Staatskosten gegeißelt und regelmäßig mit einer denkbar miesen Presse bestraft.

Auch der zweite Grund ist banal: Über die Spenden an Parteien entscheiden – genau: die Parteien selbst. Sie entscheiden damit eine höchst sensible Frage, die ihre eigene Existenz und Interessenslage direkt tangiert. Man könnte meinen, dass eine unabhängige Kommission der Königsweg ist, um diesen Konstruktionsmangel elegant zu beheben. Doch die gab es 2001 mit der Rau-Kommission schon mal. Fundamentales geändert hat sich seitdem nicht.

Das Einzige, was gegen die Mesalliance von Privatwirtschaft und Politik hilft, ist offenbar Öffentlichkeit. Nachdem bekannt wurde, wie lässig Ex-Bundespräsident Wulff Privates und Öffentliches vermischt hatte, gingen die Spenden- und Sponsorenaktivitäten von Großspendern wie BMW 2012 erstmals zurück. Denn der Deal zwischen Unternehmen und Parteien lohnt sich nur, wenn darüber nichts Unfreundliches in der Zeitung steht. Ansonsten drohen beide sich mit Spendenaffären ihren Ruf zu ruinieren Es mag etwas appellativ und nach jenen Zeiten klingen, als wir noch ganz und gar auf die Kraft der Aufklärung vertrauten: Die wirksamste Waffe gegen die gefährliche Nähe zwischen Unternehmen und Parteien ist: kritische Publizität. Also, mehr davon!

8 *Offiziell herrscht in Deutschland die Trennung von Staat und Kirche. Wie kommt es, dass die Kirchen dennoch über etliche Privilegien verfügen, die niemand anzutasten wagt?*

Von Daniel Bax

Die letzten Jahre waren nicht gut für die großen Kirchen in Deutschland. Missbrauchsskandale haben das Vertrauen in ihre moralische Autorität erschüttert, viele Menschen sind deshalb aus ihrer Kirche ausgetreten. Seit der Wiedervereinigung ist die Bundesrepublik ohnehin atheistischer geworden, weil viele in der DDR gar keiner Kirche mehr angehörten. Hinzu kommt der demographische Wandel und eine Einwanderung, die vielerorts die traditionelle Vorherrschaft des Christentums in Frage stellen. Die Kirchen haben auf diese Herausforderung reagiert, mit einem harten Sparkurs oder durch die Zusammenlegung von Gemeinden und Kirchenkreisen. Doch ihre Privilegien sind bisher seltsamerweise unangetastet geblieben. Und Privilegien besitzen die Kirchen in Deutschland noch immer sehr viele.

Denn anders, als viele es glauben, gibt es in Deutschland keine klare Trennung von Staat und Religion. Nicht nur, dass die staatlichen Finanzämter für Kirchen die Kirchensteuern einziehen und deshalb einen Nachweis darüber verlangen, ob man getauft wurde oder nicht. Der Staat stellt auch sicher, dass an öffentlichen Schulen ein konfessioneller Religionsunterricht angeboten wird, und räumt konfessionellen Privatschulen viele Sonderrechte ein. Er sorgt für christliche Seelsorger in der Bundeswehr und in Gefängnissen, bei der Polizei und in Krankenhäusern. Diese Bevorzugung des Christentums wird vielerorts durch Kruzifixe in Klassenzimmern, Gerichtsgebäuden oder Krankenhäusern symbolisch noch unterstrichen – vom allgegenwärtigen Läuten der Kirchenglocken ganz zu schweigen. Sie zeigt sich aber auch im gewaltigen Kirchenvermögen, das sich im Besitz von Unternehmen, Grundstücken und Immobilien äußert.

Die Kirchen haben zudem großen Einfluss auf die theologische Ausbildung an den Universitäten, indem sie bei der Berufung von Professoren und der Gestaltung der Lehrinhalte ein wichtiges Wort mitreden. Über die Rundfunkräte, in denen sie einen festen Platz haben, regieren Kirchenvertreter auch in die öffentlich-rechtlichen Rundfunkanstalten hinein – vielleicht ein Grund, warum es in den Vorabendserien von ARD und ZDF nur so von fröhlichen Nonnen und freundlichen Pfarrern wimmelt, während es kritische Dokumentationen über Kircheninterna eher selten ins Programm schaffen. Sehr engagiert sind die Kirchen seit jeher im Bereich der Wohlfahrt und Jugendhilfe, die vom Staat gefördert werden – und dass, obwohl sich die Kirchen als Arbeitgeber nicht an das Arbeitsrecht gebunden fühlen und es sich bei der Auswahl ihrer Mitarbeiter herausnehmen, Andersgläubige und Konfessionslose zu diskriminieren.

Auf über vierzehn Milliarden Euro pro Jahr setzen Kirchenkritiker die Summe an, mit denen der Staat die beiden großen Kirchen subventioniert, wenn man die Steuerentlastungen, Gehälter von Religionslehrern und kirchlichen Amtsträgern sowie direkte Zuschüsse zusammenzählt. Da sind die fünfzig Milliarden, mit denen die öffentliche Hand die Sozialleistungen von Diakonie und Caritas finanziert, noch gar nicht mit einberechnet, denn die Kosten für katholische und evangelische Kindergärten, Schulen, Altersheime und Krankenhäuser übernimmt der Staat zu weit über neunzig Prozent. Die Kirchen verteidigen sich damit, dass es sich bei diesen Zahlungen nicht im eigentlichen Sinne um Subventionen handele. Sie berufen sich auf das Subsidiaritätsprinzip, wonach gesellschaftliche Aufgaben hierzulande nicht zuerst vom Staat, sondern von gesellschaftlichen Gruppen übernommen werden und der Staat lediglich den – rechtlichen wie finanziellen – Rahmen zu stellen habe.

Weil Kirchenkritiker hierzulande keine starke Lobby haben, wird dieses Arrangement kaum in Frage gestellt. In den beiden konservativen Unionsparteien wird die traditionelle Nähe zum Christentum schon durch das C im Namen unterstrichen. Die SPD ist durch die vielen Theologen und Ost-Pfarrer, die in der DDR-Opposition eine zentrale Rolle spielten und nach der Wende den Weg zur Sozialdemokratie fanden, seit der Wiedervereinigung deutlich christlicher geworden. Symptomatisch für die Haltung in der Partei ist, dass parteiinterne Kirchenkritiker erst jüngst damit gescheitert sind, einen »Arbeitskreis der Laizistinnen und Laizistinnen in der SPD« zu gründen. Mit dem Katholiken Wolfgang Thierse, der für den Arbeitskreis »Christen in der SPD« spricht, und mit Andrea Nahles, die ihrer Autobiographie den Titel *Frau, gläubig, links* gab, hatten sie einfach zu starke Widersacher. Auch bei den Grünen bilden eingefleischte Kirchenkritiker nur eine Minderheit. Schon die Friedens- und Umweltbewegung, aus der die Partei einst hervorgegangen ist, war stark kirchlich geprägt. Die aktuelle Nähe zwischen Grünen und Kirchen lässt sich daran ablesen, dass mit Winfried Kretschmann in Baden-Württemberg ein praktizierender Katholik, der gleich in mehreren kirchlichen Gremien vertreten ist, zum ersten grünen Ministerpräsident gewählt wurde, während mit Kattrin Göring-Eckart ein weiteres prominentes Parteimitglied im Rat der evangelischen Kirche in Deutschland sitzt.

Die beiden Parteien im Bundestag, welche die größte Distanz zu den christlichen Kirchen aufweisen, sind die FDP und die Linkspartei. Doch auch hier würde es niemand wagen, offen Front gegen sie zu machen – zu groß ist die Gefahr, sich damit ins Abseits zu stellen. Bezeichnenderweise sind die Piraten derzeit die einzige Partei, die offensiv für eine strikte Trennung von Staat und Religion eintritt: Als neue Kraft haben sie die Lücke erkannt, die ihnen die anderen Parteien hier offen gelassen haben. Doch die Durchsetzungskraft der Newcomer ist begrenzt.

Ironischerweise kommen die Privilegien, die das deutsche Staatskirchenrecht den beiden großen Kirchen einräumt, jetzt vor allem den Muslimen zugute. Weil niemand zu fordern wagt, die Privilegien der christlichen Kirchen abzuschaffen, aber das staatliche Neutralitätsgebot es verlangt, alle Religionsgemeinschaften im Prinzip gleich zu behandeln, hat sich die deutsche Politik – von schwarz bis grün – der Gleichstellung des Islams mit den anderen großen Glaubensgemeinschaften verschrieben. Als Beitrag zur Integration wurde in vielen Bundesländern an staatlichen Schulen bereits ein islamischer Religionsunterricht eingeführt; in anderen steht man kurz davor. Um die dafür notwendigen Religionslehrer auszubilden, wurden an vier deutschen Universitäten, von Tübingen bis Osnabrück, jetzt Lehrstühle für islamische Theologie eingerichtet. Und ähnlich wie das »Wort zum Sonntag«, das jeden Samstag im Fernsehen verkündet wird, gibt es auch schon ein muslimisches »Wort zum Freitag« – bisher allerdings nur im Internet. Ob diese Politik auf eine wirkliche Gleichstellung hinausläuft oder aber nur Religionsgemeinschaften erster, zweiter und dritter Klasse etabliert, das wird sich zeigen. Das Nachsehen haben aber all jene, Einwanderer wie Alteingesessene, die mit Religion gar nichts am Hut haben wollen.

9 *Jeder will im Netz gefunden werden. Warum verlangen deutsche Verlage dafür ein Leistungsschutzrecht?*

Von Meike Laaff

Dem deutschen Zeitungsmarkt geht es nicht gut: In den vergangenen fünfzehn Jahren sank die Zahl der verkauften Zeitungen um knapp sechzehn Prozent. Die Onlineangebote der

Verlage ziehen zwar immer mehr Leser an, schreiben aber fast alle rote Zahlen. Wer daran Schuld ist? Für die beiden großen deutschen Verlegerverbände ganz klar: die Googles dieser Welt. All diese Suchmaschinen, Provider und andere Anbieter, die im Netz mit am Werbekuchen knabbern. Die Links und Teaser und Ankündigerbildchen von Artikeln posten und dafür über Anzeigen mehr Geld einstreichen, als bei den Verlagen ankommt. »Wir werden schleichend enteignet«, alarmierte Hubert Burda, damaliger Präsident des Bundesverbands deutscher Zeitungsverleger (BDZV), im Juni 2009 in der *FAZ*. Kurz vorher hatte dessen Delegiertenversammlung beschlossen, ein Leistungsschutzrecht für die Presse zu fordern – um sich gegen die »unentgeltliche Ausnutzung« ihrer Onlineangebote durch Suchmaschinen und andere Anbieter zu wehren, sprich an der Verwendung von Textauszügen ihrer Artikel durch andere Internetseiten verdienen zu können. Und holte sich zur Unterstützung den Verband Deutscher Zeitschriftenverleger (VDZ) mit ins Boot.

All das waren die Früchte der Vorarbeit aus dem Hause Springer – deren Lobbyismusmaschinerie zu diesem Zeitpunkt schon auf Hochtouren lief. Auf einer Fachtagung im Februar hatte Christoph Keese, Springers Konzerngeschäftsführer für »Public Affairs«, ein derartiges Vorhaben bereits schon einmal angedeutet. Laut einem Bericht des Medienmagazins *Message* soll Keese Anfang April auch Faxe an die Büros mehrerer Bundestagsabgeordneter verschickt haben, mit der Forderung nach einem Leistungsschutzrecht für Verleger. Autor des neunseitigen »Memorandums«: der Medienanwalt Jan Hegemann, der regelmäßig für Springer arbeitete. Ein Text von Hegemann mit ähnlichen Forderungen, ohne Verweis auf seine Verbindungen zu Springer, erschien wenige Tage später in der *FAZ*, ebenso wie ein ebenfalls nicht gekennzeichnetes Interview mit ihm in der *Welt*. Seitdem hat sich Springer-Vorstandschef Matthias Döpfner mehrfach zu dem Thema geäußert – vor allem aber profilierte sich Keese als unermüdlicher Lobbyist für das Leistungsschutzrecht. Auf jedem Podium, in zahllosen Interviews, in Verhandlungen mit den Journalistengewerkschaften DJV und Verdi über deren mögliche Unterstützung.

Von der Politik wurde der Verlegerruf nach einem Leistungsschutzrecht schnell erhört: Schon in der schwarz-gelben Koalitionsvereinbarung von 2009 wurde ein solches Leistungsschutzrecht versprochen. Und als schon kaum jemand mehr daran glaubte, dass der immer wieder angekündigte Referentenentwurf für ein Leistungsschutzrecht für Verlage überhaupt noch kommen würde, wurde er Mitte Juni 2012 vom Justizministerium vorgelegt

In der Film- und Musikbranche existieren solche Leistungsschutzrechte schon seit Jahren: Komponisten und Texter halten zwar das Urheberrecht an Songs, an der konkreten Aufnahme eines Musikstückes haben aber Label oder Produzenten das Leistungsschutzrecht. Auch Autoren von journalistischen Texten haben eigentlich das Urheberrecht an einem Text – übertragen Teile davon aber in der Praxis häufig, wenn sie »total buyout«-Verträge mit einem Verlag unterschreiben. In diesem Fall verfügt der Verlag über abgeleitete Schutzrechte an den Texten – mit dem Leistungsschutzrecht wäre aber auch ihre eigene verlegerische Leistung geschützt. Das bedeutet: Sie könnten auch diese Leistung monetarisieren oder die Nutzung von Textzitaten durch Dritte untersagen.

Die Idee, nun zusätzlich dazu noch ein Leistungsschutzrecht für Verlage einzuführen, stößt bei vielen auf Widerstand. Viele Journalisten, Juristen und andere Beobachter sehen es als seltsames Unterfangen an, Suchmaschinenkonzerne, News-Aggregatoren im Netz und zahlreiche andere Nutzer dafür abkassieren zu wollen, dass sie auf Inhalte, die die Verlage kostenfrei ins Internet stellen, verlinken und dafür kleinste

Textauszüge verwenden. Denn dies spült den News-Webseiten inzwischen einen Großteil ihres Traffics auf die Seiten: Auf viele von ihnen findet fast jeder zweite Leser den Weg allein über Google und seine Dienste. »Das ist etwa, als müsste der Busfahrer dem Kirmesbetreiber Geld dafür geben, dass er die Kunden zu ihm bringt«, schrieb etwa der Medienjournalist Stefan Niggemeier und nennt das Vorhaben »Profitrecht« für Verleger.

Auch andere Kritiker sehen das Leistungsschutzrecht als Ersatz der Verleger, ihre lahmenden Geschäftsmodelle zu modernisieren und innovativ zu werden. Und der Journalistenverband »Freischreiber« kritisiert, das Leistungsschutzrecht würde Autoren schaden – weil es ihre rechtliche Position gegenüber den Verlagen schwächt.

Springers-Cheflobbyist Keese ging in der Auseinandersetzung mit den Argumenten der Gegner seines Projekts schon von Anfang an in den Nahkampf. In seinem Blog und per Twitter reagiert er auf Einwände gegen das Leistungsschutzrecht, scheut auch den direkten Schlagabtausch mit aufgebrachten Bloggern nicht. Seine Gegner zollen ihm für diese Diskussionsfreude fast schon so etwas wie Respekt. Häufig verweist Keese auf eine gewisse Nähe einiger Leistungsschutzrechtkritiker zum Google-Konzern und von Google mitfinanzierten Thinktanks – teils nicht ganz unberechtigt.

Stoff für Kontroversen lieferte auch der erste Referentenentwurf für das Leistungsschutzrecht von Mitte Juni zur Genüge. Zum einen wurde er kritisiert, weil er selbst kleinste Textpassagen schützen wollte – so könnte künftig schon für das Zitieren einer Überschrift eine Lizenzvereinbarung mit einem Verlag nötig sein. Außerdem stellte der Entwurf in Aussicht, dass das Leistungsschutzrecht viel mehr Nutzer betreffen könne als nur Konzerne wie Google, andere Suchmaschinen oder Nachrichten-Aggregatorendienste: Auch kleine Blogger hätten in die

Pflicht genommen werden können – denn auch sie könnten in die Kategorie der »gewerblichen Nutzer« fallen, die sich mit Verlagen über die Verwendung von Textschnipseln einigen sollen. Dann nämlich, wenn sie ein paar Werbebanner oder einen Spendenknopf des Mikropayment-Dienstes Flattr auf ihren Seiten einbinden – selbst wenn sie damit nur wenige Euro pro Monat verdienen. Oder aber, wenn jemand »zu seiner beruflichen Tätigkeit« im Netz schreibt – wenn also ein Medienjournalist wie Stefan Niggemeier in seinem Blog aus Zeitungsartikeln zitiert. Definitionen, die zahlreiche Rechtsstreitigkeiten nach sich ziehen würden, glaubten netzaffine Juristen wie der Düsseldorfer Anwalt Udo Vetter. *Zeit-Online*-Journalist Kai Biermann warnte, Bloggern könne nur geraten werden, »künftig keine Zeitungen mehr als Ausriss, Kopie et cetera« auf ihren Seiten einzubinden – um nicht in einen Rechtsstreit mit Verlagen zu rutschen oder zur Kasse gebeten zu werden.

Nicht nur kritische Juristen, Blogger und Netzaktivisten, selbst der Bundesverband Deutscher Industrie (BDI) sprach sich gegen diesen ersten Referentenentwurf für das Leistungsschutzrecht aus – die »Rechtsunsicherheit«, die es schaffen würde, würde Innovationen behindern und »Unternehmen in ihrem täglichen Umgang mit dem Internet maßgeblich beeinträchtigen«. Eine Äußerung, wegen der der Verlegerverband BDZV dem BDI seinerseits vorwarf, sich »vor den Karren von Google und Co.« spannen zu lassen.

Restlos überzeugt schien man jedoch auch im Bundeskabinett von dem Entwurf nicht zu sein – so wurde das Thema kurz vor der Sommerpause 2012 mehrfach von der Agenda gekickt, statt den angekündigten Kabinettsbeschluss dazu zu fassen. Ende Juli, kurz vor Drucklegung dieses Buches, besserte das Justizministerium dann nach, legte einen neuen Referentenentwurf vor, der sich die vielstimmige Kritik ganz offensichtlich zu Herzen nahm: Statt Herumzueiern, wer nun als »gewerblicher« Nutzer von Presseerzeugen gelten sollte, stellt der neue Entwurf klar: Ein Leistungsschutzrecht soll »vor systematischen Zugriffen (...) durch die Anbieter von Suchmaschinen« schützen. Was konkret bedeutet: Blogger und Unternehmen sind raus aus der Lizensierungspflicht – und das Leistungsschutzrecht läuft nun am Ende doch auf ein »Lex Google« hinaus, denn über diese Suchmaschine laufen in Deutschland über neunzig Prozent aller Suchanfragen. Eine Aussicht, die die Verleger schäumen lässt – ist das nun avisierte Gesetz bestenfalls noch eine Minilösung dessen, was sie sich ursprünglich erhofft hatten. Entsprechend wütend reagierte Springer-Cheflobbyist Christoph Keese auf den neuen Entwurf: »Anwendungen nur auf Suchmaschinen geht gar nicht«, schrieb er auf Twitter. Und die Verlegerverbände legten nach: Der jetzige Entwurf sei ein »Freifahrtschein für die Aggregatoren, die schon jetzt die Verlags-Internetseiten absaugen, um damit Geld zu verdienen«.

Tatsächlich wird es für die Verleger ziemlich unbequem werden, sich mit dem Suchmaschinenriesen Google anzulegen. Denn Google dürfte auf einen Konflikt mit den Verlegern gut vorbereitet sein: Seine erste Konfrontation mit einer Presseverwertungsgesellschaft aus Belgien hatte er bereits. Dort nämlich hatte ein Gericht dem Dienst Google News verboten, kostenfrei Links und Presseauszüge journalistischer Texte zu verwenden – mit dem Ergebnis, dass Google Mitte vergangenen Jahres einfach gar keine Suchergebnisse mehr anzeigte, die auf Artikel der betroffenen Zeitungen verwiesen. Die bemühten sich, möglichst schnell wieder aufgenommen zu werden. Weil man es sich als Verlag eben doch nicht leisten kann, von Google verschmäht zu werden. Zumindest derzeit noch.

Über diese Machtposition des Internetkonzerns kann man sich zu Recht ärgern – doch sie macht äußerst unwahrscheinlich, dass ein Leistungsschutzrecht das bewirken wird, wozu es im Grunde von den Verlegern erdacht wurde: nämlich zu dem Zweck, Google und anderen Nutzern ihrer Artikel wieder ein Stück vom Onlinewerbekuchen abzuluchsen. Sollte Google sich am Ende tatsächlich querstellen, Verlagsinhalte aus ihrem Suchtreffern entfernen oder seinen Dienst Google News gar einstellen, dann wird darunter jedoch vor allem jemand ganz anderes leiden: der Leser.

10 *An Europa wird gerade vorexerziert, wie Staaten entmündigt und entdemokratisiert werden. Welche Macht haben dabei Organisationen wie die Bilderberger, die nur den wenigsten bekannt sein dürften?*

Von Mathias Bröckers

Das Hotel de Bilderberg in Oosterbeck bei Amsterdam war 1954 der erste Tagungsort, die von Prinz Bernhard der Niederlande eingeladenen Teilnehmer waren internationale Spitzenfunktionäre aus der Finanzwelt, dem Militär und der Politik und sie verpflichteten sich zu einem Schweigegebot über die Inhalte ihrer Konferenz. An diesem Procedere hat sich seit über fünf Jahrzehnten wenig geändert: Die nach dem ersten Tagungsort »Bilderberg-Konferenz« genannte Veranstaltung findet jährlich in wechselnden Luxushotels statt, die Teilnehmerlisten lesen sich wie ein Who is Who der sogenannten Wirtschafts- und Finanzelite und berichtet wird darüber seit fünfzig Jahren so gut wie nichts. Da sich auch die handverlesenen Journalisten, die an der als »privates Treffen« deklarierten Konferenz teilnehmen dürfen, seit jeher an das Schweigegebot halten, werden über das turnusmäßige Stelldichein der globalen Elite offiziell nur Allgemeinplätze bekannt.

Was aber haben die CEOs der Wall-Street-Banken mit den Finanzministern etlicher EU-Länder, mit den Industriemagnaten, dem Hochadel und Politikern der westlichen Welt »privat« zu besprechen? Nichts Gutes, lautet die landläufige Antwort darauf – und so stehen den spärlichen Berichten über diese Treffen ein ganzer Berg von Gerüchten und Mutmaßungen gegenüber, die »Bilderberg« zu einer Top-Chiffre von Verschwörungstheorien machen. Schon in einem der ersten Berichte in der deutschen Presse überhaupt, der 1976 in der Zeitschrift *Quick* erschien, wurden die Bilderberger als »heimliche Weltregierung« bezeichnet, und diesen dubiosen Nimbus haben die Organisatoren seitdem ebenso häufig bestritten wie auch durch ihre fortgesetzte Geheimhaltungsstrategie weiter ausgebaut. Was die Teilnehmer als ganz normale akademische Konferenz bezeichnen, deren »Off the record«-Status gerade deswegen eine offenere Diskussion als bei offiziellen Tagungen ermögliche, sehen Kritiker als konspiratives Jahrestreffen einer vermeintlichen Weltelite, die hinter den Kulissen die Fäden der globalen Politik zieht: die mächtigste Lobbygruppe der Welt.

Tatsächlich ist die Bilderberg-Konferenz ein klassisches Kind des Kalten Kriegs, eingerichtet zur Festigung der transatlantischen Verbindungen der USA und Westeuropas, finanziert von der CIA und amerikanischen Bankiers und Industriellen wie David Rockefeller. Bekannt wurde anhand veröffentlichter Tagesordnungsprotokolle auch, dass Vereinbarungen wie die ersten europäischen Wirtschaftsverträge, ebenso wie Institutionen wie EWG, EU und Euro bei den Bilderberg-Treffen Thema waren, bevor sie politische Realität wurden. Und schaut man sich die Liste aufstrebender junger Politiker wie Bill Clinton, Tony Blair, Helmut Kohl oder Angela Merkel an, die auf eine Bilderberg-Konferenz geladen wurden und kurz darauf zu hohen Ämtern kamen, dann könnte man den elitären Club tatsächlich für so etwas wie einen Weihetempel der Macht halten. Die Kaderschmiede einer globalen Schattenregierung.

Verstärkt wird dieser Eindruck noch durch die Worte des Bilderberg-Mitgründers und Veteranen David Rockefeller, der mit seinem Adlatus Henry Kissinger zum Stammpersonal der Konferenz zählt und auf dem Treffen in Baden-Baden 1991 sagte: »Wir sind der *Washington Post*, der *New York Times*, dem *Time Magazine* und anderen großen Publikationen dankbar, deren Direktoren seit fast vierzig Jahren unseren Treffen beigewohnt und ihre Versprechen der Verschwiegenheit gehalten haben. Es wäre für uns unmöglich gewesen, unseren Plan für die Welt zu entwickeln, wenn wir während dieser Jahre dem Licht der Öffentlichkeit ausgesetzt worden wären. Inzwischen aber ist die Welt höher entwickelt und darauf vorbereitet, einer Weltregierung entgegenzugehen. Die supranationale Souveränität einer intellektuellen Elite und der Weltbanker ist mit Sicherheit der nationalen Selbstbestimmung, so wie sie in vergangenen Jahrhunderten praktiziert wurde, vorzuziehen.«

Zwanzig Jahre später, nachdem die »supranationale Souveränität« der Banker zu einer Krise geführt hat, in der die europäischen Nationen gezwungen werden, ihre nationale ökonomische Selbstbestimmung aufzugeben, dürfte deutlich geworden sein, warum der Rockefellersche »Plan für die Welt« nur unterhalb des Radars der Medien und der Öffentlichkeit gedeihen konnte: Er bedeutet in der Konsequenz die Aufgabe demokratischer Volkssouveränität zugunsten einer globalen Plutokratie. Sind die 130 Teilnehmer der Bilderberg-Konferenzen deshalb eine Art Parlament der neuen Weltordnung? »Die Leute, die auf der Suche nach der Weltregierung sind, werden diese nicht bei den Bilderbergern finden. Die Vorstellung, dass dort eine Gruppe verschwörerisch sitzt und die Weltabläufe bestimmt, ist nicht tragbar«, sagt Andreas von Bülow, der als Minister der Regierung Helmut Schmidt die Konferenz einmal besuchte. Entscheidungen werden dort nicht getroffen, aber: »Es wird der Gleichschritt der westlichen Welt gewährleistet.« Entschlüsse werden in kleinen Kreisen gefällt und auf den Bilderberg-Konferenzen »an gehorsam ausführende Einheiten weitergeben«, so von Bülow, sie dienen – wie auch die Versammlungen von Bilderberg-Ablegern wie der Trilateralen Kommission oder des Council of Foreign Relations – dem »Transfer bereits gefällter Entscheidungen«.

Diese Netzwerke sind keine Entscheidungsgremien, sondern Institutionen der »politischen Landschaftspflege«, des Mainstreamings von Meinungen, die der Öffentlichkeit dann als »alternativlos« präsentiert werden – und sind insofern ein klassisches Instrument des Lobbyismus.

Dessen schlechter Ruf und die dank des Internets wacheren Augen der Öffentlichkeit haben mittlerweile dazu geführt, dass sich der diskrete Machtzirkel Bilderberg selbst ein wenig Offenheit verordnet hat. Auf der Webseite www.bilderbergmeetings.org werden seitdem die Teilnehmerlisten und Themen der Konferenz veröffentlicht. Mit echter Transparenz hat das noch immer wenig zu tun, und solange die Mainstreammedien sich investigativ in diskreter Zurückhaltung üben, wird die auch nicht zu haben sein.

Immerhin kann die Durchsicht der Teilnehmerlisten und der Agenda angesichts der geballten Präsenz von Hochfinanz, Großindustrie und Adel schnell verdeutlichen, welche Interessen dieser Club der globalen Elite vertritt – und dass in ihrem »Plan für die Welt« Demokratie und Gemeinwohl keine Priorität genießen. George Monbiot vom britischen *Guardian* hat dieses »private« Networking der Eliten in seinem Buch *United People* auf den Punkt gebracht: »Da nun alles globalisiert wurde außer der Demokratie, können die Herrschenden dieser Welt ihren Geschäften nachgehen, ohne auch nur die geringste Rücksicht auf uns nehmen zu müssen.«

Banken und Finanzen

Die Banken sind mitverantwortlich für die Eurokrise. Wieso darf die Bankenlobby sogar auf EU-Gipfeln mitreden?

Von Eric Bonse

Wenn eines Tages die Geschichte der Finanzkrise in Europa geschrieben wird, dann dürfen zwei Namen nicht fehlen: Angela Merkel und Josef Ackermann. Die Kanzlerin wird, wenn nicht alles täuscht, wegen ihres zögerlichen Umgangs mit der Krise und der fehlenden Weitsicht in die Geschichtsbücher eingehen. Und der frühere Deutsche-Bank-Chef Ackermann wird einen Ehrenplatz für erfolgreiches Lobbying erhalten.

Dabei sah zunächst nichts nach einer Griechenland-Connection zwischen Merkel und Ackermann aus. Als die europäischen Rettungsversuche 2010 in Athen begannen, stand die Kanzlerin skeptisch an der Seitenlinie und Ackermann hatte Wichtigeres zu tun. Als Sprecher des Institute of International Finance IIF, der internationalen Bankenlobby, machte er sich mehr Sorgen um die Zukunft des Investmentbankings als um Athen.

Die spekulativen Geschäfte der Banken waren nach dem Zusammenbruch der US-Investmentbank Lehman Brothers in Verruf geraten. Viele europäische Institute hatten sich verspekuliert und mussten gestützt werden. Was als Finanzkrise begonnen hatte, wurde in Europa zur Staatsschuldenkrise – nicht zuletzt, weil viele EU-Staaten ihren Banken zu Hilfe eilen mussten und sich deshalb massiv verschuldeten.

Paradoxerweise wurden die neuen Schulden wiederum bei den Banken aufgenommen, die massenhaft Staatsanleihen kauften. Jahrelang war dies kein Problem, denn die Staatspapiere galten als sichere Anlage. Doch das änderte sich schlagartig, als die Finanzmärkte 2010 begannen, gezielt gegen einige Euroländer zu spekulieren: Der Wert der Anleihen sank, die Zinsen stiegen. Plötzlich heizten sich Banken- und Staatsschuldenkrise gegenseitig an – bis zum Kollaps wie in Irland oder Spanien.

Ackermann hat diesen Teufelskreis frühzeitig verstanden, Merkel offenbar nicht. In Griechenland setzte sie zunächst auf Abschreckung und Sparen. Athen musste hohe Zinsen auf die europäischen Hilfskredite zahlen und harte Schnitte im Staatsbudget vornehmen. Als das nichts half, verfiel die Kanzlerin 2011 auf eine neue Strategie: Die privaten Gläubiger, also die Banken, sollten sich an der Rettung Griechenlands beteiligen.

Und so kam Ackermann ins Spiel. Zwar war er durch keine Wahl und kein öffentliches Amt legitimiert, mit der EU zu verhandeln. Noch nicht einmal seine Rolle als mächtiger Deutsche-Bank-Chef hätte ihm in normalen Zeiten eine Eintrittskarte in den exklusiven Club der Brüsseler Top-Entscheider verschafft. Doch als oberster privater Bankenlobbyist war er plötzlich unverzichtbar – er sollte mithelfen, Griechenland zu retten, die EU-Chefs luden ihn zum Gipfel.

Als Interessenvertreter versuchte Ackermann zunächst, den Beitrag der Geldhäuser so niedrig wie möglich zu halten. Erst wirkte er hinter den Kulissen in Paris, wo er auf Konferenzen vor einem Schuldenschnitt warnte. Dann flog er nach Athen, um sich vor Ort ein Bild von der Lage zu machen. Schließlich reiste er nach Brüssel, um das Schlimmste zu verhindern. Beim EU-Gipfel am 21. Juli 2011 errang er seinen ersten Sieg.

In stundenlangen Verhandlungen mit Merkel und den anderen EU-Chefs gelang es dem Schweizer, den Beitrag der Banken zu begrenzen. Die Geldinstitute sollten sich nur freiwillig an dem geplanten Schuldenschnitt beteiligen und bloß auf 21 Prozent ihrer Forderungen verzichten – höchstens. Im Gegenzug setzte Ackermann durch, dass die Konditionen für die privaten Gläubiger deutlich besser ausfielen als die Bedingungen, zu denen die Euroländer ihre Hilfskredite an Athen ausgaben.

Was als gerechte Lastenteilung gedacht war, entpuppte sich bei Tageslicht als Deal zugunsten der Banken. Die Einigung sei ein »Etikettenschwindel«, kritisierte Sven Giegold, Finanzexperte der Grünen im Europaparlament. Rechne man die Einigung durch, laufe »das Ganze sogar noch auf eine zusätzliche Begünstigung des Privatsektors hinaus«. Ackermanns Präsenz beim Gipfel habe sich »milliardenschwer ausgezahlt«, so Giegold.

Allerdings war dies nicht das letzte Wort – weder von Merkel noch von Ackermann. Denn kurz nach dem Gipfel verschlechterte sich die Lage dramatisch. Der geplante Schuldenschnitt – eine Premiere in der Eurozone – hatte die Anleger zutiefst erschreckt; nun flüchteten sie nicht nur aus Griechenland, sondern auch aus Italien und Spanien. Die Euroretter mussten nachlegen, und wieder fiel Ackermann eine Schlüsselrolle zu.

Beim Eurogipfel am 26. Oktober 2011 kam es zum Showdown zwischen der Kanzlerin und der Bankenlobby. Merkel und ihr damaliger Mitstreiter Nicolas Sarkozy aus Frankreich forderten einen noch größeren Schuldenschnitt und eine noch höhere Beteiligung der Banken. Wenn die Geldinstitute nicht mitspielten, so ihre Drohung, blühe Griechenland die Pleite. Und dann wären auch die Kredite der Geldhäuser verloren.

Diesmal hielt sich Ackermann im Hintergrund. Er war nicht gut auf Merkel zu sprechen und schickte IIF-Geschäftsführer Charles Dallara vor. Zu gewinnen gab es für die Banken ohnehin nichts, im Gegenteil: Merkel und Sarkozy forderten ultimativ, die

Geldinstitute müssten statt wie geplant auf 21 auf fünfzig Prozent ihrer Forderungen verzichten. »Wir haben nur ein einziges Angebot vorgelegt«, hieß es nach der Krisenrunde im Umfeld der Kanzlerin. Die Banken hätten es sofort geschluckt – und nicht einmal versucht, zu verhandeln. Doch das ist nur die halbe Wahrheit.

Denn zum einen hat Merkel den Finanzinstituten die Zustimmung mit dreißig Milliarden Euro »versüßt« – mit dieser hübschen Summe wird der geplante Tausch griechischer Anleihen abgesichert. Zum anderen gingen die Verhandlungen nach dem Gipfel weiter. Um jedes Detail wurde gefeilscht, denn Merkel hatte zwar die Großbanken auf ihre Seite gezogen, aber nicht die Versicherungen, Pensionskassen, Hedgefonds und andere private Gläubiger. Sie mussten mit ins Boot geholt werden, um die geplante Beteiligung von neunzig Prozent zu erreichen und den »freiwilligen« Schuldenschnitt zu vollenden. Die Gespräche sollten sich über Monate hinziehen – und mit einem neuen Sieg der Banker enden. Die Öffentlichkeit bekam davon allerdings nicht viel mit, denn die Gespräche fanden in kleinem Kreis hinter verschlossenen Türen statt – und nicht im Scheinwerferlicht eines Gipfels. Am Ende stand das kleine und schwache Griechenland allein gegen die mächtige Bankenlobby.

Als der Deal endlich – im März 2012 – steht, sind die Steuerzahler die großen Verlierer. Die Banken haben zwar auf etwas mehr als fünfzig Prozent ihrer Anlagen in Griechenland verzichtet, also deutlich mehr als zunächst vereinbart. Insgesamt müssen sie etwas mehr als hundert Milliarden Euro abschreiben. Bei einem Verkauf ihrer Anleihen zu Marktpreisen hätten sie jedoch noch viel mehr verloren. Zudem sind die meisten Risiken aus der »Rettung« Griechenlands nun auf die öffentliche Hand übergegangen.

Die Banken haben abkassiert, die Staaten sitzen noch tiefer im Schuldensumpf – das ist das Ergebnis von Ackermanns Engagement und Merkels Manövern. Wäre der Schuldenschnitt gescheitert, hätten die Banken dagegen mit Verlusten von mehr als einer Billion Euro rechnen müssen, wie die Bankenlobby in einem vertraulichen Schreiben zugab. Selten hat sich Lobbyismus so unmittelbar gelohnt wie in diesem Fall.

Die Politik ist erpressbar geworden. Bei der Wahl zwischen Pest und Cholera – einer Pleite Griechenlands oder einer bevorzugten Behandlung der Banken – hat sie sich für Letzteres entschieden. Zwar hat Merkel geschworen, so etwas werde sich nie wiederholen, Griechenland sei ein absoluter Einzelfall. Doch schon wenige Monate später musste sie den spanischen Banken zu Hilfe eilen. Erst wenn der Teufelskreis aus Staatsschuldenkrise und Bankenkrise durchbrochen wird, ist Besserung in Sicht. Bis dahin werden die Banker wohl noch oft die EU-Agenda diktieren.

12 *Obwohl Finanzhändler die Welt an den Rand des Abgrunds geführt haben, gibt es immer noch keine Finanztransaktions- oder Tobinsteuer. Warum nicht?*

Von Ulrike Herrmann

Es ist Wahnsinn: Pro Tag werden an den Finanzmärkten rund sechzehn Billionen Dollar bewegt. Dies ist ungefähr das Siebzigfache der weltweiten Wertschöpfung. Es ist also ganz offensichtlich, dass die Finanzmärkte vor allem der Spekulationen dienen – und mit der realen Wirtschaft fast gar nichts mehr zu tun haben. Gleichzeitig sind diese Geschäfte völlig steuerfrei. Während auf jedes Brötchen eine Mehrwertsteuer von derzeit sieben Prozent entfällt, werden die Umsätze auf den Finanzmärkten nicht belastet.

Das soll sich ändern: Die EU-Kommission hat im vergangenen Herbst eine Finanztransaktionssteuer vorgeschlagen, die den Handel mit den meisten Finanzprodukten erfasst – ob dies nun Aktien, Anleihen oder Derivate sind. Auf die meisten Geschäfte würde dann eine Steuer von 0,1 Prozent entfallen. Nur bei Derivaten wären es 0,01 Prozent.

Dieser scheinbar niedrige Satz hat mit dem Charakter von Derivaten zu tun: Sie funktionieren wie Wetten, die zu einem bestimmten Zeitpunkt fällig werden. Meist ist der anfängliche Einsatz nur ein Bruchteil des Nominalbetrags, auf den die Wette abgeschlossen wird. Die Steuer soll aber auf den Nominalbetrag erhoben werden – und macht sich also im Vergleich zum Einsatz durchaus bemerkbar.

Nicht betroffen sind alle Bankgeschäfte, bei denen Geld nur übertragen wird. Also Überweisungen, Kredite, Hypotheken und Versicherungen. Trotzdem wäre das Aufkommen stattlich. Die EU-Kommission rechnet damit, dass die Finanztransaktionssteuer jährlich 57 Milliarden Euro erbringen würde, falls sie in allen 27 EU-Staaten eingeführt wird.

Danach sieht es allerdings nicht aus. England und Schweden haben bereits erklärt, dass sie sich keinesfalls beteiligen. Vor allem England will die Finanzwirtschaft nicht beschneiden, weil sie rund zehn Prozent der britischen Wirtschaftsleistung ausmacht und ganz London davon lebt. Deswegen ist nun geplant, eine »Koalition der Willigen« zu schmieden. Im Juni 2012 sagten immerhin zehn EU-Länder zu, dass sie eine Finanztransaktionssteuer einführen würden. Dies sind Deutschland, Frankreich, Italien, Spanien, Österreich, Belgien, Portugal, Slowenien, Griechenland und Zypern.

Diese Steuer soll so gestaltet werden, dass sie nicht leicht zu umgehen ist. Sie würde daher fällig, sobald einer der Handelspartner aus einem der EU-Länder stammt, die diese Steuer eingeführt haben (Stammsitzprinzip). Es würde also nichts bringen, das Geschäft einfach in London abzuwickeln, solange der eigentliche Firmensitz der Bank weiterhin in Deutschland oder Frankreich ist.

Mit der Finanztransaktionssteuer greifen die Europäer eine Idee auf, die ursprünglich von dem Nobelpreisträger James Tobin stammt. Sie wurde dann vom globalisierungskritischen Netzwerk Attac nochmals variiert und in der Öffentlichkeit bekannt gemacht.

Die Finanztransaktionssteuer würde zur Beruhigung der Finanzmärkte beitragen. Denn sie würde alle Geschäfte unterbinden, bei denen die Gewinnmarge so gering ist, dass sie sich bei einer Steuer von 0,1 oder 0,01 Prozent nicht mehr lohnen. Dies trifft vor allem auf den Hochfrequenzhandel zu, der computergesteuert läuft und kleinste Kursunterschiede an den verschiedenen Börsen ausnutzt und sich erst in der Summe vieler getätigter Geschäfte lohnt.

Dennoch sollte man die Wirkungen der Finanztransaktionssteuer nicht überschätzen. Denn sie kann nicht verhindern, dass es wieder zu einer Finanzkrise kommt. Wenn sich eine Spekulationsblase aufpumpt, sind Kursgewinne von dreißig Prozent pro Jahr keine Seltenheit. Dagegen wirkt die Finanztransaktionssteuer lächerlich. Ein Rechenbeispiel: Wenn ein Investor darauf hofft, dass eine Aktie von 1 000 Euro auf 1 300 Euro steigt – dann wird er diese Aktie kaufen und nur zu gern eine Finanztransaktionssteuer von einem Euro zahlen.

Immerhin kann die Finanztransaktionssteuer dazu beitragen, dass die Banken wenigstens zum Teil für die Folgeschäden aufkommen, die ihre Spekulationen anrichten. Damit das Ausmaß der Kosten klar wird: Die Finanzkrise ab 2007 und der anschließende Konjunktureinbruch haben die deutschen Staatsschulden um rund 400 Milliarden Euro ansteigen lassen.

Die Banken sind natürlich gegen eine Finanztransaktionssteuer. Bisher hatten sie auch großen Erfolg mit ihrem hinhaltenden Widerstand. Die Steuer steht schon seit Juni 2010 in der mittelfristigen Finanzplanung der Bundesregierung, ohne dass sie bisher Realität geworden wäre. Es bleibt daher abzuwarten, ob es tatsächlich zur europaweiten Einführung einer Finanztransaktionssteuer kommt, wie sie im Juni 2012 beschlossen wurde.

Im Kampf gegen die Finanztransaktionssteuer geben sich die Banken gern sozial. So wird immer wieder suggeriert, dass auch die Kleinsparer und Riester-Kunden immens leiden würden, falls die Finanztransaktionssteuer eingeführt würde. Dies ist jedoch schlicht falsch: Die Finanztransaktionssteuer macht sich nur bemerkbar, wenn ein Depot ständig umgeschichtet wird. Dies ist gerade bei Kleinsparern nicht der Fall. Auch andere Ängste werden von der Bankenlobby gern bedient. So wird ohne weitere Begründung behauptet, dass das Wachstum in Deutschland »in Gefahr« sei, wenn die Finanztransaktionssteuer käme.

Doch trotz dieser intensiven Lobbyarbeit dürfte die Steuer langfristig kaum noch zu verhindern sein. Denn der Unmut der Wähler ist enorm gewachsen, dass die Banken immer wieder aufs Neue mit Steuergeldern gerettet werden müssen. Die Politik weiß also, dass sie »liefern« muss. Sie muss ihre Wähler befrieden, indem den Banken zumindest teilweise Zugeständnisse abgerungen werden.

Für die Banken stellt sich daher die Frage, welches Zugeständnis am billigsten ist. Dies ist eindeutig die Finanztransaktionssteuer. Sie würde in Deutschland ganze zwei Milliarden Euro erbringen, wie die Bundesregierung schätzt. Es dürfte also zu einem Tauschgeschäft kommen: Die Banken werden die Finanztransaktionssteuer murrend akzeptieren, um im Gegenzug echte Reformen zu verhindern – wie zum Beispiel schärfere Eigenkapitalvorschriften.

Die Bankenlobby inszeniert also eine Symbolschlacht: Sie kämpft vehement gegen die Finanztransaktionssteuer, damit nicht auffällt, wie läppisch die Einbußen wären. Sie tut so, als würde diese Steuer den Finanzsektor dramatisch schrumpfen – damit es zu einer echten Schrumpfung gar nicht erst kommt.

13 *Die Finanz- und die Eurokrise haben gezeigt, dass Ratingagenturen einen entscheidenden Einfluss haben. Warum können drei private Ratingagenturen ganze Länder ins Elend stürzen?*

Von Ulrike Herrmann

Die Ratingagenturen sind ein Ärgernis. In der Finanzkrise und in der Eurokrise haben sie vollkommen versagt. Ohne die Fehlurteile der drei großen Ratingagenturen Standard & Poor´s, Moody´s und Fitch wäre es wahrscheinlich gar nicht erst zu der Hypothekenblase in den USA gekommen, die ab 2007 die Finanzmärkte weltweit erschüttert hat.

Kurz zusammengefasst ist die Finanzkrise dadurch entstanden, dass Banken an mittellose US-Amerikaner großzügige Hypothekenkredite vergeben haben. Oft hatten die Häuslebauer noch nicht einmal ein reguläres Einkommen – es wurde einfach darauf gehofft, dass die Häuserpreise weiter steigen und sich die Immobilie selbst finanziert.

Faktisch handelte es sich um ein Schneeballsystem – was aber kunstvoll verschleiert wurde, indem die Hypothekarkredite aufgesplittet, verbrieft und in neue Papiere geschachtelt wurden. Hier kamen nun die Ratingagenturen ins Spiel: Sie mussten diese neuen Schachtelkonstruktionen mit einer Bewertung versehen. Und da waren die Agenturen sehr großzügig: 64 000-mal vergaben sie die Bestnote AAA. Niemandem fiel auf, weder der Aufsicht noch den Investoren, dass zur gleichen Zeit weltweit nur zwölf Industriebetriebe dieses höchste Rating hatten. Arme US-Amerikaner ohne reguläres Einkommen wurden also als genauso solvent eingestuft wie der Megakonzern Coca Cola. Es war Irrsinn, aber niemand sah hin.

Auch in der Eurokrise haben die Ratingagenturen versagt. So haben sie nie bemerkt, dass Griechenland überschuldet ist. Das

Land wurde erst herabgestuft, als der neue griechische Premier Giorgos Papandreou im Herbst 2009 einräumen musste, dass die Haushaltsstatistiken gefälscht waren und das Defizit sehr viel höher ausfallen würde, als bis dahin angegeben. Auch die Probleme in Italien bemerkten die Ratingagenturen erst, als die Milliardenlöcher bereits in der Zeitung standen.

Doch obwohl die drei großen Ratingagenturen so spektakulär versagt haben, beherrschen sie weiterhin 95 Prozent des weltweiten Marktes. Dieses Ratingmonopol ist sehr lukrativ. Standard & Poor´s, zum Beispiel, hat im Jahr 2011 einen Umsatz von 1767 Millionen Dollar gemacht. Dieses Geld stammt meist von den Emittenten von Wertpapieren, die ein Rating bestellen, um damit Investoren zu überzeugen. Das war sehr profitabel: Der Gewinn von S & P betrug 719 Millionen Dollar, woraus sich eine Umsatzrendite von 41 Prozent ergibt. Fehlurteile werden also auch noch belohnt. Wie kann das sein?

Die Ratingagenturen haben Macht, weil ihnen der Gesetzgeber Macht verleiht. Dazu zwei Beispiele: Wenn sich die Banken Geld bei der Europäischen Zentralbank leihen wollen, dann müssen sie Sicherheiten hinterlegen. Doch die Europäische Zentralbank akzeptiert nicht alle Papiere – diese müssen ein bestimmtes Rating aufweisen. Die Ratings spielen auch eine zentrale Rolle bei der Frage, wie viel Eigenkapital die Banken vorhalten müssen. Gerade wird dafür eine neue Richtlinie verhandelt, die sich »Basel III« nennt. Wie schon bei dem Vorgängerpaket »Basel II« ist dort die zentrale Idee, dass sich die Höhe des Eigenkapitals daran bemessen soll, wie riskant die Vermögensanlagen einer Bank sind. Diese Risikobewertung stammt natürlich erneut von den Ratingagenturen.

Obwohl das Versagen der Ratingagenturen so offensichtlich ist, versucht die Politik nur zaghaft, sie unter Kontrolle zu bringen. So will das Europäische Parlament vorschreiben, dass die Ratingagenturen für ihre Urteile haften müssen. Eine ähnliche Regelung gibt es bereits in den USA. Allerdings ist völlig unklar, ob sich diese Haftung juristisch durchsetzen lässt. Denn die Ratingagenturen verweisen darauf, dass sie nur »private Meinungsäußerungen« abgeben würden, was von der Verfassung geschützt sei. Zudem muss ihnen ein methodischer Fehler, grobe Fahrlässigkeit oder ein bewusster Regelverstoß nachgewiesen werden. Diese Beweisführung dürfte jedoch schwierig werden, denn es haben sich ja nicht nur die Ratingagenturen geirrt. Auch die staatliche Aufsicht hat die Finanz- und Eurokrise nicht kommen sehen. Alle haben versagt. Die Banken, die Ratingagenturen, die Behörden. Sie alle sind dem »Herdentrieb« gefolgt.

Wer eine neue Finanzkrise verhindern will, muss daher völlig anders ansetzen. Es hilft wenig, einzelne Akteure wie die Ratingagenturen zu regulieren. Stattdessen muss das Risiko im Gesamtsystem minimiert werden, wenn der periodisch wiederkehrende Herdentrieb nicht gefährlich werden soll.

Die Lösung wäre übrigens ganz simpel: Das Eigenkapital der Banken müsste deutlich steigen, damit sie bei Verlusten nicht sofort pleite sind. Genauso schlicht wäre die Umsetzung: Man könnte einfach vorschreiben, dass das Eigenkapital der Banken zum Beispiel zwanzig Prozent ihrer Bilanzsumme betragen muss. Dies würde für die Deutsche Bank bedeuten, dass sie ihr Eigenkapital etwa verzehnfachen muss. Damit wäre dann auch eine schwere Finanzkrise mühelos zu überstehen. Man müsste also den Unsinn von »Basel III« beenden, dass das Eigenkapital »risikogewichtet« zu berechnen ist.

Nebenbei würde daraus automatisch folgen, dass die Ratingagenturen entmachtet sind. Denn einen Bewerter einzelner Risiken benötigt niemand mehr, wenn dem Risiko global vorgebeugt wird.

Doch genau an dieser Stelle setzt der Lobbyismus der Banken ein. Sie wollen unbedingt verhindern, dass sie mehr Eigenkapital vorhalten müssen. Denn dies würde bedeuten, dass sie mehr Aktien ausgeben müssten und weniger Dividende ausschütten könnten. Wenn aber der Gewinn für den einzelnen Aktionär sinkt, dann würden auch die Boni der Bankmanager leiden. Daher bestehen die Banken darauf, das Eigenkapital weiterhin »risikogewichtet« zu berechnen, damit es insgesamt niedrig bleiben kann.

Es ist also ein bisschen kompliziert: Die Ratingagenturen behalten ihren lukrativen Markt, weil sie indirekt die Millionenboni der Banker sichern. Gemeinsam plündern sie ihre Kunden aus – und den Steuerzahler, wenn es schiefgeht. So einfach ist das.

14 *An Griechenland werden Milliarden gezahlt. Warum verelenden die meisten Griechen trotzdem?*

Von Ulrike Herrmann

Die Summen sind astronomisch, die für die europäischen Krisenländer bereitgestellt werden. Bis Sommer 2012 wurden für Griechenland 140 Milliarden Euro an staatlichen Hilfen reserviert, und außerdem gab es noch einen privaten Schuldenschnitt von weiteren 107 Milliarden. Für Irland wurden 67,5 Milliarden mobilisiert und für Portugal 78 Milliarden. Spanien wiederum kann bis zu hundert Milliarden Euro beanspruchen, um seine Banken zu retten – und auch Zypern benötigt bis zu zehn Milliarden für den gleichen Zweck.

Dennoch scheinen die Bürger in den Krisenstaaten von diesen vielen Milliarden nichts zu haben. Die griechische Wirtschaft schrumpfte seit Krisenbeginn um rund 18 Prozent, in Irland betrug das Minus etwa zehn Prozent und in Spanien knapp fünf Prozent. Wo also bleibt das Geld? Es ist ganz simpel: Die neuen Hilfskredite werden genutzt, um alte Schulden zu bezahlen. Bei der Bevölkerung kommt fast nichts an. Es geht nur um die Vergangenheit, nicht um die Gegenwart oder gar die Zukunft.

Um diesen Prozess besser zu verstehen, ist es nötig, kurz die Entstehung der Eurokrise zu schildern. Sie ist in allen jetzigen Krisenländern dadurch entstanden, dass plötzlich die Zinsen fielen, als der Euro ab 1999 eingeführt wurde. Um das Beispiel Griechenland zu nehmen: Als das Land noch mit der Drachme zahlte, lagen die Zinsen bei etwa zwölf Prozent, weil sich die Investoren sorgten, sie könnten ihr Geld nicht wiedersehen. Kaum galt der Euro, fiel der Zins auf rund 4,5 Prozent, weil die Anleger nun dachten, dass die gemeinsame Währung sicher sei. Ähnlich stark fielen die Zinsen auch in Spanien, Irland oder Portugal.

Genauso wichtig: Der Realzins war oft sogar negativ, weil die Inflation in den Peripherieländern zum Teil über vier Prozent lag. Sie bekamen die Kredite also praktisch gratis. Entsprechend begeistert verschuldeten sie sich – wobei die Kreditnehmer in den einzelnen Ländern unterschiedlich waren. In Griechenland und Portugal verschuldete sich vor allem der Staat, in Spanien und Irland waren es die Banken und privaten Haushalte. Aber letztlich war diese Differenzierung egal. Denn als die Banken in Irland und Spanien in die Krise gerieten, musste der Staat für sie haften.

Die Kredite kamen meist aus dem Ausland, denn die Griechen, Spanier oder Iren hatten gar nicht genug Vermögen, um diese enorme Verschuldung zu finanzieren. Und natürlich wollen Gläubiger ihr Geld wiedersehen, im Fall Griechenland also hauptsächlich ausländische Kreditinstitute. Und so dringen diese Institute darauf, dass die Krisenstaaten Hilfskredite von den anderen Euroländern erhalten.

Die interessante Frage ist also: Wer sind eigentlich diese Gläubiger, die jetzt mit Steuergeldern gerettet werden? Oft wird vermutet, dass es »Spekulanten« seien, die sich eine goldene Nase mit der Eurokrise verdient hätten. Aber das ist falsch. Stattdessen sind vor allem ganz normale Banken und Versicherungen hereingefallen. Sie wollten langfristige und harmlose Investments tätigen, denn Staatsanleihen galten immer als sicher. Genau deswegen waren ja auch die Zinsen so niedrig. Wie gesagt: Selbst Griechenland musste im Durchschnitt nur 4,5 Prozent Zinsen zahlen. Davon wird niemand reich.

Die Banken und Versicherungen haben natürlich nicht ihr eigenes Geld in die Krisenländer verliehen, sondern letztlich sind die Guthaben ihrer Kunden in der Peripherie gelandet. Jeder Sparer in Deutschland würde verlieren, wenn der Euro auseinanderbricht und die Spanier oder Griechen ihre Kredite nicht mehr bedienen können. Die Eurorettung verläuft also ein bisschen nach dem Motto »Linke Tasche – rechte Tasche«. Steuerzahler in Deutschland bürgen für die Hilfskredite an die Krisenländer, damit diese ihre Darlehen zurückzahlen können, die sie indirekt bei deutschen Sparern aufgenommen haben.

Allerdings sind die Taschen von manchen Deutschen größer: Nicht jeder besitzt gleich viel Vermögen, das in der Krise verlorengehen könnte. Dies macht schon eine simple Statistik deutlich. Die reichsten zehn Prozent der Deutschen besitzen bereits sechzig Prozent des Volksvermögens. Da bleibt nicht mehr viel für den Rest. Die untersten siebzig Prozent kommen auf weniger als neun Prozent.

Oder anders gesagt: Alle Steuerzahler haften für die Hilfskredite – aber davon profitieren vor allem die reichsten Deutschen. Daher wäre es nur fair, die Spitzenverdiener an den Kosten der Eurokrise zu beteiligen. Das wäre noch nicht einmal schwer. Man könnte den Spitzensatz bei der Einkommenssteuer auf mindestens fünfzig Prozent anheben, eine hohe Erbschaftsteuer für Millionenvermögen durchsetzen und Kapitalerträge wie normales Einkommen versteuern. Dies würde mindestens fünfzehn Milliarden Euro im Jahr bringen.

Und staatliches Geld wird gebraucht. Denn die Krisenländer können sich aus der Schuldenfalle nicht selbst befreien. Stattdessen befinden sie sich in einem Teufelskreis. Um ihre Kredite zurückzuzahlen, fangen alle an zu sparen – Privathaushalte, Firmen, Banken und Regierungen.

Für den Einzelnen ist es sogar sinnvoll, seine Schulden abzubauen, aber gesamtwirtschaftlich ist es eine Katastrophe. Denn wenn niemand mehr konsumiert oder investiert, dann bricht eine Wirtschaft zusammen. Es kommt zu einer schweren Rezession, einfach weil die Nachfrage fehlt. In Griechenland sind inzwischen mehr als 22 Prozent arbeitslos, in Spanien sind es über 24 Prozent.

Um diesen Niedergang zu stoppen, muss die Eurozone einschreiten und Konjunkturprogramme starten. Das kostet Geld. Es wäre nur fair, wenn ein großer Teil von den Reichen käme, die von diesen Rettungsmaßnahmen am meisten profitieren.

Bisher wehren sich die Vermögenden jedoch vehement. Ihr Trick: Sie behaupten, dass die Eurokrise eine Staatsschuldenkrise sei. Nur die Regierungen hätten versagt, nicht die Investoren. Aber so war es nicht. Vor allem die Privatbanken und die privaten Haushalte haben Schulden aufgenommen, die sie nicht zurückzahlen können. Es ist Zeit, die Vermögenden daran zu erinnern.

15 *Rot-Grün unter Schröder und Fischer wollten die »ökosoziale Erneuerung«. Warum ist bloß Hartz IV daraus geworden?*

Von Jürgen Gottschlich

Es sollte die ökologische und soziale Erneuerung Deutschlands werden, als im Oktober 1998 die erste rot-grüne Regierung der Republik vereidigt wurde. Lange hatte es gebraucht, 1989 verdarb der Mauerfall einen für die planmäßige Bundestagswahl 1991 schon fast als sicher geglaubten Sieg der rot-grünen Formation, doch nun endlich war die 68er-Generation an der Macht. Deutschland war wie gelähmt vom Stillstand der vergangenen sechzehn Kohl-Jahre, jetzt sollten die Ampeln endlich umgestellt werden.

Angesagt waren die Aussöhnung von Ökologie und Ökonomie, die offene Bürgergesellschaft und endlich ein erkennbarer Zuwachs an sozialer Gerechtigkeit. Das Ergebnis ist bekannt: Hartz IV, die dauerhafte Deklassierung eines Teils der bisherigen unteren Einkommensklasse, einschließlich der dauerhaften Angst der Mittelschicht, selbst in den Abgrund gestürzt zu werden. Es soll hier nicht um eine Bewertung der rot-grünen Koalition insgesamt gehen, sondern um die Mechanismen, die dazu geführt haben, dass eine eher linke Regierung den Abstieg hunderttausender Menschen in eine unwürdige Abhängigkeit von minimaler staatlicher Alimentierung beschloss und gleichzeitig die Weichen dafür stellte, dass die Lohnzuwächse in Deutschland über ein Jahrzehnt unterhalb der Inflationsrate blieben, die Produktionskosten dadurch im europäischen Vergleich extrem niedrig waren und die deutschen Konzerne als Exportweltmeister über Jahre satte Gewinne einfuhren.

Noch heute blickt die konservativ-marktliberale Regierung im Stillen dankbar auf die sogenannten Reformen der rot-grünen »Agenda 2010« zurück, die angeblich Deutschland wieder den Weg zur führenden Macht in Europa geebnet haben. Denn für Regierung und Industrie stimmt es ja, nur ein großer Teil der abhängig Beschäftigten zahlen dafür mit Lohnverzicht oder kompletten Ausschluss aus der produktiven Gesellschaft.

Das hörte sich zu Beginn der Koalition der 68er-Generation ganz anders an und war sicher auch so nicht gemeint. Interessenpolitik, Multitasking-Lobbying unter dem Deckmantel des vermeintlichen »Sachzwangs« haben dazu geführt.

Man kann dem damaligen Frontmann der Grünen, Joschka Fischer, vieles nachsagen, aber nicht, dass er so blauäugig wie viele andere Grüne in diese Regierung gegangen ist. Wiewohl auf grüner Seite sicher einer der Väter des Erfolgs, schreibt er in seinen Erinnerungen über den Tag des Regierungsantritts: »Bei allem Glück und aller Freude, die ich in diesem Augenblick genoss, beschlich mich doch zugleich auch ein nagendes, mulmiges Gefühl. Es war eine Ahnung dessen, was kommen sollte.«

Bundeskanzler Schröder hatte schon als Ministerpräsident von Niedersachsen den inoffiziellen Titel »Genosse der Bosse« inne, aber auch Fischer macht im Rückblick klar, dass Rot-Grün nicht gegen die Wirtschaft regieren wollte. Noch am Abend nach Unterzeichnung des Koalitionsvertrages traf er sich in Frankfurt mit einer Runde hochrangiger Wirtschaftsleute, denn »wir hatten gegenüber der Wirtschaft einen hohen Erklärungsbedarf«. Fischers Maxime war klar: »Die deutsche Wirtschaft war für den Erfolg der Koalition ein kaum zu unterschätzender Faktor.«

Der einzige der damaligen drei starken Männer der neuen Koalition, der die vom Kapital gesetzten Rahmenbedingungen nicht ohne weiteres akzeptieren wollte, war der SPD-Vorsitzende und Finanzminister Oskar Lafontaine. Fischer nennt ihn in seinen Erinnerungen »linkskonservativ«. Und Lafontaine bekam zu spüren, was die Wirtschaftslobby ausrichten kann. Sein erklärtes Ziel, den negativen sozialen Auswirkungen der Globalisierung und dem ungehemmten Wirken des Marktes mit staatlichen Mitteln entgegenzutreten, tangierte insbesondere die Interessen der milliardenschweren internationalen Finanzkonzerne, denen der frühere US-Präsident Ronald Reagan und Englands Margaret Thatcher schon vorher den Weg geebnet hatten.

Lafontaine, der durch höhere Löhne die Binnennachfrage ankurbeln wollte, international eine Zielzone für die Wechselkurse der wichtigsten Weltwährungen anstrebte und der Finanzindustrie einige Fesseln anlegen wollte, wurde brutal ausgebremst. International wurde Lafontaine nicht nur von der damaligen US-Regierung unter Bill Clinton, sondern auch vom angeblich sozialistischen französischen Finanzminister Dominique Strauss-Kahn blockiert, die britische Labour-Regierung von Tony Blair machte Lafontaine so sehr zum Buhmann, dass die Boulevardzeitung *Sun* ihn zum »gefährlichsten Mann Europas« erklärte.

Auch innenpolitisch bekam Lafontaine keine Chance. Als er einige Steuerprivilegien der Wirtschaft antasten und die milliardenschweren Rücklagen der großen Energiekonzerne besteuern wollte, drohten diese mit dem Boykott der Atomausstiegsgespräche, woraufhin nicht nur Schröder, sondern auch die Grünen sofort beidrehten.

Die Drohkulisse zeigte Wirkung. Kanzler Schröder ließ seinem Parteivorsitzenden und Finanzminister Lafontaine ausrichten, mit ihm sei keine Politik gegen die Wirtschaft zu machen, am Tag darauf trat Oskar Lafontaine sowohl als Parteivorsitzender wie auch als Minister zurück. Er war knapp fünf Monate im Amt, dann hatte die Wirtschaftslobby ihn erledigt. Die Börsen jubelten, als gelte es »den zweiten Sieg des Kapitalismus über die Planwirtschaft zu feiern«, schrieb der *Spiegel*. Ab dann schwamm Rot-Grün im weltweiten Strom der neoliberalen Wirtschaftspolitik mit, die letztlich mit der bis heute andauernden Weltwirtschaftskrise von 2008 endete. Das Rot-Grün auf dem Weg dahin dann auch noch Hartz IV einführte, war nur noch eine logische Konsequenz aus dem Sturz ihres ersten Finanzministers. Was immer man von Oskar Lafontaines weiterem Werdegang halten mag, Ende der Neunziger war er der Einzige, der das Primat der Politik gegen die Märkte aufrechterhalten wollte.

Auto und Verkehr

16

Ungebremstes Rasen auf der Autobahn führt zu immer schnelleren Autos mit allen bekannten negativen Folgen für Mensch, Tier und Umwelt. Warum gibt es in Deutschland trotzdem kein Tempolimit?

Von Heike Holdinghausen

Ein sachter Stups mit dem Finger – und lange Reihen Dominosteine fielen um. So darf man sich die Wirkung eines generellen Tempolimits auf den deutschen Straßen vorstellen, als kleine Maßnahme mit weitreichenden Auswirkungen. Die Zähigkeit, mit der Umweltexperten und -verbände ein Tempolimit fordern, ist daher genauso nachvollziehbar wie die Vehemenz, mit der die Autolobby ein Tempolimit bekämpft. Bisher waren die Autofreunde stärker. In einem der wenigen Länder weltweit darf auf deutschen Autobahnen gerast werden, was die Kiste hergibt. Geschwindigkeitsbegrenzungen gibt es nur auf rund vierzig Prozent der Autobahnstrecken ganz oder zeitweilig. Dabei wären die direkten Folgen eines Tempolimits erst einmal gar nicht so gravierend. Mit einem Tempolimit von rund 120 Stundenkilometern auf den Autobahnen ließen sich zwar jährlich rund 2,5 Millionen Tonnen Kohlendioxid einsparen. Allein der Autoverkehr verursacht jährlich aber rund 85 Millionen Tonnen. Auch die hohe Zahl der Verkehrstoten würde ein Tempolimit wohl nicht deutlich senken. Die meisten der rund 4000 Unfälle mit Todesfolge gibt es auf der jetzt schon geschwindigkeitsbegrenzten Landstraße. Warum also dann die ganz große Auseinandersetzung?

Da ist zum einen die Struktur der deutschen Automobilindustrie, zum anderen der lautstarke PS-Fanclub ADAC. Rund 720 000 Menschen bietet die Autoindustrie in Deutschland in der Regel gut bezahlte Arbeitsplätze. Im vergangenen Jahr erwirtschaftete sie einen Umsatz von 273 Milliarden Euro, den Löwenanteil davon im Ausland: Während Geschäfte im Inland 79 Milliarden Euro beisteuerten, betrug der Auslandsumsatz laut dem Verband der Automobilindustrie (VDA) 194 Milliarden Euro. Deutsche Autos verkaufen sich global hervorragend – und zwar vor allem die der Oberklasse. Weltweit beträgt der Markenanteil deutscher Premiumfahrzeuge achtzig Prozent. Der einflussreiche VDA, mit siebzig Mitarbeitern in Berlin und dem ehemaligen Verkehrsminister Matthias Wissmann an der Spitze, geht davon aus, dass etwa die Hälfte der Auto-Arbeitsplätze von diesen Modellen abhängt. Von teuren, schweren, schnellen Wagen, dafür berühmt, auch bei hohen Geschwindigkeiten sicher und bequem zu sein.

Es sind viele technische Innovationen nötig, um PKW leiser zu machen, ihren Kraftstoffverbrauch zu senken, sie für die Insassen und anderen Verkehrsteilnehmer sicherer zu machen – und trotzdem schnell zu halten oder gar noch schneller zu machen. Dazu kommt: Nur langsam wandeln sich die Deutschen von einem Volk der Autofahrer zu einem der Smartphone-User. Für junge Erwachsene spielen Fragen von Status und Selbstbewusstsein beim Autokauf heute zwar eine geringere Rolle als früher, die suchen sie eher in ihren Mobiltelefonen. Für die Masse der Autofahrer aber gilt das nicht, bei ihnen darf es am Auto noch immer von allem ein bisschen mehr sein.

Genau darum bestehen die Befürworter des Tempolimits immer wieder auf dem Thema. Der Sachverständigenrat für Umweltfragen (SRU), das Wuppertal-Institut für Klima, Umwelt, Energie, Greenpeace – die Forderung nach einem Tempolimit gehört seit Jahren zu ihrem Standardprogramm für einen umwelt- und menschenfreundlicheren Verkehr. 2005 schlug der SRU eine Geschwindigkeit von 120 Stundenkilometern vor, in Ortschaften dreißig km/h. Je mehr Leistung ein Motor erbringen könne, argumentierte das Gremium, desto schwerer falle die Reduktion von CO2-Emissionen. Eine Leistungsminderung um fünfzig Prozent hingegen könnte den Kohlendioxidausstoß um bis zu ein Drittel senken, rechneten die Wissenschaftler vor. Es geht bei einem Tempolimit also nicht nur darum, dass langsamer Fahren umwelt- und klimafreundlicher ist. Ziel ist, dass insgesamt langsamere, leistungsärmere, leichtere Autos gebaut werden. »Ein Abrüstungsprogramm hin zu effizienten, schicken Leichtbauautos ist nötig«, brachte es der Präsident des Umweltbundesamtes Jochen Flasbarth zu seinem Amtsantritt auf den Punkt.

Ein solches Abrüstungsprogramm würde auch das Autobahnnetz verändern. Etwa zehn Millionen Euro kostet ein Autobahnkilometer heute, breite Pisten durchschneiden – für Tiere oder langsamere Verkehrsteilnehmer kaum passierbar – die Landschaft. Auch dies, weil Autobahnen heute auf unbegrenzt hohe Geschwindigkeiten ausgelegt sein müssen.

Die Veränderungen durch das scheinbar kleine, kostenlose Tempolimit wären also doch ziemlich groß. Es würde vor allem das Geschäftsmodell der exportorientierten Autoindustrie in Frage stellen. Mit der legt sich in Deutschland kein Politiker freiwillig an, genauso wenig wie mit dem ADAC, der achtzehn Millionen autobegeisterter Bürger hinter sich weiß. (Wer übrigens in dem Verein nur Mitglied ist, weil er ab und zu einen billigen Abschleppdienst braucht: Es gibt auch andere Automobilclubs!) So wird das kostenlose, geräuschlos einzuführende, weltweit bewährte Instrument des Tempolimits von Politikern der Union und FDP kategorisch abgelehnt. SPD, Grüne und Linkspartei fordern es immer wieder. Und kassieren ihre Forderung stets ungebremst wieder ein, sobald sie an der Regierung sind. So wollten die Grünen 1998 Tempo hundert auf Autobahnen, achtzig auf Landstraßen und dreißig in der Stadt. Zwei Jahre später verkündete Jürgen Trittin, nunmehr grüner Umweltminister, er »habe es schon lange aufgegeben, an dieser Zwangsneurose des deutschen Volkes rumzudoktern«. 2007 hatte die SPD auf einem Parteitag beschlossen, sich für ein allgemeines Tempolimit einzusetzen. Zwei Jahre später war im Wahlkampf von Frank-Walter Steinmeier oder Sigmar Gabriel davon keine Rede mehr.

2013 sind Bundestagswahlen. SPD-Chef Gabriel hat sich, im weichen Sessel der Opposition, inzwischen wieder zum Tempolimitbefürworter gewandelt, genauso wie die Grünen. Die wenig gewagte Prognose: Sollten sie die Wahl gewinnen, werden sie der Automobilindustrie die deutschen Autobahnen wieder als Demostrecke überlassen, auf der sie ihre Flitzer präsentieren kann – um sie in Länder zu verkaufen, mit denen die Bundesregierung auf den großen Klimagipfeln für die Senkung von Treibhausgasemissionen ringt. Klingt absurd, ist aber eigentlich ganz logisch.

17 *Schritt für Schritt. Brauchen wir eine Fußgängerlobby?*

Von Manfred Kriener

Der Mensch ist ein zweifüßiges Säugetier mit aufrechtem Gang. Das hat er mit Känguru, Hüpfmaus und Springhase gemeinsam. Unsere Zweifüßigkeit sorgt für weiten Blick, rasche Fortbewegung und verringert die Fläche des Körpers, die der brennenden Sonne ausgesetzt ist. Mit dem Auto sind wir wieder von zwei auf vier Füße zurückgefallen, worunter vor allem die Weitsicht gelitten hat. Aber trotz Auto, Fahrrad, Bus und Bahn sind unsere Füße immer noch das wichtigste Fortbewegungsmittel. Jeder Verkehrsweg beginnt und endet zu Fuß. Ohne Fußwege würde es die anderen Verkehrsmittel gar nicht geben. Mehr als die Hälfte aller Wege unter zwei Kilometern legen wir ohnehin zu Fuß zurück.

Gleichzeitig ist der Fußverkehr für Luftqualität, Klima, Lärm, Flächen- und Energieverbrauch ein wahrer Segen – das Gehen ist extrem gesund, preiswert, demokratisch. Und: kein Stau, kein Ölwechsel, kein Todeskampf um die Parklücke. All diese Vorteile sind so selbstverständlich, dass sie nirgendwo auch nur erwähnt werden. Im Gegenteil: In der autogerechten Stadt ist der Fußgänger zum Verkehrshindernis geworden. Die westpreußische Wegeordnung von 1905 gestattete es noch, dass die Straße »von jedermann« zum Gehen, Reiten, Radfahren oder Viehtreiben benutzt werden konnte. Erst die Reichsstraßenverkehrsordnung von 1937 verbannte den Fußgänger auf die Gehwege. Dort wurde er lange Zeit als ein exakt 55 Zentimeter breiter Verkehrsteilnehmer taxiert, so die amtlich ermittelte Breite gehender Menschen.

Dass aus den 55 inzwischen 75 Zentimeter geworden sind, dass Gehwege heute meist zweieinhalb Meter breit gebaut werden, damit sich zwei Fußgänger kollisionsfrei begegnen und dennoch Abstand zur Fahrbahn und Häuserwand einhalten können, das liegt nicht daran, dass wir alle dicker geworden sind. Das verdanken wir der Arbeit von Fuss e.V., dem »Fachverband Fußverkehr«. Die Lobby der Zweibeiner hieß früher Fußgänger-Schutzverein und wurde 1985 gegründet. Seitdem kämpft sie mit zäher Beharrlichkeit für besseren Gehkomfort, fußgängerfreundliche Ampeln, breitere Gehwege, eine konfliktfreie Straßenquerung und vor allem: für mehr Sicherheit.

Bundesgeschäftsführer Bernd Herzog-Schlagk sieht einen positiven Trend bei den Fußgängern. »Früher waren wir nur die Unfallopfer, heute gibt ein ganz anderes Denken.« Die Fußgänger werden selbstbewusster, und zugleich geht die Zahl junger Leute, die den Führerschein machen und ein eigenes Auto besitzen wollen, deutlich zurück – die langsame Entzauberung des Automobils. Das Durchschnittsalter der Neuwagenkäufer ist in Deutschland auf 53 Jahre gestiegen. Und in Berlin ist der Fußverkehr von 1998 bis 2008 von 25 auf 29 Prozent angewachsen. Er wird ab 2013 den Autoverkehr überholen: Die Zahl der Fußgänger liegt dann mit rund dreißig Prozent knapp über der Zahl der Autofahrer. In den sechziger, siebziger und achtziger Jahren war der Fußverkehr noch stark zurückgegangen. Allerdings ist die Buchführung höchst seltsam. So gilt der Weg zum Bus und zur U-Bahn nicht als eigener Fußweg, weil es sich ja nur um Zubringerdienste handelt. Solche Fußwege werden statistisch unterschlagen.

Sieht man sich die Unfallzahlen an, ist die Statistik genauso unerfreulich. Fußgänger stellen zwar nur fünfzehn Prozent der Unfallopfer, das ist etwa halb so viel, wie ihrem Anteil am Verkehr entspricht. Aber bei den Schwerverletzten steigt die Quote schon auf dreißig Prozent und bei den Todesfällen sogar auf rund sechzig Prozent. Während die Autos immer schneller, schwerer und größer geworden sind, blieb der Fußgänger immer dasselbe verletzliche Wesen: Seine Stoßstange ist das Schienbein, seine Knautschzone die Nase. Hohe Geschwindigkeiten der Tempomobile und schlechte Sicht sind die wichtigsten Ursachen für die tödlichen Unfälle mit Fußgängern.

So ist der Autofahrer trotz Fußgängerzonen und dem Siegeszug von Tempo dreißig in den Stadtquartieren ein Feind des Fußgängers geblieben. Vor allem bei Ampelschaltungen tobt ein zäher Kampf. »Jede Sekunde, die wir für die Fußgänger rausholen, stört natürlich die heilige Grüne Welle«, sagt Herzog-Schlagk. Auch beim Bau von Gehwegnasen, um die Straßenquerung zu verkürzen, bei der weiteren Entschleunigung des Verkehrs oder der Einrichtung von »Gemeinschaftsstraßen« muss mancher automobile Betonkopf erst mühsam überzeugt werden.

Dennoch: Die Abrüstung auf der Straße geht weiter. Gemeinschaftsstraßen oder Begegnungszonen sind ein neuer fußgängerfreundlicher Trend. Schilder weg! Ampeln weg! Gehwegkanten absenken! Dafür Tempo zehn oder Tempo zwanzig einführen. Und der Fußgänger bekommt – die eigentliche Sensation – tatsächlich Vorfahrt. Noch verweigert sich Verkehrsminister Ramsauer (CSU) diesem Fußgängervorrecht, weil damit das Wegsperren auf Gehwege und Zebrastreifen – man beachte den Sträflingslook – endgültig beendet wäre. Doch in fortschrittlichen Kommunen sind die neuen Straßenkonzepte nicht aufzuhalten. Die Schweiz macht es vor, und die Unfallzahlen gehen zurück.

Die Ramsauers kommen und gehen, aber die Fußgängerlobby bleibt, auch wenn ihre Wunschliste noch lang ist. Städte sollen endlich Fußverkehrsbeauftrage einrichten, fordert Fuss e.V. Es brauche auch spezielle Stadtpläne für Fußgänger, die Schulwege müssten sicherer werden und die Alten mehr Fürsorge im Verkehr bekommen. Und was wir alle dringend brauchen, ist mehr Bewegungsfreiheit in freundlicheren urbanen Räumen. Das Gehen und Flanieren in der Stadt ist nach Walter Benjamin etwas anderes als ein Einkaufsbummel. Die Stadt »eröffnet sich dem Flaneur als Landschaft, sie umschließt ihn als Stube. Sie ist aus lauter Leben gebaut!«

Hamburg ist besonders fußgängerfreundlich, aber Berlin holt auf. Die Hauptstadt hat jetzt eine eigene Fußverkehrsstrategie. Und ab 2013 könnte es sogar einen »Geh-sundheitspfad« geben, mitten durch die Metropole.

Das Netzwerk Slowmotion, eine andere, sehr kleine Fußgängerlobby, hat vergleichbar mit der Ernährungspyramide eine Verkehrspyramide vorgelegt. Dort, wo bei der Ernährung das Gemüse steht, von dem wir viel essen sollen, steht in der Verkehrspyramide die »aktive Mobilität« auf den eigenen zwei Beinen. Deshalb brauchen wir die Fußgängerlobby. Die Vorfahrt fürs Auto ist ja kein Naturgesetz. Und der Mensch ist nun mal zum Gehen geboren, Verkehrs-»Mittel« braucht er erst auf mittleren und langen Distanzen.

18 *Alle zahlen Steuern für ihre Energie. Warum ist ausgerechnet die hochprofitable Luftfahrt von einer Kerosinsteuer befreit?*

Von Bernd Müllender

Auf den Verkehrsflughäfen in Deutschland gab es zuletzt etwa drei Millionen kommerzielle Starts und Landungen pro Jahr. 180 Millionen Passagiere stiegen 2011 ein und aus. Weltweit flogen fast zwei Milliarden Menschen bei mehreren zig Millionen Flugbewegungen. Die Turbinen der Passagierjets verbrennen auf hundert Kilometer im Schnitt satte 500 Liter Kerosin, weltweit kommen pro Jahr etwa 200 Millionen Liter zusammen. Monströse Zahlen – am besten ist das Gewimmel am Himmel optisch nachzuvollziehen durch die faszinierenden Spinnennetzgrafiken in Echtzeit von flightradar24.com.

Die Fliegerbranche boomt: 2010 und 2011 gab es ein Wachstum des deutschen Luftverkehrsaufkommens von jeweils fünf Prozent. Und kaum eine andere Branche hat eine ähnliche desaströse CO2-Bilanz. Seit 1990 haben sich laut Umweltbundesamt die CO2-Emissionen des Luftverkehrs in Deutschland annähernd verdoppelt (Autoverkehr minus sechs Prozent, Bahn minus 37). Der ökologische Schaden, insbesondere bei Interkontinentalverbindungen in großen Höhen, ist wissenschaftlich hinreichend belegt. Die EU-Kommission rechnet mit einer Steigerung der CO2-Emissionen im europäischen Luftverkehr um achtzig Prozent bis 2020. Schon heute rebellieren Anwohner in München, Berlin und Frankfurt zu tausenden gegen unerträglichen Fluglärm.

Gleichzeitig wird die luftige Misshandlung von Klima und Gesundheit hochgradig vom Steuerzahler alimentiert. Kerosin ist der einzige steuerfreie Treibstoff. Nur Privatflieger zahlen, derzeit 65 Cent je Liter. Zudem sind Flüge ins Ausland in Deutschland mehrwertsteuerbefreit. Insgesamt verzichtet der Staat dadurch auf 11,5 Milliarden Euro pro Jahr. Für die massiven Klimaschäden zahlen die Airlines und ihre Kundschaft also nur marginal, trotz der Einführung von kostenpflichtigen Emissionszertifikaten seit 2012.

Die Steuerfreiheit für Turbinentreibstoff geht zurück auf das Chicagoer Abkommen vom Dezember 1944, das schließlich nach dem Zweiten Weltkrieg der neuen zivilen Luftfahrt zum Aufschwung verhelfen sollte. In der Bundesrepublik wurde die Steuerfreiheit zur »Förderung des Luftverkehrs« 1953 festgeschrieben. Diese Geburtshilfe dauert jetzt sechzig Jahre. Bald hatte der leidenschaftliche Hobbyflieger Franz Josef Strauß am Kabinettstisch gesessen; der Luftverkehrsfachmann (unter anderem verantwortlich für die Anschaffung des absturzträchtigen Abfangjägers »Starfighter« für die Bundeswehr) war bei den Gegnern einer Kerosinsteuer ganz vorn dabei. 1988, kurz vor seinem Tod, setzte er in der Koalition sogar eine (zeitweilige) Abschaffung der Steuer für Privatflieger durch.

Wortmeldungen für eine Besteuerung gab es immer wieder, Taten keine. Billigfliegen ist, besonders gegenüber der Bahn, ein grundloser Wettbewerbsvorteil. Aber die Interessenverbände – Luftfahrtunternehmen Ölindustrie, Flugzeugbauer – blocken vehement: Flüge würden mit Kerosinsteuer unsozialerweise teurer, sagen sie, gerechte Systeme weltweit seien unmöglich, die Wettbewerbsnachteile Deutschlands gigantisch, Arbeitsplätze zu zehntausenden gefährdet. Tourismusmanager und -minister fürchten, ihre Länder würden nicht mehr besucht, wenn der Flugpreis steigt.

Zumindest die Mehrwertsteuerbefreiung hatte Finanzminister Eichel 2002 streichen wollen, 500 Millionen Euro sollte das bringen. Das Gesetz scheiterte am Widerstand der Union im Bundesrat, also in den Ländern. »Politiker«, schrieb das *Greenpeace-Magazin* daraufhin, »erliegen gern dem Charme der Luftfahrtlobby. Die Branche gilt als schick, das Land ist übersät mit Regionalflughäfen, die fast alle Verlust machen, aber den Duft der weiten Welt in die Provinz tragen.« Die öffentliche Hand bezuschusst besonders die kleinen Flughäfen jährlich mit dreistelligen Millionensummen. Und so lebt die Branche seit Jahrzehnten madenartig in einer beispiellosen Subventionskultur.

Das EU-Recht erlaubt seit 2004 durchaus eine nationale Kerosinsteuer. Die gleichen 65 Cent je Liter wie bei Privatflugzeugen, gestaffelt eingeführt, würden einen Flug von Hamburg nach München um gerade mal zwanzig Euro erhöhen, hat der Bund für Umwelt und Naturschutz (BUND) errechnet.

2010 wurde in Deutschland immerhin eine pauschale Luftverkehrsabgabe beschlossen: Acht Euro kosten seit Januar 2011 innereuropäische Flüge extra, 25 Euro Flüge über 2000 Kilometer und 45 Euro mit Zielen über 6000 Kilometer. Staatseinnahmen: 905 Millionen im ersten Jahr. Lärm und Zustand des Flugzeugs wurden nicht beachtet, aber erstmals sind dadurch die Distanzen mit den CO2-Emissionen der Flugzeuge verknüpft. Nachteil der Dreiteilung: Gerade die preiswerten acht Euro für Kurzstrecken schaffen wenig Lenkungseffekte für eine Verlagerung auf die Schiene. Und so sind irrsinnigerweise immer noch täglich Lufthansa-Airbusse etwa von Frankfurt nach Düsseldorf unterwegs (190 Kilometer). Dennoch: Der BUND begrüßte »den ersten Schritt in die richtige Richtung« und stellte eine originelle weitere Forderung: »Zusätzlich muss die Abgabe nach Sitzplatz-Klassen differenziert erhoben werden. Schließlich entfallen auf Business- und Erste Klasse aufgrund des größeren Platzangebotes deutlich mehr CO2-Emissionen.«

Kaum war 2010 die Ticket-Tax beschlossen, gründete das Flugbusiness den neuen Interessenverband der Deutschen Luftverkehrswirtschaft (BDL), ein Zusammenschluss von Airports, Airlines und Reiseveranstaltern wie etwa TuiFly. Zentrales Anliegen: Den neuen Kostenfaktor kippen. Auf der Website bdl.aero stimmten bislang 69 Prozent der Bürger für die Abschaffung der Abgabe. Ein Sieg des Portemonnaies. Aber immerhin 31 Prozent wollen gern mehr bezahlen, weil sie den Kassandrarufen der Lobbyisten nicht auf den Leim gehen. In den Niederlanden hatte 2009 eine ähnliche Gegenoffensive Erfolg. Obwohl die Einführung der dortigen neuen Ticket-Tax genau mit der Wirtschaftskrise 2008/2009 zusammenfiel, wurden sämtliche Rückgänge der Passagierzahlen der Abgabe angelastet. Dabei hatte die starke Rezession auch andernorts zu einer deutlichen Abnahme der Fluggastzahlen geführt. Trotzdem wurde die Abgabe gekippt.

Nicht alle im Reisemarkt denken gleich. 1998 forderte Werner Zahn, der Gründer des Spezialisten für Portugal-Reisen Olimar in Köln, in einem *taz*-Interview die Kerosinabgabe »je schneller, desto besser«, um »diese ungerechte und unsinnige Steuerfreiheit« zu beenden. »Jede Straßenbahn kostet Benzin- und Mehrwertsteuer, aber wir Drüberflieger nicht – das ist schlicht ungerecht, das hab' ich noch nie verstanden. Das Argument, dass bei Flugbenzinsteuer die Branche zusammenbräche, ist schlicht Unsinn. Und wenn alles nur noch international geht, kommt man gar nicht weiter. Irgendwer muss anfangen.«

2005 sprach sich auch Alltours-Chef Willi Verhuven für eine Kerosinsteuer aus. Indes wirkten seine Argumente mehr wie die Attacke auf unliebsame Konkurrenz jenseits seines Hauptgeschäftspartners Air Berlin: »Die Lockvogelangebote der Billigfluglinien sind umweltpolitisch absolut verantwortungslos und obendrein kaufmännisch unseriös.« Werner Zahn hatte gehofft: »Ich glaube, dass die entscheidenden Personen unserer Mitbewerber im Grunde gar nicht anders denken. Auch wenn manche offiziell etwas anderes sagen.«

Gesagt haben sie es bis heute selten. Seit Jahrzehnten blockt die Allianz aus konservativen Verbänden und den großen Mehrheiten in der Politik ab. Nur manchmal hört man auch in der Politik jenseits der Grünen andere Töne. Die damalige CDU-Umweltministerin forderte 1995: »Fliegen muss teurer werden!« Sie beklagte, dass Kerosin »noch immer steuerfrei« sei und versprach: »Die Bundesregierung wird international auf eine weltweite Besteuerung von Flugbenzin dringen. Wir machen das Auto zum Umwelt-Buhmann, vergessen aber ganz die katastrophalen Auswirkungen durch den zunehmenden Flugverkehr …«

Kanzler Helmut Kohl pfiff die Ministerin sofort zurück. Sie hieß übrigens Angela Merkel.

19 *Deutschlands Straßen sind permanent überfüllt. Warum lässt die Politik dennoch zu, dass immer mehr Firmen die Straßen für rollende Lagerhallen missbrauchen?*

Von Bernd Müllender

Wenn man früher etwas zu produzieren hatte oder zu verkaufen gedachte, baute man Lagerhallen, damit man auch alles immer schön vorrätig habe. Solche Hallen waren entweder Eigentum, teuer und steuerpflichtig erworben, oder sie kosteten Pacht. Heute gibt es das immer noch. Aber wo immer möglich nutzt man die Lagerhaltung auf der Straße. Tag und Nacht rollen Zubehörteile, Rohstoffe und Fertigprodukte durchs Land, kreuz und quer, Abermillionen Tonnen schwer. Was soll der

Autoproduzent mit einem Zubehörbaustein auch nur einen Tag vorher oder der Bäcker mit Mehl für übermorgen. Hauptsache der Input ist in dem Moment da, wenn man ihn braucht. »Just in time« heißt das Prinzip.

So wurden Immobilien zu einem hochkomplexen rollenden Geflecht von lauten und umweltfeindlichen Mobilien auf vier oder acht Rädern. Das ist betriebswirtschaftlich schlau. Denn es spart, siehe oben, immense Lagerhaltungskosten. Ermöglicht wird die heutige Waren- und Ersatzteillogistik durch günstige Transportkosten und spezielle mathematische Tüfteleien. Fachleute für Operations Research, so heißt das mathematische Verfahren, arbeiten mit hochkomplexen Programmen an optimalen Routen, Ladungsmengen, Zeitvorgaben, Vernetzungsalgorithmen.

Die Zahlen für das deutsche Güter-Straßenverkehrsaufkommen sind gigantisch. Zum Stichtag 1. Januar 2012 waren erstmals mehr als sechzig Millionen Kraftfahrzeuge in Deutschland zugelassen (plus 1,7 Prozent gegenüber 1. Januar 2011). Davon waren knapp fünf Prozent LKW, nämlich 2,53 Millionen Stück. Und diese sind sehr aktiv. 2011 gab es laut Kraftfahrtbundesamt 244 Millionen Ladungsfahrten auf deutschen Straßen. Zurückgelegte Kilometer: gut 24 000 000 000, also 24 Milliarden. Transportiert wurde dabei die astronomische Menge von drei Milliarden Tonnen – an Rüben, Chemikalien, Tiefkühlfisch, Asbestmüll, Schokolade, Stahlrohren, Fahrrädern, Zementsäcken, Fertigfritten. Die Fahrzeuge waren im Schnitt zu 58 Prozent ausgelastet. Das ist der schlechteste Wert in den vergangenen zwanzig Jahren (Auslastung sonst zwischen sechzig und siebzig Prozent) und bedeutet: Auch halbvolle Fahrten lohnen offenbar.

Doppelt interessant ist die Zahl von zuletzt 6,2 Milliarden Kilometer kompletter Leerfahrten pro Jahr. Das heißt erstens: Perfekte Dauernutzung klappt auch mit den besten Logistikkünsten nicht (zudem ist ein leerer Benzintransporter auf dem Rückweg nun mal nicht mit Milch befüllbar). Und vor allem zweitens: Solche schwer wegoptimierbaren Kosten stören offenbar nicht. Die Fahrten machen trotzdem Sinn. Hauptsache, der Wagen ist bald wieder da, wo er beladen kostengünstig irgendwohin dieseln kann.

Am Ende aller Statistik steht die Gesamtbeförderungsleistung: Das waren 2011 gut 323 Milliarden Tonnenkilometer (Vergleich Eisenbahn: kaum zehn Prozent). Und bitte: Diese Zahlen beziehen sich nur auf deutsche Fahrzeuge. Dazu kommen noch die Importe polnischer Gefrierhähnchen, von Erzen aus Übersee, Osterhasen aus Rumänien oder Tulpen aus Amsterdam sowie die Kolonnen Dritter durch das Transitland Deutschland hindurch.

Der Transportverkehr allein deutscher LKW, leer oder beladen, entspricht pro Jahr 100 000 Erdumrundungen, pro Tag sind das immerhin 260. Das soll die Menge veranschaulichen, lenkt aber etwas von der Wahrheit ab: Diese verniedlichend Brummis genannten Großmaschinen rollen allein über unsere Straßen. Die Zeche zahlen ohnehin wir: Krach, Gestank, Unfälle, abgenutzte Autobahnen und Landstraßen, die ständig für Milliardensummen ausgebessert werden müssen und ursächlich sind für zusätzliche Transportkarawanen und Staus, die wieder Zeit, Nerven und Benzin kosten.

Der Transport ist seit 2005 extra besteuert. Für Autobahnen und wichtige Bundesstraßen gilt die LKW-Maut. Die Einführung war protestumflutet: Speditionsverbände hatten zu Brummidemos mobil gemacht, es wurde geschimpft über Kostentreiberei und einen Blankoscheck zum Abkassieren, dazu Rekordpleiten vorhergesagt, Arbeitsplatzmord und Stauchaos auf Ausweichstrecken. Groß war die Empörung über »Steuergeschenke« in den Ländern ausländischer Spediteure, gleichzeitig wurden »Kompensationsleistungen« hierzulande eingefordert.

Die deutsche Maut gilt für in- und ausländische LKW und berechnet sich nach Wegstrecke, Emissionsklasse und Zahl der Achsen. Jeder Kilometer kostet zwischen vierzehn und 29 Cent. Ein Dreißigtonner mit italienischen Tomaten zahlt bis Frankfurt zum Beispiel 140 Euro; das ist ein halber Cent pro Kilo Gemüse. Die Bruttomauteinnahmen betragen zwischen 2,9 und 4,8 Milliarden Euro per annum. Davon gehen mindestens 700 Millionen für Kosten des Betreibers Toll Collect ab. Deutschen Spediteuren werden gleichzeitig 600 Millionen Kfz-Steuern erlassen – ein Sozialausgleich wider die innereuropäische Diskriminierung. Die Nettoeinnahmen des Staates dienen etwa für neuen Straßenbau.

Die Maut gilt allerdings, wenig beachtet, erst ab zwölf Tonnen Gesamtgewicht. Das sind gerade mal 7,7 Prozent oder 194 000 Transportfahrzeuge. Also fahren 92,3 Prozent der Transporter mautfrei! Die EU erlaubt ausdrücklich Maut auch ab dreieinhalb Tonnen (das wären in Deutschland weitere 350 000 Fahrzeuge) – die Merkel-Regierung hat indes eine Ausnahme durchgesetzt, weil angeblich die Erfassungskosten zu hoch wären.

Die Maut konnte die Lkw-Karawanen nicht stoppen. Im Gegenteil: Das Verkehrsaufkommen wächst stetig weiter. Der Staat verzichtet dabei auf eine großartige Lenkungschance, die Ressourcen spart, Straßenverkehre mindert und die regionale Wirtschaft unterstützen könnte. Lobbyisten wie die Industrie- und Handelskammern, der Bundesverband der Transportunternehmen oder der Verband Güterkraftverkehr Logistik und Entsorgung sowie die Produzentenverbände aber haben leichtes Spiel. Ihre wichtigsten Verbündeten sind überall – die größte Lobby sind die Autobürger selbst. Wer von Benzinwut und Empörung über angebliche staatliche Tankabzocke getrieben ist, steht zigmillionenfach als Verbündeter Spalier. Das Auto, auch das schwere Nutzfahrzeug, ist eine heilige Kuh im Land, in dem es erfunden wurde.

Es ist fast so, als seien Autos in Deutschland auch Wähler. Der hessische Fachverband Güterverkehr organisierte noch 2009 in Fulda eine Demo gegen die Maut. »Während die Bundesregierung sonst milliardenschwere Rettungsschirme über die Wirtschaft spannt«, hieß es, »bleibt für das Transportgewerbe nur Sterbehilfe.« Bislang ist der Tod des Transportwesens nicht überliefert.

P.S.: Deutschland einig Autoland: 258 000 nostalgiefreudige Oldtimer Ü30 mit Historienkennzeichen (hinten ein H im Nummernschild) tuckern 2012 durchs Land. Sie dienen laut Gesetz der »Pflege des kfz-technischen Kulturgutes« und sind steuerlich durch günstige Pauschalen subventioniert. 191 Euro kosten die Stinker mit der Steinzeittechnologie pro Jahr Kfz-Steuer. Ihre Anzahl hat sich in den vergangenen fünfzehn Jahren versiebenfacht.

20 *Je mehr PS ein Auto hat, umso umweltschädlicher ist sein Gebrauch. Warum werden dann ausgerechnet schwere Dienstwagen vom Staat hoch subventioniert?*

Von Annette Jensen

Wenn sich Bayerns Regierungschef Horst Seehofer (CSU) mit seinem Dienst-BMW durch die Gegend kutschieren lässt, quellen 278 Gramm klimaschädliches Kohlendioxid pro Kilometer aus dem Auspuff. Gerade mal ein Gramm sparsamer ist der Audi seiner SPD-Amtskollegin aus Nordrhein-Westfalen Hannelore Kraft. Dabei ist auf EU-Ebene längst verabredet, dass neu zugelassene Autos im Durchschnitt nur 130 Gramm CO2 in die Luft blasen dürfen. Doch darum scheren sich deutsche Spitzenpolitiker nicht: Kein Bundesminister und nur fünf Landesminister halten den Wert ein – der Rest heizt das Klima über Gebühr auf, wie die Deutsche Umwelthilfe (DUH) in mühsamen Recherchen herausgefunden hat.

Zum Einsatz kommen inzwischen wieder ausschließlich deutsche Modelle, nachdem die Berliner Landesregierung eine Weile lang auch umweltfreundliche Toyota Hybrid genutzt hatte. Angeblich gewähren die deutschen Autohersteller Ministerien Preisnachlässe von siebzig Prozent und mehr, hat die DUH erfahren. Auf diese Weise belohnt die Blechindustrie das leitende politische Personal nicht nur für seine kostenlosen Werbeauftritte: Oft mehrmals täglich filmen Fernsehteams, wie Regierungsvertreter aus ihren Limousinen aussteigen. Die Freundschaftspreise sollen auch die mehr als autofreundliche Politik in Deutschland fördern.

An der kommt nicht einmal der erste grüne Ministerpräsident Winfried Kretschmann vorbei. Nachdem er kurz nach der Wahl gesagt hatte, dass weniger Autos besser seien als mehr, und damit kurzfristig die Industrielobbyisten irritiert hatte, sah er sich wenige Wochen später zum demonstrativen Schulterschluss mit Daimler-Chef Dieter Zetsche genötigt. Gemeinsam weihten sie in Sindelfingen eine neue Anlage ein. Und selbstredend fährt der grüne Ministerpräsident jetzt einen Mercedes mit 265 PS, der fast 200 Gramm CO2 ausstößt.

Auch in Konzernen gilt für Dienstwagen: Der Vorstandsvorsitzende hat den größten. Möglichst viele PS und ein großer Hubraum sind ein Statussymbol, an dem sich der Rang in der Hierarchie der uniformierten Anzugträger ablesen lässt. Doch auch reihenweise Angestellte bekommen einen Dienstwagen als Teil ihres Gehalts. Das ist gleichermaßen günstig für das Unternehmen und seine Beschäftigten, soweit sie gerne Auto fahren – und geht auf Kosten der übrigen Steuerzahler und der Sozialversicherungen.

Denn so sieht die deutsche Gesetzeslage konkret aus: Firmen können Dienstwagen ebenso wie Reparaturen, Versicherung und Sprit komplett als Kosten absetzen. Anders als bei einem entsprechend höheren Gehalt werden auch keine Beiträge für Krankenkasse, Renten- und Pflegeversicherung fällig. Für die mit einem Auto ausgestatteten Angestellten ist das Ganze ebenfalls ein gutes Geschäft: Sie müssen monatlich lediglich ein Prozent vom Listenpreis des Neuwagens versteuern – und häufig übernimmt ihre Firma Wartung und Versicherung; nicht wenige dürfen sogar privat bei der werkseigenen Zapfsäule tanken.

Je größer das Auto und je mehr der Beschäftigte in seiner Freizeit durch die Gegend fährt, desto günstiger ist der Deal für ihn. Leider, leider ist genau das für die Umwelt umso schädlicher. Doch daran denken die Politiker, die selbst mit einigen hundert Pferdestärken unterwegs sind, wohl nicht so sehr.

In Zahlen sieht das so aus: Ein VW Passat Variant hat einen Listenpreis von etwa 30 000 Euro. Wer den privat kauft, versichert und betankt, sollte im Jahr mit etwa 7500 Euro für seine Haushaltskasse rechnen. Ist der Mittelklassewagen dagegen offiziell ein Dienstfahrzeug, schlägt er nur mit 1500 Euro zu Buche. Noch viel größer fällt die Differenz bei einem Porsche Cayenne aus. Hier spart der Dienstwagenbesitzer im Vergleich zu einem privaten Autofan satte 18 000 Euro im Jahr. Dem Verband der Automobilindustrie (VDA), mit Ex-Bundesminister Matthias Wissmann als oberstem Lobbyisten an der Spitze, gelingt es dennoch immer wieder, die Dienstwagenregelung via Springerpresse als »Überbesteuerung« und »unfair« zu brandmarken. So fordert der Lobbyistenverband regelmäßig, den realen Kaufpreis und nicht den meist höheren Listenpreis als Berechnungsgrundlage heranzuziehen.

Tatsächlich aber ist es die Allgemeinheit, für die die Regelung teuer ist. Das Finanzwissenschaftliche Forschungsinstitut an der Universität Köln hat ausgerechnet, dass die Subventionierung von Dienstwagen jährlich einige Milliarden kostet und auch den Sozialversicherungen Einnahmen von mehreren hundert Millionen Euro verlorengehen. Ganz eindeutig urteilen die Forscher: Das

Dienstwagenprivileg ist ungerecht. Es kommt fast ausschließlich Gut- und Spitzenverdienern zugute und benachteiligt Leute, die statt eines Autos ein entsprechend höheres Gehalt beziehen. Deshalb schlagen die vom Umweltministerium beauftragten Wissenschaftler vor, die Subvention von Dienstwagen zu reduzieren, also gar nicht mal abzuschaffen, und den Staatshaushalt um 2,9 und 4,6 Milliarden Euro zu entlasten. Das käme auch dem Klima zugute, weil der Absatz großer Autos wahrscheinlich drastisch zurückginge. Heute sind rund sechzig Prozent der neu zugelassenen Autos offiziell Firmenwagen – bei Limousinen wie der Mercedes S-Klasse sind es sogar mehr als achtzig Prozent.

Doch der Autoindustrie ist es gelungen, das Dienstwagenprivileg durch alle Regierungswechsel zu retten. Arbeitsplätze seien bedroht, lautet bei jedem Abwehrkampf ihr Schlachtruf, und sie verweisen auf die letzte für sie bedrohliche Diskussion aus dem Jahr 2003. Damals wollte der SPD-Finanzminister Hans Eichel den geldwerten Vorteil eines Dienstwagens von einem auf eineinhalb Prozent des Listenpreises erhöhen. Umsatzausfälle in Milliardenhöhe und die Streichung von bis zu 10 000 Jobs seien zu erwarten, warnte der damalige VDA-Präsident Bernd Gottschalk und behauptete, dass schon die bloße Ankündigung des Vorhabens zu massiven Absatzeinbrüchen geführt habe, obwohl bereits in den Monaten zuvor die Autoverkaufszahlen zurückgegangen waren. Ganz unverhohlen zog Gottschalk die nationale Karte: Neunzig Prozent der Dienstwagen seine große Modelle »made in Germany«. Tatsächlich verschwand Eichels Vorschlag kurz danach im Orkus.

Nirgendwo sonst wird das Statussymbol Dienstwagen so sehr gepflegt und gefördert wie hierzulande. In Frankreich und Österreich gibt es finanzielle Obergrenzen für die Absetzbarkeit von Firmenwagen und auch in der Schweiz sind Luxuslimousinen nur bedingt steuerlich abzugsfähig. In Großbritannien wurde die Dienstwagenbesteuerung 2002 sogar ökologisch ausgerichtet: Je niedriger der CO_2-Ausstoß eines Autos, desto günstiger für die Firma, die es betreibt. In Deutschland ist es genau umgekehrt: Die größten Klimasünder machen den größten Reibach. Heiliges Blechle!

21 *Der versuchte Ausverkauf der Bahn. Warum nur wollen deutsche Politiker die Bundesbahn unbedingt privatisieren?*

Von Richard Rother

Im Jahre 1835 fuhr erstmals in Deutschland eine Dampfeisenbahn, und zwar zwischen den beiden fränkischen Städten Nürnberg und Fürth. Heute ist die Eisenbahn – trotz Auto, Flugzeug, Binnenschiff und (Elektro)fahrrad – aus Deutschland nicht mehr wegzudenken, um die Mobilitätsbedürfnisse der Bevölkerung und der Wirtschaft zu befriedigen. Die Eisenbahn ist dabei eines der umweltfreundlichsten Verkehrsmittel, obwohl auch sie Energie und Flächen verbraucht, Lärm macht und Rohstoffe benötigt. Politiker aller Couleur betonen, wie wichtig die Eisenbahn auch in Zukunft ist. Dennoch muss man sich Sorgen machen, denn in der Eisenbahnpolitik werden viele Weichen falsch gestellt: Statt eine Versorgung in der Fläche zu gewährleisten, werden Hochgeschwindigkeitsstrecken bevorzugt und wenig sinnvolle milliardenteure Prestigeobjekte wie Stuttgart 21 verwirklicht. Und: Über allem droht weiterhin eine Verschwendung von Volksvermögen ungekannten Ausmaßes – die Privatisierung der bundeseigenen Deutschen Bahn AG.

Zwar wurde der geplante Börsengang der Bahn, von Ex-Bahnchef Hartmut Mehdorn jahrelang forciert, in letzter Minute wegen der durch den Zusammenbruch des US-Immobilienmarktes ausgelösten Finanzkrise abgeblasen – aber aufgeschoben ist nicht aufgehoben. Immerhin brachte Bundesverkehrsminister Peter Ramsauer (CSU) den Einstieg privater Investoren in die Deutsche Bahn ins Gespräch. Ein Einstieg privater Investoren aber würde – wie ein Börsengang – die Renditeerwartungen an das Unternehmen weiter steigern: zulasten der Substanz, der Kunden, der Mitarbeiter und der Umwelt.

Wohin ein solcher Renditedruck führen kann, hat der letztlich gescheiterte Börsengang eindrucksvoll gezeigt: Die Fahrpreiserhöhungen liegen über der Inflationsrate; die Bahn verkauft immer wieder Bahngelände, um zusätzliche Einnahmen zu erzielen; die Berliner S-Bahn, eine Tochter der Deutschen Bahn, wurde jahrelang kaputtgespart, um mehr schnellen Profit herauszuschlagen. Hier zeigte sich das Trimmen auf Rendite besonders krass: Einen lausig ausgehandelten Verkehrsvertrag mit den Bundesländern Berlin und Brandenburg – diese finanzieren den S-Bahn-Verkehr in Berlin und Umland – in der Tasche, begann man auf Druck von Mehdorn systematisch, die Kosten zu senken. So wurden Personal abgebaut, Werkstätten geschlossen und Ersatzzüge verschrottet. »Überall musste gespart werden, vom Ohrstöpsel in der Werkstatt bis hin zu den Prüfintervallen bei den Zügen«, wird im *Schwarzbuch Deutsche Bahn* ein Berliner Lokführer zitiert.

Dann geschah das Unglück: Am 1. Mai 2009 brach im Berliner Stadtteil Kaulsdorf ein Rad eines mit Fahrgästen besetzten Zuges. Nur durch Zufall wurde niemand ernsthaft verletzt. Daraufhin ordnete das Eisenbahnbundesamt zusätzliche Kontrollen an, die die S-Bahn aus Mangel an Kapazitäten nicht einhalten konnte. Schließlich zog das Amt einen Großteil des maroden Fuhrparks aus dem Verkehr; ein monatelanger Ausnahmezustand auf Berlins S-Bahn-Linien war die Folge. Ein extremes Verkehrschaos konnte damals nur deshalb vermieden werden, weil die städtischen Berliner Verkehrsbetriebe (BVG) mit ihren U-Bahnen, Bussen und Straßenbahnen hunderttausende S-Bahn-Kunden beförderten.

Nun sucht die Berliner Stadtregierung aus SPD und CDU ihr Heil in einer Teilausschreibung des S-Bahn-Netzes. Um die Bahn unter Druck zu setzen, sollen lukrative Teilstrecken für die Konkurrenz geöffnet werden. Ob das gesamte Berliner S-Bahn-System, das technisch einmalig ist, besser funktioniert, wenn unterschiedliche Betreiber zum Zuge kommen, steht allerdings in den Sternen.

Schlechte Erfahrungen mit der Bahnprivatisierung hat man auch in einem Mutterland des Neoliberalismus gemacht: in Großbritannien. Hier wurde bereits in den neunziger Jahren das Schienennetz privatisiert, und die börsennotierte Infrastrukturgesellschaft verzeichnete zunächst hohe Gewinne. Später häuften sich große und schwere Unfälle mit oft tödlichem Ausgang – ganz offensichtlich wurden jahrelang Gewinne gemacht, indem man auf Verschleiß fuhr. 2001 wurde das Schienennetz de facto rückverstaatlicht; es musste dann von Grund auf saniert werden, was den Staat Milliarden kostete. Auch in Neuseeland scheiterte die Privatisierung der Bahn.

Die Privatisierung der Infrastruktursparte der Deutschen Bahn ist mittlerweile vom Tisch, nicht jedoch die des restlichen Unternehmens. An den Transport- und Logistiksparten der DB AG solle »schrittweise und ertragsoptimiert privates Kapital beteiligt werden, sobald der Kapitalmarkt dies zulässt«, heißt es beim Bundesverkehrsministerium. Ein Zeitpunkt für die Kapitalprivatisierung sei zurzeit nicht absehbar.

Aber ganz offenbar gilt: Das Thema ist nicht ad acta gelegt worden, schon nach der nächsten Bundestagswahl im Jahr 2013 könnte es wieder ganz oben auf der Agenda stehen. Genügend private Profiteure stehen bereit und Politiker, die mit einer Privatisierung schnell die Kasse füllen wollen, auch.

Agrar und Nahrung

22 *Lobby für die Turbo-Kuh. Warum ist der Bauernverband eigentlich der größte Feind der Bauern?*

Von Manfred Kriener

Trecker vor dem Brandenburger Tor. Millionen Liter vergossene Milch und buntscheckiges Fleckvieh, das aufgeregt auf die Straße scheißt. Bauernproteste! Sie gehören zu unserer Republik wie die Regierungserklärung zur Lage der Nation. Seit wir politisch denken können, geht es den Bauern schlecht. 70-Stunden-Woche inklusive Sonntagsarbeit, Gicht und Rheuma, dazu Milchseen und Butterberge, Melken nach Quote, Preisverfall, Subventionstropf, Höfesterben. Auch das Image der Bauern ist wegen Giftspritzereien und vieler anderer Umweltprobleme im Keller. Nur einer singt ewig das Hohelied vom goldenen Bauernstand: der Präsident des Deutschen Bauernverbands. Eine Ewigkeit lang hieß er Gerd Sonnleitner. Im Sommer 2012 ist er endlich von Joachim Rukwied abgelöst worden, doch der DBV bleibt einer der mächtigsten und einflussreichsten Lobbygruppen der Republik.

Alle Jahre wieder inszeniert sich der Bauernverband bei seinem Hochamt: dem Deutschen Bauerntag. Da klopft man sich heftig auf die Schenkel, der politische Gegner wird ausgepfiffen, der grüne Umweltzirkus niedergemacht. Hier, in den dampfenden Kongresshallen, gilt die Landwirtschaft noch als Jobmaschine, der Bauer als lupenreiner Umwelt- und Naturschützer, der mit seiner Hände Arbeit unser Land ernährt. Doch diejenigen, die auf den Rängen am lautesten applaudieren, sind schon lange keine Bauern mehr. Renate Künast, die Ex-Verbraucherschutzministerin, hat es vor Jahren auf den Punkt gebracht: »Der Bauernverband vertritt alle möglichen Interessen, nur nicht die der Bauern.« Und damit hat die Grüne ins Schwarze getroffen.

Der DBV ist nach dem Ende des NS-Reichsnährstands als neue Bauernorganisation aufgebaut worden. Von den 301 000 Landwirtschaftsbetrieben der Republik sind heute nach DBV-Angaben rund neunzig Prozent Mitglied. Politisch ist der DBV seit jeher aufs Engste mit dem konservativen Lager verknüpft. Die Verbandsfunktionäre gehören meist der CDU und CSU an und umgekehrt saßen in den alten Landwirtschaftsministerien der Bonner Republik langjährige Funktionäre des Verbands auf wichtigen Posten. Natürlich war und ist der DBV demnach maßgeblich an den Gesetzentwürfen zur Landwirtschaft beteiligt.

Die Organisationsstruktur des Bauernverbands gliedert sich in Landesbauernverbände und Kreisverbände, außerdem gibt es Geschäfts- und Beratungsstellen, mit denen der Verband bundesweit vor Ort präsent ist. Auch für Landfrauen und Landjugend hat man eigene Gruppen – eine familiäre Rundumbetreuung, es gibt kein Entkommen. Und doch sind viele Mitglieder mit ihrem Verband schon lange nicht mehr zufrieden, viele wünschen sich eigentlich eine ganz andere Standesorganisation.

Mit der Industrialisierung der Landwirtschaft in den sechziger und siebziger Jahren sind auch in Deutschland Agrarfabriken entstanden, die mit der alten bäuerlichen Landwirtschaft nicht mehr viel gemeinsam hatten. Plötzlich standen sie nebeneinander wie David und Goliath: Hier der gute alte Bauernhof mit dreißig Milchkühen, einem Hühnervolk und etwas Acker- und Grasland. Dort die Agroindustrie mit ihrer durchrationalisierten Bullenmast oder intensiven Milchviehhaltung in riesigen Ställen. Der Bauernverband hat sich konsequent für die Großen entschieden, für Technik und Pestizide, Turbozucht und Düngemittel, für Hochertrag und grüne Gentechnik. Und für den Weltmarkt.

Die erbarmungslose Politik des Wachsens oder Weichens drängte die bäuerliche Landwirtschaft immer stärker an den Rand. Der Bauernverband hielt den »Strukturwandel« für unumgänglich und schaute ungerührt dem Sterben der Höfe zu. Während er mit seiner Politik ganz offen die Minderheit der großen Wachstumsbetriebe, der sogenannten Siegertypen, vertrat, gab er sich in der Verbandsrhetorik weiter als Sprachrohr »aller Bauern« aus. Gleichzeitig verbündete er sich immer enger mit der Chemie- und Pharmaindustrie, mit Fleischkonzernen und Futtermittelindustrie, mit der Ernährungswirtschaft und den großen Genossenschaften. Die Liaison wurde auch personell gefestigt. Wie schon sein Vorgänger Constantin Freiherr Heereman waren auch Sonnleitner und seine Vizepräsidenten echte Multifunktionäre mit Sitz und Stimme in unzähligen Firmen und Organisationen des Agrobusiness. Die Liste ihrer Posten in Präsidien, Aufsichts- und Verwaltungsräten füllt ganze Seiten.

Mit der Gründung der Fördergemeinschaft Nachhaltige Landwirtschaft (FNL) wurde unübersehbar, mit wem der Bauernverband paktiert. Hier sitzen sie alle gemeinsam am Tisch: BASF und Bayer, Monsanto und Syngenta, die Futtermittelindustrie und die Tierärzte mit ihren Antibiotika-Orgien, dazu die großen Geflügelmäster und Düngemittelhersteller. Wenig überraschend, dass der Bauernverband bei den regelmäßigen Fleisch-, Umwelt- und Tierschutzskandalen stets die Interessen der Industrie vertritt. Bis heute.

Doch der Wind hat sich gedreht. Der wachsende Widerspruch zwischen einer bäuerlichen Landwirtschaft und der Politik des Bauernverbandes bescherte einer erstarkten Bauernopposition im neuen Jahrtausend kräftigen Zulauf. Die Arbeitsgemeinschaft bäuerliche Landwirtschaft (AbL) und die Verbände der Biobauern, die von DBV-Chef Heereman noch in den achtziger Jahren als

»ideologische Petersilienjünger« verhöhnt worden waren, gewannen an Einfluss und – dank ihrer umwelt- und tierfreundlicheren Produktion – auch an Sympathien in der Bevölkerung.

Den eigentlichen GAU für den Bauernverband brachte aber erst der Verfall des Milchpreises in den vergangenen Jahren. Plötzlich spürte auch der letzte Melker, dass seine Standesorganisation eng mit den Großmolkereien verbunden und zugleich unfähig war, den Milchbauern zu helfen. Massenaustritte und eine Mitgliederexplosion beim neuen Bundesverband Deutscher Milchviehhalter (BDM) waren die Folge. Der BDM organisierte den ersten Milchstreik der Republik und viele neue Protestaktionen. Heute vertritt er ein Drittel der deutschen Milchbauern und ist das eigentliche Sprachrohr der Betriebe.

Der Deutsche Bauernverband bleibt dennoch ein starker Lobbyist, aber sein Einfluss schwindet, zumal die von ihm vertretene industrielle Landwirtschaft mit Massentierhaltung, Monokulturen und Giftspritze in der Bevölkerung schon lange keine Akzeptanz mehr hat.

23 *Großgrundbesitzer und Konzerne kassieren die höchsten Agrarsubventionen und können so Kleinbauern in den Ruin treiben. Warum streicht die EU Großbetrieben nicht die Zuschüsse?*

Von Jost Maurin

Die Agrar GmbH Gut Ferdinandshof in Mecklenburg-Vorpommern ist einer der größten, wenn nicht der größte Rindermastbetrieb Europas. Rund 22 000 Rinder stehen ständig in seinen Ställen. Das Gelände des Gutes ist so groß wie fast 9 000 Fußballfelder und erstreckt sich über sieben Gemeinden. Gleichzeitig ist die Firma einer der größten deutschen Empfänger von Agrarsubventionen der Europäischen Union. 2011 kassierte das Gut nach Behördenangaben ungefähr 3,5 Millionen Euro. Das ermöglicht der ehemaligen DDR-Firma, die nun vom bayerischen Getreidehändler Alexander Osterhuber geleitet wird, jeden Kleinbauern bei den Preisen für Schlachttiere zu unterbieten. Denn der durchschnittliche Bauer kann von millionenschweren Subventionen nur träumen: 2011 bekam er laut Bundesagrarministerium nur rund 17 000 Euro der wichtigsten Subventionsart, der Direktzahlungen. 46 Prozent der Landwirte erhielten sogar lediglich maximal 5 000 Euro.

»Die Allgäuer Bäuerin und der westfälische Sauenhalter müssen über den Preis ihr Einkommen erzielen, bei ihnen decken die Subventionen kaum eine einzige Arbeitskraft ab«, sagt die Agrarpolitikexpertin des Bunds für Umwelt und Naturschutz Deutschland (BUND), Reinhild Benning. Latifundien wie das Gut Ferdinandshof dagegen können ihr Personal oft komplett mit dem Geld vom Staat begleichen. 2010 etwa ließ sich das Gut seine hundert Mitarbeiter rund 2,8 Millionen Euro kosten – so steht es im amtlichen Unternehmensregister. Die Firma hatte selbst nach diesem großen Ausgabenposten noch etwa 600 000 Euro des Geldes aus Brüssel übrig. Bennings Fazit: »Diese Wettbewerbsverzerrung freut zwar die Industrie, fördert aber massiv den Strukturwandel zugunsten von Großbetrieben.«

Tatsächlich geben immer mehr Kleinbauern auf. Im Mai 2010 gab es nur noch 176 000 Betriebe mit Rinderhaltung – 26 Prozent weniger als 1999. Parallel stieg die Zahl der Rinder des Durchschnittsbetriebs um 16 Prozent auf rund 63 Tiere. Die Konzentration hat also zugenommen.

Das bedeutet oft, dass Wohlstand von unten nach oben umverteilt wird: Selbstständige Bauern mit Grundbesitz werden arbeitslos oder müssen schlecht bezahlte Jobs annehmen. Außerdem trägt die Konzentrationsprozess in der Landwirtschaft dazu bei, dass immer weniger Menschen in den Dörfern leben – schließlich haben sie ihre Arbeit auf ihren Höfen verloren. Auch für die Umwelt ist der Trend zu Großbetrieben fatal: »Kleinere Betriebe weisen in der Regel mehr Artenschutzflächen auf als Betriebe von Subventions-Großempfängern«, sagt BUND-Aktivistin Benning. Große legen ihre zahlreichen Felder zusammen, um sie leichter mit Maschinen bearbeiten zu können. Dafür »räumen« sie die Landschaft aus: Hecken, Blühstreifen und Baumreihen verschwinden – und mit ihnen der Lebensraum für viele Tiere und Pflanzen. Oft erleichtert dieses Ausräumen auch Wind und Wasser, die fruchtbare Erde davonzutragen.

Das hat sich auch in Brüssel herumgesprochen – schon vor Jahren. 1997 schlug die EU-Kommission vor, die Direktzahlungen über 200 000 Ecu pro Betrieb um 25 Prozent zu kürzen. Doch die Mitgliedstaaten – allen voran Deutschland – ließen das nicht durchgehen. Ähnlich erging es Kürzungsvorschlägen der Kommission aus den Jahren 2002 und 2007: Sie landeten im Papierkorb.

2011 startete Agrarkommissar Dacian Ciolos einen neuen Anlauf. Er will nicht nur mehr Leistungen für die Umwelt von den Subventionsempfängern, sondern auch die Direktzahlungen auf 300 000 Euro je Betrieb begrenzen. Die Zahlungen zwischen 150 000 und 300 000 Euro sollen um zwanzig bis siebzig Prozent gekürzt werden; dabei könnten die Firmen ihre kompletten Lohnkosten anrechnen und so die Kürzungen mindern. Zwar würde die 300 000-Euro-Grenze in Deutschland laut Kommission maximal 0,03 Prozent aller 299 000 Betriebe treffen. Etwas verlieren würden also weniger als hundert Firmen – zum Beispiel einige große in Ostdeutschland. Dennoch mobilisiert Bundesagrarministerin Ilse Aigner vehement gegen diesen Vorschlag. Landwirtschaftliche Betriebe erbrächten »Leistungen für das Gemeinwohl, unabhängig davon, wie groß sie sind«, argumentiert die CSU-Politikerin. Die ausgeräumten

Landschaften, die extreme Rationalisierung in Großbetrieben – all das blendet Aigner einfach aus. Warum bloß?

Aigner ist keine überzeugte Agrarpolitikerin. Sie ist gelernte Elektrotechnikerin, war Sprecherin der CDU/CSU-Fraktion im Ausschuss für Bildung, Forschung und Technikfolgenabschätzung. Mit Landwirtschaft hatte sie während ihrer Karriere wenig bis gar nicht zu tun. Nach ihrem Amtsantritt als Agrarministerin im Oktober 2008 glänzte sie auf Pressekonferenzen vor allem durch Ahnungslosigkeit und musste selbst einfache Fragen zur Landwirtschaftspolitik an ihre Referenten weiterreichen. Das hat sich in den letzten Jahren ein bisschen gebessert, aber eine ausgewiesene Agrarexpertin ist Aigner bis heute nicht. Dass sie Ministerin wurde, lag offenbar vor allem daran, dass sie nicht durch Widerspruch gegen CSU-Chef Horst Seehofer auffällt.

Aigner geht es also wie vielen Politikern weniger um die Sache als vielmehr darum, ihre Macht zu erhalten und auszubauen. Dafür brauchen Agrarpolitiker der Union vor allem den Deutschen Bauernverband. Der stillschweigend vereinbarte Deal zwischen beiden Seiten lautet: Aigner setzt die Interessen des Bauernverbands durch, der Verband sorgt dafür, dass die Bauern CSU beziehungsweise ihre Schwesterpartei CDU wählen. Den nötigen Einfluss dazu hat der Verband: Er organisiert nach eigenen Angaben über seine Mitgliedsverbände neunzig Prozent aller Betriebe. Und er hat quasi ein Monopol in der landwirtschaftlichen Fachpresse.

Den erwähnten Deal legt schon die enge personelle Verflechtung zwischen Union und Bauernverband nahe. Ein Beispiel ist Franz-Josef Holzenkamp: Er ist sowohl Agrarexperte der Union im Bundestag als auch Vizepräsident des Landvolks, des niedersächsischen Ablegers des Bauernverbands. Johannes Röring sitzt ebenfalls für die CDU im Agrarausschuss des Bundestags – gleichzeitig ist er Präsident der Bauernverbandsorganisation in Westfalen-Lippe. Da verwundert es nicht, dass

Bauernverband und Aigner sowie die Union fast immer einer Meinung sind, wenn es darauf ankommt.

Für den Verband ist die Frage der Obergrenze bei Direktzahlungen wichtig, weil er von den Interessen der Großbetriebe dominiert wird: Er hat Subventionen für Landmaschinendiesel durchgesetzt, von denen Betriebe mit viel Fläche besonders profitieren. Er ist dagegen, die Menge der Milch auf dem Markt zu regulieren, damit die Bauern faire Preise bekommen, so dass auch kleine Betriebe überleben können. Und natürlich kämpft er vehement gegen eine Obergrenze für die Direktzahlungen – obwohl sie ja nur einen winzigen Prozentsatz der Bauernverbandsmitglieder betrifft.

Ein Grund ist vermutlich, dass die größten Betriebe auch die höchsten Mitgliedsbeiträge zahlen: Sie richten sich hauptsächlich nach der Fläche. Zudem haben sich die Anhänger der industrialisierten Großlandwirtschaft über die Jahrzehnte starke Seilschaften und ein System gegenseitiger Abhängigkeiten im Verband geschaffen. So steuern sie die formell demokratischen Wahlen. Deshalb ist es sehr schwierig, den Bauernverband und seine Politik zu reformieren. Einfacher ist ein Umschwung in den Agrarministerien. Den kann es bekanntlich einfach durch Landtags- und Bundestagswahlen geben.

24 *Es ist klar, dass industrielle Massentierhaltung schlimmste Tierquälerei bedeutet. Warum wird sie dann nicht verboten?*

Von Jost Maurin

Sie hielten die Hühner am Kopf fest und schleuderten die Körper herum, bis das Genick der Tiere brach. Sie traten lebende

Hühner, stopften sie ohne Rücksicht auf Knochenbrüche in Kisten und ließen sie dann aus Brusthöhe auf die Ladefläche eines Lastwagens krachen. So geschehen 2009 auf einer Vertragsfarm von Deutschlands größtem Geflügelfleischkonzern Wiesenhof. Ein Einzelfall? Wiesenhof behauptete das, als ein Video der Misshandlungen im Fernsehen gezeigt wurde. Und kündigte Konsequenzen an. Doch 2011 sendete die ARD Videoaufnahmen, auf denen von Wiesenhof beauftragte Mitarbeiter Puten treten, durch die Luft schleudern und in Käfige auf einen Lastwagen werfen. So bereiteten sie die Tiere nach dem Mästen auf den Transport in den Schlachthof vor.

Auch in anderen industriellen Agrarbetrieben werden Tiere systematisch gequält. Hühnern werden die Schnäbel gekürzt, damit sie sich in den engen Ställen nicht gegenseitig blutig picken. Schweinen werden die Ringelschwänzchen abgeschnitten, damit sie sich in der reizarmen Umgebung nicht gegenseitig den Schwanz abbeißen. Und Kühe müssen die meiste Zeit ihres Lebens im Stall verbringen, weil es zu aufwendig wäre, hunderte Rinder zweimal täglich von der Weide zum Melken nach drinnen zu treiben.

Diese Missstände sind meistens völlig legal. Das Tierschutzgesetz erlaubt es zum Beispiel sogar, Schweinen die Schwänze zu kürzen, wenn sie jünger als vier Tage sind. Selbst wenn Tierquäler mal gegen ein Gesetz verstoßen, werden sie extrem selten angeklagt und noch seltener verurteilt.

Gleichzeitig erwarten achtzig Prozent der Verbraucher von der deutschen Landwirtschaft, dass sie ihre Tiere artgerecht hält. Das hat das Institut für Demoskopie Allensbach laut Bundesagrarministerium herausgefunden. Und fast zwei Drittel der Befragten vermuten, dass es bei der Tierhaltung Missstände gibt.

Warum hört die Tierquälerei also nicht auf, obwohl die meisten Menschen das wollen? Auch, weil die Tierquäler eine sehr starke Lobby haben – und zwar auf allen Ebenen: sowohl bei den Kommunen, die die Ställe kontrollieren, als auch in den Ländern, im Bund und in der Europäischen Union, die die Gesetze erlassen. In der Bundesrepublik kämpft vor allem der Deutsche Bauernverband dagegen, den Tierschutz zu verschärfen. Der DBV ist ein mächtiger Gegner. Er vertritt über seine Mitgliedsverbände nach eigenen Angaben 280 000 bis 300 000 Landwirte. Zwar hat er etwa bei den Milchbauern und in manchen Regionen Bayerns in den letzten Jahren an Einfluss verloren. Aber er organisiert immer noch neunzig Prozent aller Betriebe. Über seine Dienstleistungsunternehmen macht er vielen zum Beispiel die Steuererklärung. Seine Unterorganisationen wie die Landfrauen prägen mit ihren Veranstaltungen das Leben in vielen Dörfern. Und seine Zeitungen, Zeitschriften und Internetseiten verändern das politische Klima in der Landwirtschaft.

Noch mehr Einfluss verschafft dem Verband aber, dass er in den Agrarministerien bestens vernetzt ist. Das geht so weit, dass das Bundesministerium von Ilse Aigner (CSU) meist die Positionen des Bauernverbands übernimmt (siehe vorheriges Kapitel). Die meisten ihrer 1 000 Mitarbeiter halten die industrialisierte Landwirtschaft für richtig. »Nach dem Krieg ging es der Politik nur darum, die Ernährung der Bevölkerung sicherzustellen und die Produktion auszuweiten. Daraus ist eine enge Verflechtung mit der Agrarwirtschaft entstanden. Sie besteht bis heute«, sagt Thilo Bode, Chef des Verbraucherverbands Foodwatch.

Diese Agrarwirtschaft will vor allem eines: billig produzieren. Denn je niedriger die Produktionskosten, desto höher der Gewinn der Bauern. Da die Märkte in Deutschland weitgehend gesättigt sind, die Branche aber weiter wachsen will, muss sie noch mehr exportieren. Und da sind Vorschriften wie »Jeder darf nur so viele Tiere halten, dass er deren Futter selbst erzeugen kann«

oder »Schweine müssen Auslauf haben« nur hinderlich. Sie würden den »Produktionsfaktor Tier« immens verteuern.

Kleinbauern, die solche Regeln schon lange einhalten, haben wenig vom Export. Aber sie sind nicht diejenigen, die im Bauernverband den Ton angeben. Anders als Großunternehmen, die die höchsten Beiträge zahlen und es sich leisten können, viel Zeit in die Verbandsarbeit zu investieren. Konfrontiert man Aigner oder ihre Sprecher mit den Lobbyvorwürfen, antworten sie meist: Wir reden mit allen, auch mit Kritikern wie dem Tierschutzbund. Das stimmt, aber es ist ein offenes Geheimnis, dass der Bauernverband den besseren, effizienteren Zugang zum Ministerium hat.

Ein Beispiel dafür ist die lange Frist von noch mindestens fünf Jahren bis zum Verbot der betäubungslosen Kastration von Ferkeln. Auch das angekündigte Verbot der Kleingruppenkäfige für Legehennen ist gescheitert, weil die Bundesministerin sich weigert, eine entsprechende, aber rechtlich nicht bindende Entscheidung des Bundesrats umzusetzen. Überall setzte sich der Bauernverband gegen die Tierschützer durch. Vor allem mit dem Argument, dass mehr Tierschutz in Deutschland der hiesigen Landwirtschaft im Konkurrenzkampf gegen das Ausland schaden würde.

Versuche, durch Kaufentscheidungen der Verbraucher die Agrarlobby zu umgehen und das Los der Tiere zu verbessern, sind weitgehend erfolglos geblieben. Weniger als ein Prozent des Fleisches kommt von Biohöfen, die ihre Tiere kraft Verordnung besser behandeln müssen. Lediglich eine kleine Minderheit ernährt sich vegetarisch.

Mehr Macht hat der Wähler. Wenn er zum Beispiel grüne Politiker in Agrarministerien gehievt hat, hat sich oft etwas für die Tiere getan. Renate Künast setzte als Bundesministerin ein Verbot der Käfighaltung von Legehennen durch, das Union und SPD allerdings später kippten. In Nordrhein-Westfalen bewies

Minister Johannes Remmel mit einer Aufsehen erregenden Studie, dass Masthühner systematisch mit Antibiotika vollgepumpt werden. Und seine Amtskollegin in Rheinland-Pfalz, Ulrike Höfken, hat die Subventionen für Biobauern erhöht.

Sie alle haben bewiesen: Wenn die Politik nur will, kann sie sich gegen die Agrarindustrie und ihre Lobby durchsetzen.

25 *Zuckerbomben machen krank. Warum muss die Industrie solche Lebensmittel nicht als ungesund kennzeichnen?*

Von Jost Maurin

Kinderfrühstücksflocken mit 43 Prozent Zucker; »Light«-Eiscreme enthält den Süßstoff zu 29 Prozent; sogar in einer 200-Milliliter-Tasse Instanttee für zwölf Monate alte Kleinkinder stecken umgerechnet rund zweieinhalb Stück Würfelzucker – die Lebensmittelindustrie produziert jede Menge Zuckerbomben, gern auch für Kinder.

Dabei ist häufiger Zuckerkonsum neben bestimmten Bakterien in der Mundhöhle und mangelhafter Mundhygiene »einer der drei Hauptfaktoren für die Entstehung von Karies«, wie die Bundeszahnärztekammer warnt. Zucker ist auch mitverantwortlich für Übergewicht. Denn er sättigt nur kurz, weshalb zum Beispiel Kinder wenig später noch mehr essen. Die Gefahr dabei: Besonders sehr stark Übergewichtige haben ein höheres Risiko beispielsweise für Diabetes, Infektionen und Herzprobleme.

Das bedeutet menschliches Leid, aber auch jährliche Behandlungskosten in Milliardenhöhe, denn das Problem ist ein Massenphänomen: Insgesamt sind in Deutschland dem staatlichen Robert-Koch-Institut zufolge 66 Prozent der Männer und

51 Prozent der Frauen übergewichtig. Und nur weniger als ein Prozent aller Erwachsenen haben ein kariesfreies Gebiss. Verbraucherschützer fordern deshalb zum Beispiel, den Gehalt von Zucker und anderen Nährstoffen in Lebensmitteln durch Ampelfarben auf der Verpackung zu kennzeichnen. Auf den eingangs erwähnten Frühstücksflocken etwa würde dann die Angabe »43 Prozent Zucker« mit roter Farbe unterlegt sein. Dann wäre die Botschaft klar: »Achtung, dieses Produkt ist mit Vorsicht zu genießen!« Die Ampel wäre auf jeden Fall deutlicher als die derzeit üblichen, oft klein gedruckten Nährstofftabellen, die der Verbraucher erst noch umständlich und mit Hilfe von Fachwissen interpretieren muss, um daraus Konsequenzen für seine Ernährung ziehen zu können.

Das ist der Hauptgrund, weshalb sich etwa der Berufsverband der Kinder- und Jugendärzte für die deutliche Kennzeichnung ausgesprochen hat. Kinderärzte beobachten seit Jahren, dass Übergewicht selbst bei sehr jungen Menschen immer häufiger ist. Die Bundesärztekammer, die Deutsche Herzstiftung und der Spitzenverband der Gesetzlichen Krankenversicherung sind aus diesen Gründen weitere Unterstützer der Ampel aus dem Gesundheitssektor. Aber auch die Bevölkerung ist dafür, dass Lebensmittel deutlich gekennzeichnet werden: 69 Prozent der Befragten forderten in einer Umfrage des Meinungsforschungsinstituts Emnid für die Verbraucherorganisation Foodwatch, dass die Bundesregierung sich für die Ampel einsetzt.

Die Politik jedoch macht da nicht mit: 2010 stimmte das Europäische Parlament dagegen, der Lebensmittelindustrie diese Kennzeichnung vorzuschreiben. Auch die EU-Kommission und die Mitgliedstaaten – allen voran Deutschland – lehnten die Farbvariante ab. Stattdessen werden jetzt die bisher von vielen Herstellern freiwillig benutzten Tabellen verpflichtend. Und dafür bekommt die Branche auch noch eine extrem lange Übergangsfrist, die je nach Fall bis 2014 oder sogar bis 2016 dauert.

Wie ist das möglich – trotz der Unterstützung für die Ampel unter Experten und in der Bevölkerung? Um die Ampel zu verhindern, investierten die Lebensmittelkonzerne kräftig in Lobbyarbeit. Schon als sich abzeichnete, dass die EU Nährwertangaben vorschreiben will, entwickelte der Verband der Lebensmittel- und Getränkeindustrie der Europäischen Union (CIAA) ein Gegenmodell: das GDA-System. GDA steht für »guideline daily amounts«, zu Deutsch: »Richtwert für die Tageszufuhr«. Hier zeigen einfarbige Zahlen, wie viel Prozent der empfohlenen Tagesration eines Nährstoffs eine Portion des Lebensmittels liefert. Das System ist leicht manipulierbar, weil die Hersteller die Portionsgrößen frei festlegen können – und gern unrealistisch kleine nehmen, damit beispielsweise die Zuckermenge im Produkt möglichst gering aussieht. Da Signalfarben fehlen, ist das GDA-Modell laut Studien auch schwerer verständlich als die Ampel. Beschwerden von Verbrauchern, die irreführende Packungshinweise monieren, sind an der Tagesordnung.

»Das ist eine typische Lobbystrategie: Das Feld zuerst besetzen, um der EU-Kommission sein Engagement zu zeigen und die Debatte aus dieser Position heraus zu lenken«, schreiben die Aktivisten von CEO. Den größten Teil der mehr als eine Milliarde Euro im Anti-Ampel-Budget habe die Industrie denn auch dafür ausgegeben, das GDA-Modell in Europa zu etablieren. Studien, die von der Wirtschaft bezahlt wurden, sollten die angeblichen Vorteile belegen. Im November 2009 ließ der Industrieverband CIAA einen Stand im Europäischen Parlament aufbauen und Produkte mit GDA-Kennzeichnung unter den Abgeordneten verlosen. In Griechenland schaffte es ein CIAA-Mitgliedsverband sogar, dass die Regierung in Athen eine Fernsehkampagne für das GDA-System bezahlte.

Zwar erreichten Foodwatch und die anderen Verbraucherverbände in Großbritannien und besonders in Deutschland sowie Österreich Unterstützung für die Ampel. »Doch weder in

Frankreich noch in Spanien, Italien oder Polen, um einige der bevölkerungsreichsten Mitgliedstaaten zu nennen, gab es auch nur ansatzweise vergleichbare öffentliche Diskussionen«, sagt Foodwatch-Ampelexperte Matthias Wolfschmidt. »Für Wirtschaftslobbyisten ist es viel einfacher, Abgeordnete zu beeinflussen, die nicht unter dem Eindruck öffentlicher Debatten um strittige Themen stehen.« Foodwatchs Konsequenz aus den Erfahrungen mit der Ampel heißt deshalb: »Europäisierung«. Künftig, sagen die Verbraucherschützer, seien öffentlichkeitswirksame Kampagnen in möglichst vielen Mitgliedstaaten nötig. Aber ob die Konsumentenorganisationen genügend Geld dafür zusammenbekommen, bleibt ungewiss.

26 *Viele Umweltprobleme entstehen durch privaten Konsum. Wieso shoppen und fliegen wir dennoch wie verrückt?*

Von Ute Scheub

Konsum versaut die Welt. Nur drei Beispiele von unzähligen: Das reichste Fünftel der Menschheit verbraucht etwa vier Fünftel aller Ressourcen, die Umweltschäden erleiden größtenteils die armen Länder und die Wohlstandsökonomien genießen wiederum das Endprodukt. Der jährliche Schaden durch Tropenwaldvernichtung zugunsten von Flächen für Gensoja, Agrospritpflanzen, Ölpalmen und Weideland für unseren Fleischhunger beträgt ein Vielfaches des Schadens durch den Bankencrash von 2008, nämlich zwei bis fünf Billionen Dollar oder rund sieben Prozent des Weltbruttosozialprodukts. Und in der Republik Kongo zwingen bewaffnete Banden Gefangene und Kinder zur Gewinnung des Rohstoffs Coltan für Handys und Playstations; nach den Worten der britischen Parlamentsabgeordneten Oona King müssen »Kinder im Kongo in den Minen sterben, damit die Kinder in Europa und Asien in ihren Wohnzimmern sitzen und imaginäre Aliens abschießen«.

Warum konsumieren wir dennoch dauernd weiter? Eine Teilantwort bietet die Werbelobby und PR-Mafia. Ein Kind sieht im US-Fernsehen durchschnittlich 110 Werbespots am Tag. Anzeigen füllen mindestens zur Hälfte unsere Zeitungen, Werbeflyer fast zur Hälfte unsere Briefkästen, ganz zu schweigen von der vielen Schleichwerbung. Unternehmen geben Milliarden aus, um Markenimages aufzubauen: Sie lassen Fußballer als lebende Werbeflächen herumrennen, gerieren sich als Kunstmäzene oder betreiben »Greenwashing« als Erbauer von Kranichstationen und Krötentunneln. Von den hundert Euro, die ein Markenturnschuh vielleicht kostet, wandert der größte Teil in Werbung und PR; die Näherin in Bangladesch oder anderswo wird mit gerade mal vierzig Cent abgespeist.

Weshalb fallen so viele Menschen auf diese Tricks herein? »Die Lösung des Rätsels ist, dass wir dazu neigen, materielle Dinge mit gesellschaftlicher und psychologischer Bedeutung aufzuladen«, schreibt der britische Ökonom Tim Jackson. Konsumgüter liefern eine Symbolsprache, mit der wir in der alltäglichen Kommunikation unsere Zugehörigkeit zu bestimmten (Sub-)Kulturen, Schichten und Gemeinschaften zeigen. Materielle Güter werden damit zum Teil unseres »erweiterten Selbst«. Wir entwickeln libidinöse Bindungen – vom Konsumforscher Russ Belk »Kathexis« genannt – zu unserem Auto oder Fahrrad, unseren Lieblingsklamotten, Büchern oder CDs. Zudem übt jede der Bezugsgruppen, zu der wir gehören (wollen), mehr oder weniger subtilen Druck auf die Mitglieder aus, sich ihren Identitäts- und Konsumstilen anzupassen. Wer sich dem verweigert, läuft Gefahr, ausgeschlossen zu werden. Die Angst vor sozialer Isolation gehört zu den größten menschlichen

Ängsten überhaupt. Angst ist wohl die am tiefsten liegende und am meisten unterschätze Ursache des Konsumwahns.

Ein zweiter Grund, warum wir weiter kaufen und kaufen, sind widersprüchliche Botschaften. Einmal »Tagesschau« reicht gewöhnlich aus, um fünfmal von Politikern und Wirtschaftsverbänden um die Ohren gehauen zu bekommen, dass wir mehr konsumieren sollen, um das Wirtschaftswachstum anzukurbeln. Einkaufen als Lösung für alles: Am Tag der Anschläge vom 11. September 2001 rief US-Präsident George W. Bush seine Landsleute gar dazu auf, sie sollten »shoppen gehen«. Umweltfreundliches Verhalten hingegen wird bestraft. Man muss nur mal versuchen, das eigene Fahrrad auf eine Reise mit der Deutschen Bahn mitnehmen zu wollen.

Ein drittes Problem sind Verhaltensweisen, die man »individuelles Greenwashing« nennen könnte. Die grün-wählende Mittelschicht in Deutschland, zum Teil identisch mit den sogenannten »Lohas«, kauft massenhaft Biolebensmittel, reibt sich mit Biosonnenmilch ein und fährt vielleicht sogar ein Biorad aus nachwachsendem Bambus. Die Leute fühlen sich so gut dabei, dass sie nicht mal auf die Idee kommen, nachzusinnen, wie konsequent sie ihre CO2-Bilanz mit ihren zahllosen berufs- oder urlaubsbedingten Fernflügen ruinieren. Sozialhilfeempfänger hingegen essen womöglich zu viel verseuchte Kartoffelchips, aber sie bleiben dabei umweltfreundlich einfach auf der Coach sitzen.

Das Umweltbundesamt hat in einer seiner jährlichen Umfragen zum ökologischen Verhalten die Gruppe der sogenannten »Umweltengagierten« mal näher unter die Lupe genommen. Also jene Menschen, die mindestens drei von neun Kriterien erfüllen, indem sie Ökostrom beziehen, auf Biosiegel achten, sich im Naturschutz engagieren und dergleichen. Bei näherem Hinsehen ergab sich jedoch, dass diese »Ökoelite« praktisch genauso viel Auto fährt wie der Rest der Bevölkerung; fünfzehn

Prozent haben in den letzten zwölf Monaten eine Billigflugreise unternommen, 29 Prozent planen es. Die Autoren der Studie kommen deshalb zu folgender Aufteilung ihrer Befragten: Es gebe »Umweltignoranten« (Anteil 38 Prozent), »einstellungsungebundene Umweltschützer« (vierzehn Prozent), »konsequente Umweltschützer« (26 Prozent) sowie die nicht gerade kleine Gruppe der »Umweltrhetoriker« (22 Prozent), die zwar Wasser predigen, aber literweise Wein und Champagner saufen.

Aber lassen wir diesen Text nicht so enden, als sei das Glas halb leer, sondern halb voll. Laut der jüngsten Umfrage des Umweltbundesamtes von 2010 mehren sich die Anzeichen eines Kulturwandels. Der Bezug von Ökostrom hat sich innerhalb von zwei Jahren auf nunmehr acht Prozent mehr als verdoppelt, ebenso der Anteil an Engagierten in Umwelt- und Naturschutz. Jeder vierte Autofahrer findet Car-Sharing inzwischen attraktiv, besonders Jüngere, Frauen und Westdeutsche. Mehr als die Hälfte der Bevölkerung begrüßt die Möglichkeit, Alltagsgegenstände auszuleihen statt zu kaufen. Und eine klare Mehrheit von 82 Prozent hat verstanden, dass umweltfreundliches Verhalten nichts mit Verzicht zu tun haben muss und viel mit einem Zugewinn an Lebensqualität.

27 *Das Saatgut für Nutzpflanzen wird heute weltweit von wenigen Konzernen monopolisiert. Warum unterstützt die Politik dennoch die Chemie- und Saatgut-Multis?*

Von Annette Jensen

Vor etwa 10 000 Jahren machten Menschen irgendwo in der Gegend zwischen dem heutigen Libanon und Iran eine Entdeckung: Sie fanden heraus, wie sie sesshaft werden konnten. Sie sammelten Samen der am wenigsten brüchigen Ähren des wilden Weizens, hoben sie bis zur nächsten Saison auf und züchteten daraus nach und nach das erste Getreide. Sie tauschten Saat und – weil es die Vorstellung von geistigem Eigentum noch nicht gab – auch Wissen, und das über viele Generationen über alle Kontinente hinweg. So entstanden bald verschiedene Dinkel- und Weizensorten. Die eine war hier, die andere anderswo ertragreicher, die Vielfalt der Nutzpflanzen nahm ständig zu. Wahrlich, ein gemeinsames Erbe der Menschheit – bis es zur kapitalistischen Arbeitsteilung kam.

Seit Ende des 19. Jahrhunderts ist Saat zur Ware geworden. Eine unselige Kooperation zwischen staatlichen Institutionen und Wirtschaft hat dazu geführt, dass innerhalb nur eines Jahrhunderts 75 Prozent der Nutzpflanzen unwiederbringlich verschwunden sind. In Deutschland sind sogar neunzig Prozent der Getreide-, Gemüse- und Obstsorten ausgestorben.

Zunächst waren es mittelständische Firmen, die gezielt Pflanzen kreuzten und daraus gewonnenes Saatgut verkauften. Weil die Kundschaft die Qualität der Ware erst im Nachhinein erkennen kann und sich häufig betrogen fühlte, schaltete sich bald der Staat ein: Nur Sorten, die dauerhaft eindeutige Eigenschaften haben, sind seitdem zugelassen und dürfen verkauft werden. Diese Verbraucherschutzmaßnahme erwies sich jedoch als schwerer Schlag gegen die Vielfalt von Nutzpflanzen. Nur homogene, offiziell zugelassene Sorten dürfen in Verkehr gebracht werden, Hof- und Regionalsorten sind dagegen mit geringen Ausnahmen nicht marktfähig.

Die Hauptzerstörungsarbeit aber erledigten in den vergangenen Jahrzehnten Konzerne, die alle kleineren Saatgutbetriebe geschluckt und zur Steigerung ihres Profits auf Einheitsprodukte für die ganze Welt gesetzt haben. Sehr wirkungsvoll haben sie moralische Argumente genutzt: Nur mit Hochertragssorten könne der Welthunger beseitigt werden, behauptete die Rockefeller-Stiftung bereits in den fünfziger Jahren und rief die »grüne Revolution« aus – und stieß auf Resonanz: Die gesamte Entwicklungshilfe wurde darauf ausgerichtet (quasi eine erneute Kolonialisierung) und die Landwirtschaftspolitik in den Industrieländern lief ebenfalls in diese Richtung. Zwar stiegen die Erträge tatsächlich – doch nur dann, wenn die Bauern zugleich große Mengen Kunstdünger und Pestizide dazukauften und moderne Maschinen einsetzten. Kein Wunder, dass traditionelle Chemiefirmen wie Monsanto, DuPont, Syngenta und Bayer heute auch die größten Saatgutfirmen sind.

Kleinbauern waren unter solchen Bedingungen nicht mehr konkurrenzfähig. Millionen Landwirte, sowohl in den Industrie- als auch den Entwicklungsländern, mussten ihre Äcker aufgeben. Davon profitierten wiederum die Saatgutkonzerne, denn sie hatten jetzt nur noch mit Großkunden zu tun. Das vereinfachte nicht nur den Vertrieb, sondern auch die Lobbyarbeit: Seit an Seit drängen Großbauern und ihre Lieferanten die Politik nun in dieselbe Richtung: Immer mehr Masse durch Monokulturen. Ein wichtiger Baustein dafür sind Hybridsorten, die extrem hohe Ernteerträge bringen – sich aber nicht mehr selbst vermehren können und deshalb Jahr für Jahr nachgekauft werden müssen. Weniger als ein Fünftel der Gemüsesorten sind heute noch samenfest und damit nachbaubar; Ende der sechziger Jahre waren es noch 99 Prozent!

Ausgerechnet von denen, die das gemeinsame Erbe der Menschheit privatisiert und systematisch zerstört haben, lässt sich die deutsche Regierung beraten, wenn es um die Zukunft der Landwirtschaft, die Welternährung und den Schutz der biologischen Vielfalt geht. So saßen im nationalen Bioökonomierat, den Bundesforschungsministerin Annette Schavan 2009 eingerichtet hat, Vertreter von Dow Chemical, BASF, KWS-Saat und vom Deutschen Bauernverband. Dagegen blieben Biolandwirte, entwicklungspolitische Gruppen, Umwelt- und Verbraucherschützer außen vor. Die Auswahl der Experten macht einmal mehr klar, dass Forschungsministerin Annette Schavan die Weltprobleme auf die gleiche Weise lösen will, durch die sie entstanden sind: Die Ingenieursabteilungen von Konzernen sollen neue Großtechniken entwickeln und für weiteres Wirtschaftswachstum sorgen. Weil sich das Weltbild der Bundesregierung mit dem der Chemie- und Saatgutmultis deckt, müssen die Lobbyisten nicht einmal mehr an die Tür klopfen, sondern werden als Experten höflich zur Mitarbeit eingeladen. »Mit der Unterstützung des Bioökonomierats werden wir eine international wettbewerbsfähige Strategie … erarbeiten und umsetzen … Wissenschaft, Wirtschaft und Landwirtschaft brauchen klare Signale für die Forschung an gentechnisch veränderten Pflanzen …«, heißt es im schwarz-gelben Koalitionsvertrag. Diese Position steht im krassen Gegensatz zum Weltagrarbericht, der 2008 veröffentlicht wurde und an dem hunderte internationaler Wissenschaftler mitgearbeitet haben. Sie halten genmanipulierte Pflanzen zur Bekämpfung des Hungers für irrelevant und zeigen auf, dass eine kleinteilige Landwirtschaft wesentlich produktiver ist als Monokulturen. Doch davon unbeeindruckt schreibt die Bundesregierung: »Die grüne Gentechnik kann einen Beitrag zur Bekämpfung des Welthungers leisten.«

Auf vier Fünfteln der europäischen Äcker sprießen heute gerade einmal vier Kulturpflanzen. Die genetische Verarmung ist jedoch brandgefährlich: Mitte des 19. Jahrhunderts starben eine Million Iren, nachdem sämtliche Kartoffeln auf der grünen Insel verfault waren. Sie alle stammten von wenigen Ursprungspflanzen ab, die keine Abwehrkräfte gegen die Kartoffelfäule hatten. Gegenwärtig vernichtet ein Pilz ganze Weizenfelder in Ostafrika und könnte theoretisch neunzig Prozent der weltweiten Weizenernten zerstören. Gegen solche Bedrohungen hilft nur noch ein

Rückgriff auf die über Jahrtausende geschaffene genetische Vielfalt: Die eine oder andere Sorte ist mit Sicherheit gegenüber dem Krankheitserreger resistent und könnte eingekreuzt werden. Was noch nicht komplett ausgestorben ist, haben Forscher in den vergangenen Jahren gesammelt und in sogenannten Genbanken eingelagert. Der größte Tresor, in dem das gemeinsame Erbe der Menschheit heute verwahrt wird, befindet sich im ewigen Eis von Spitzbergen. Und wer hat sich hier eingekauft und bestimmt deshalb erneut mit? Die Rockefeller-Stiftung, Syngenta und DuPont. Politisch dringend nötig wäre es stattdessen, Saatgutzüchter zu unterstützen, die alte, selbstreproduzierende Sorten anbauen wie zum Beispiel die Idealisten, die sich zum »Dreschflegel«-Versand zusammengeschlossen haben. Dafür müssten in Deutschland sowohl das Sortenschutzgesetz als auch das Saatgutverkehrsgesetz völlig neu ausgerichtet werden. Ebenfalls umzupflügen ist die EU-Agrarpolitik. Bis eine neu ausgerichtete Politik Früchte trägt, würde es nach den angerichteten Verwüstungen zwar dauern. Doch der Weltagrarbericht macht unzweideutig klar: Eine kleinteilige und vielfältige Landwirtschaft ist auf die Fläche bezogen wesentlich produktiver – und nur so ist die wachsende Weltbevölkerung zu ernähren.

28 *Das Europaparlament hat eine effektive Lebensmittelkennzeichnung gestoppt. Warum konnten sich Verbraucherschützer nicht durchsetzen?*

Von Eric Bonse

Für die europäischen Verbraucher wird der 6. Juli 2011 als schwarzer Tag in die Annalen eingehen. An diesem Tag lehnte das Europaparlament in Straßburg endgültig die Einführung der populären Lebensmittelampel ab. Mit dem umstrittenen Votum ist eines der wichtigsten Projekte der Verbraucherschützer der letzten Jahre gescheitert.

Für die Ampel hatten sich Kinder- und Jugendärzte, der Kassenverband AOK und die Verbraucherschutzorganisation Foodwatch eingesetzt. Nach Auffassung der Ärzte und Verbraucher wäre die dreifarbige Kennzeichnung von Fett, Zucker und Salz in Lebensmitteln eine große Hilfe im Kampf gegen die neue Volkskrankheit Fettleibigkeit. »Aus unserer Sicht ist die Ampel eine Warnung und kein Verbot bestimmter Lebensmittel. Sie hilft Eltern, die richtigen Nahrungsmittel für ihre Kinder auszuwählen«, sagte Wolfram Hartmann, der Präsident des Berufsverbands der Kinder- und Jugendärzte damals der *Süddeutschen Zeitung*. Viele Eltern wüssten nicht, was in dem Essen steckt.

Das bestreiten auch die Abgeordneten im Europaparlament nicht. Dennoch entschieden sie sich gegen die Ampel – und für ein neues, kompliziertes Kennzeichnungssystem, das die Industrie vorgeschlagen hatte. Ab 2014 müssen die Hersteller auf der Rückseite der Verpackung angeben, wie viel Fette, gesättigte Fette, Zucker und Salz sie je hundert Gramm beziehungsweise hundert Milliliter enthalten. Statt in leicht verständlichen Signalfarben werden die Informationen in Form einer schwer lesbaren Tabelle präsentiert – und das auch nur auf der Rückseite. Pflichtangaben zum Nährwert auf der Vorderseite der Verpackung sind nicht vorgesehen. Der Verbraucher muss die wichtigen Informationen also mühsam suchen – nachdem ihm die oft irreführenden Werbeversprechen auf der Vorderseite ins Auge gesprungen sind.

Wie konnte es dazu kommen? Folgt man der CDU-Europaabgeordneten Renate Sommer, die die Federführung hatte, so haben sich schlicht die besseren Argumente durchgesetzt. Die Ampel sei »nicht wissenschaftlich begründet« und könne zu

»Fehl- oder Mangelernährung« führen, sagt die Agrarwissenschaftlerin aus Herne. So bekomme die Cola mit Süßstoff das grüne Etikett, weil sie keinen Zucker enthält, der naturtrübe Apfelsaft aber werde wegen Fruchtzuckers mit der roten Karte gebrandmarkt.

Gute Argumente haben aber auch die Verbraucherschützer. In Wahrheit ist das Aus für die Ampel nicht die logische Folge einer rationalen Abwägung, sondern das Ergebnis der wohl größten Lobbyschlacht der EU-Geschichte. Bis zu einer Milliarde Euro hat die Lebensmittelindustrie nach Schätzungen in die Lobbyarbeit gesteckt, um die Farbkennzeichnung zu verhindern. Drei Jahre tobte die Auseinandersetzung zwischen Verbraucherschützern und Industrievertretern.

Wie immer in Brüssel beginnt der Kampf lange, bevor die Volksvertreter das Wort haben. Hinter den Kulissen versuchen Regierungs- und Industrievertreter schon im Vorfeld, die EU-Kommission auf ihre Seite zu ziehen. Als Gesundheitskommissar Márkos Kyprianóu dann im Januar 2008 seinen Regulierungsentwurf vorlegt, können die Lobbyisten einen ersten Sieg verbuchen: Die Lebensmittelampel kommt darin gar nicht vor.

Dies ruft die Verbraucherschützer auf den Plan. Sie machen für die Ampel mobil – und haben Erfolg: Bei einer im April 2008 veröffentlichten Umfrage des Bundesverbraucherministeriums spricht sich eine klare Mehrheit für die Ampel aus. Die Deutschen wollen eine klare, leicht verständliche Kennzeichnung, so die unmissverständliche Botschaft. Kurz danach, im September 2008, schwenkt auch der damalige Minister Horst Seehofer (CSU) auf Ampelkurs ein, und zwar »ohne Wenn und Aber«. Doch seine Nachfolgerin Ilse Aigner (ebenfalls CSU) wird später wieder einen Rückzieher machen; sie befürwortet das Industriemodell.

Im Herbst 2009 kommt endlich das Europaparlament ins Spiel. Die Abgeordneten sind aufgebracht, denn die EU-Kommission versucht, noch vor Beginn der parlamentarischen Beratungen vollendete Tatsachen zu schaffen. Deutschland soll verboten werden, im Alleingang die Ampel zu testen, heißt es in Brüssel. Die sozialdemokratischen Abgeordneten wollen sich das jedoch nicht bieten lassen; sie bringen eine Öffnungsklausel ins Gespräch. So möchten sie wenigstens die Option auf eine dreifarbige Kennzeichnung sichern. Bei einer Abstimmung im Umweltausschuss verfehlen die Befürworter der Ampel im März 2010 nur knapp die Mehrheit; es kommt zu einem Patt.

Damit schlägt erneut die Stunde der Lobbyisten: Wenn es ihnen gelingt, nur einige wenige Abgeordnete auf ihre Seite zu ziehen, können sie das Blatt doch noch wenden. Und so kommt es denn auch. Bei einer ersten Abstimmung im Plenum des EU-Parlaments im Juni 2010 setzen sich bereits die Gegner der Ampel durch. Im Juli 2011 wird die Ablehnung in zweiter und letzter Lesung noch einmal bestätigt. Vor allem Konservative und Liberale hat die Industrie auf ihre Seite gezogen.

Dabei sind die Interessenvertreter nicht zimperlich vorgegangen: Vor den entscheidenden Abstimmungen wurden die Abgeordneten mit E-Mails und Bergen von Infomaterial bombardiert; auch Anrufe, Einladungen zu PR-Veranstaltungen und Gefälligkeitsstudien gehörten zum Repertoire der Ampelgegner. »Die Parlamentarier haben sich von der massiven Industrielobby vom eigentlichen Ziel der Kennzeichnung ablenken lassen«, kritisiert die Fraktionsvorsitzende der Grünen, Rebecca Harms. Statt um den Kampf gegen Fehlernährung ging es am Ende nur noch um drei Farben.

Überraschend war der Sieg der Industrie allerdings nicht. Denn die Lebensmittelbranche verfügt über eine mächtige Lobby in Brüssel. An ihrem wichtigsten Verband FoodDrinkEuropa (FDE) kommt kaum jemand vorbei, der mit Ernährungsfragen zu tun hat. Vor allem die EU-Kommission greift gern auf die Expertise der FDE-Vertreter zurück. Das Europaparlament konsultiert zwar auch Verbraucherschützer und unabhängige Experten. Doch spätestens, wenn es um Arbeitsplätze in ihrem Wahlkreis geht, vertrauen viele Abgeordnete lieber den »schlagenden« Argumenten der Industrie.

Allerdings sind die FDE-Lobbyisten auch nicht allmächtig. Im Frühjahr 2012 versuchten sie, eine der ihren in den Vorstand der europäischen Lebensmittelbehörde EFSA zu hieven. Doch das Manöver scheiterte – das Europaparlament stellte sich quer. Die Kandidatin, die früher beim US-Konzern Monsanto gearbeitet hatte, war dann doch zu industrienah.

29 *Die Mehrheit der Bürger lehnt gentechnisch veränderte Lebensmittel ab. Warum werden auf den Äckern dennoch weiterhin gentechnisch veränderte Pflanzen gezüchtet?*

Von Svenja Bergt

Eigentlich ist das Votum eindeutig: Die Mehrheit der Bundesbürger – je nach Umfrage zwischen siebzig und achtzig Prozent – lehnt gentechnisch veränderte Lebensmittel ab. Auch auf EU-Ebene stimmt nur jeder sechste Befragte der Aussage »Gentechnisch veränderte Lebensmittel sind für künftige Generationen unbedenklich« zu. Die meisten wollen keinen Müsliriegel mit gentechnisch verändertem Mais, kein Öl aus gentechnisch verändertem Soja und kein Brot aus gentechnisch verändertem Weizen.

Doch die Meinung der Bevölkerung deckt sich nicht mit dem, was auf den Ackerflächen passiert. Zwar ist die Zahl der Anbauversuche und auch die für den kommerziellen Anbau verwendeten Flächen in Deutschland 2012 im Vergleich zu den Vorjahren deutlich gesunken. Doch immer noch wachsen gentechnisch veränderte Pflanzen auf den Äckern, immer noch stellen Unternehmen und Forschungseinrichtungen Anträge, um neue Pflanzen versuchsweise anbauen zu dürfen.

Dazu kommt eine schlichte Verlagerung der Anbauflächen: Auch wenn die Gentechnik in Deutschland derzeit rückläufig erscheint – in anderen EU-Staaten sieht das anders aus. So stammen zwei Drittel der 2012 in der EU gestellten Zulassungsanträge auf Freisetzung einer gentechnisch veränderten Pflanze aus Spanien. Große Unternehmen wie Bayer oder BASF suchen sich solche Länder, in denen sie möglichst wenig Gegenwind aus Politik und Bevölkerung befürchten müssen. In Deutschland hingegen hat nicht zuletzt die wiederholte Zerstörung von Versuchsfeldern die Freisetzung gentechnisch veränderter Pflanzen unattraktiv gemacht. Doch auch hierzulande werden bald wieder neue Gentechnikpflanzen auf den Äckern stehen: Auf EU-Ebene laufen derzeit Zulassungsverfahren für mehrere Pflanzen, die endgültige Entscheidung dürfte erwartungsgemäß noch 2012 fallen.

Es gibt drei zentrale Aspekte, die der Gentechindustrie die Durchsetzung ihrer Interessen erleichtern: Sie ist sehr gut vernetzt, sie bietet eine vermeintlich einfache Lösung für ein drängendes Problem und die Art des Zulassungsverfahrens ist für sie vorteilhaft.

Eine Schlüsselrolle bei der Genehmigung spielt die EFSA, die Europäische Behörde für Lebensmittelsicherheit. Ihre Stellungnahme gibt die Richtung vor für die Entscheidung der EU-Kommission. Die Kommission hat das letzte Wort, wenn sich die Mitgliedstaaten nicht einigen können, was meistens der Fall ist. Doch die Kritik an der EFSA vor allem von Umwelt- und Verbraucherverbänden und auch gentechnikkritischen Wissenschaftlern ist groß – denn immer wieder fällt ihre personelle Nähe zu Einrichtungen aus dem Umfeld der Gentechnikindustrie auf. So wechselte beispielsweise eine ehemalige Mitarbeiterin der Aufsichtsbehörde – bis 2008 Leiterin des Bereichs Gentechnik – direkt nach ihrem Ausscheiden zum Gentechnikkonzern Syngenta. Im Mai 2012 wurde bekannt, dass die Vorsitzende des EFSA-Verwaltungsrates zum International Life Sciences Institute (ILSI) geht, das von Konzernen aus der Lebensmittelindustrie getragen wird.

Wer direkt von der Aufsichtsbehörde in ein zu beaufsichtigendes Unternehmen oder einen industrienahen Verband wechselt, hat unschlagbare Vorteile, vor allem informeller Art. Er kennt die Strukturen der Behörde, die Kontaktadressen und Telefondurchwahlen, und er weiß, worauf bei Entscheidungsprozessen Wert gelegt wird. Die Nutzung dieses informellen Wissens zu verhindern ist fast unmöglich – schließlich kann der die Seiten wechselnde Mitarbeiter sein Wissen auch weitergeben.

Mächtige Verbündete gibt es auch auf einer ganz anderen Seite: So investiert beispielsweise die Bill-und-Melinda-Gates-Stiftung des Microsoftgründers Bill Gates in die African Agricultural Technology Foundation. Im Jahresbericht für 2010 sind darin 39,1 Millionen US-Dollar ausgewiesen, die in ein Forschungsprogramm fließen, um einen mit wenig Wasser auskommenden Mais zu entwickeln. Subunternehmen bei der Förderung: der Gentechnik-Riese Monsanto.

Das Argument »Wir sind die Guten«, auf das beispielsweise konservative Politiker gerne einsteigen, ist eines der beliebtesten der Gentechindustrie: Steigender Lebensmittelbedarf durch steigende Anzahl an Menschen und zunehmenden Fleischkonsum brauche eben eine verlässliche und ertragreiche Landwirtschaft, so die Argumentation. Und die biete die Gentechnik. Dabei verschweigt die Industrie, dass Hunger kein Produktions-, sondern in erster Linie ein Verteilungsproblem ist. Auch die Abhängigkeit der Bauern von der Industrie wird in diesem Kontext nicht erwähnt.

Darüber hinaus kommt das Zulassungsverfahren der Gentechnikindustrie zugute: Mit ihren Zulassungsanträgen reicht die Industrie auch Studien ein, die die Unbedenklichkeit des gentechnisch veränderten Saatguts belegen sollen. Praktisch ist das für alle Seiten: Die Aufsichtsbehörde muss nicht selbst forschen, was Geld, Zeit und Personal kostet, und die Hersteller sind sicher, dass mit Daten gearbeitet wird, die ihnen genehm sind. Dann ist auch das Votum, das die Zulassung befürwortet, nicht mehr weit entfernt

Was kann man tun? Lösungsansätze gibt es vor allem auf der Ebene des Zulassungsverfahrens, das mit entsprechenden politischen Mehrheiten durchaus verändert werden kann. So müssen bisher keine Langzeitfolgen des Anbaus gentechnisch veränderter Pflanzen erfasst werden. Ebenfalls außen vor bleiben die Folgen des mit dem Anbau von herbizidresistenten Pflanzen verbundenen Pestizideinsatzes für die Umwelt. Und auch die Wirkung auf sogenannte Nicht-Ziel-Organismen müsste miteinbezogen werden. Im Fall des gentechnisch veränderten Maises MON 810 sind das beispielsweise Schmetterlinge. Der Mais produziert nach seiner gentechnischen Veränderung einen Wirkstoff gegen den Schädling Maiszünsler, eine Schmetterlingsart. Hier müsste näher untersucht und bei der Zulassung mit berücksichtigt werden, wie sich der Wirkstoff auf Schmetterlinge und auf Insekten allgemein auswirkt. Für eine fundierte Entscheidung schließlich unabdingbar: Die Studien müssen von unabhängigen Institutionen durchgeführt und ausgewertet werden. Und so banal es klingt: Alle Studien müssen veröffentlicht werden – egal, wie sie ausgehen. Denn noch haben die Unternehmen die Möglichkeit, Öffentlichkeit und Zulassungsbehörden nur die für sie positiven Ergebnisse zu präsentieren.

Ökologie und Energie

30 *Rohstoffe sind kostbar. Warum haben wir trotzdem kein funktionierendes Kreislaufwirtschaftsgesetz?*

Von Heike Holdinghausen

Seit Juni 2012 gilt das neue deutsche Abfallgesetz. Damit sind die jahrelangen Verhandlungen über das »Kreislaufwirtschaftsgesetz« beendet. Schade. Wer zahlt mir jetzt mein Frühstück? Jahrelang nämlich haben die Beteiligten unerbittlich um dieses Gesetz gerungen, haben versucht, Parlamentarier, Ministerialbeamte und die Öffentlichkeit für ihre Position zu gewinnen. Mit Argumenten, mit Werbegeschenken und mit leckerem Essen. Doch langsam, worum ging's?

Das Kreislaufwirtschaftsgesetz regelt, was Abfall ist, wie Abfall zu sammeln ist und wie er weiterverarbeitet werden muss. Für eine Wirtschaft, die nachhaltig mit Ressourcen umgehen soll, ein ganz entscheidendes Gesetz: Zweck ist es, »die Kreislaufwirtschaft zur Schonung der natürlichen Ressourcen zu fördern und den Schutz von Mensch und Umwelt bei der Erzeugung und Bewirtschaftung von Abfällen sicherzustellen«, heißt es in § 1. Dazu legt es fest, dass verschiedene Stoffe wie Glas, Papier, Kunststoffe oder Metall gesammelt werden müssen. Es schreibt Recyclingquoten vor, sagt, was überhaupt Recycling ist, und es bestimmt, wer den Müll einsammeln und daran verdienen darf. Das sind, laut neuem Gesetz, zuerst einmal die Kommunen. Nur wenn private Abfallentsorger ein besseres Angebot machen als die öffentlichen, dürfen sie aktiv werden.

In der deutschen Abfallwirtschaft geht es bislang kunterbunt zu: Kommunale Unternehmen können den Müll einsammeln und ihn an Müllverbrennungsanlagen privater Betreiber liefern. Oder umgekehrt. International aufgestellte Konzerne arbeiten neben Schrott- und Lumpensammlern. Dabei geht es um viel Geld: Die Entsorgungsbranche in Deutschland setzt jährlich etwa dreißig Milliarden Euro um. Die Aussichten der Branche sind – in einer Welt endlicher Ressourcen und rohstoffhungriger Schwellenländer – rosig. Mit ihrer Abfallrahmenrichtlinie modernisierte die Kommission die EU-weite Abfallgesetzgebung 2008 und gab den Mitgliedstaaten zwei Jahre Zeit, sie umzusetzen. Dem in Deutschland federführenden Umweltministerium schwante gleich nichts Gutes, darum gestaltete es den Gesetzgebungsprozess ungewöhnlich transparent, diskutierte seinen Gesetzentwurf stetig mit allen Beteiligten und änderte ihn fortlaufend. Darum dauerte es auch vier Jahre, bis sich die inzwischen schwarz-gelbe Regierung mit den Bundesländern endlich auf einen Gesetzestext einigen konnte. In dem zähen Streit ging es im Grunde immer um eine Frage: Wer darf künftig am Müll verdienen?

Zwei große Blöcke standen sich gegenüber: Die private Entsorgungswirtschaft, vertreten zum Beispiel durch den Bundesverband der Deutschen Entsorgungs-, Wasser- und Rohstoffwirtschaft (BDE), der große und finanzstarke Unternehmen wie Alba in Berlin oder Remondis in Lünen vertritt. Ihnen ging es darum, in dem neuen Gesetz möglichst weitreichende Befugnisse zu erhalten, etwa die Möglichkeit, Sammelbehälter für Papier aufzustellen, um den Inhalt zu vermarkten. Auch Kunststoffe und Metalle sollten »in den Wettbewerb«. Die Argumentation: Die Privatwirtschaft garantiert technische Innovationen sowie effiziente Strukturen und sorgt dafür, dass Abfälle hochwertig recycelt werden. Die Umwelt profitiert, weil weniger primäre Rohstoffe gebraucht werden; der Bürger, weil er weniger Abfallgebühren zahlen muss. Schließlich wird aus dem Entsorgungsfall Abfall ein wertvoller Rohstoff. Politischen Rückhalt fand die Position der Unternehmen vor allem in der FDP, in Teilen der Union und im Bundeswirtschaftsministerium.

Die Kommunen hingegen wollten den Zugriff auf den Abfall behalten. Schließlich seien sie verpflichtet, den Müll zu übernehmen, der sich nicht wiederverwerten ließe, sondern teuer entsorgt werden müsse. Darum stünden ihnen auch die wertvollen Sekundärrohstoffe zu, alles andere sei »Rosinenpickerei« der Privatwirtschaft. Und überhaupt: Der Bürger produziere den Abfall und finanziere seine Entsorgung mit Gebühren, darum müsse er auch an der Verwertung beteiligt werden – indem die Gemeinden durch den Verkauf etwa von Altpapier verdienten und den Gewinn über niedrige Gebührensätze an ihre Einwohner weitergeben könnten. Gehör fanden die kommunalen Lobbyorganisationen wie der Deutsche Städte- und Gemeindebund (DSTGB) oder der Verband kommunaler Unternehmen (VKU) mit ihrer Argumentation in der SPD, in Teilen der CDU, in der Linken und letztlich auch im hauptsächlich verantwortlichen Umweltministerium. Durchgesetzt haben sich schließlich die Kommunen, der Müll bleibt ihrer Hoheit überlassen.

Das muss nicht schlecht sein, schließlich bieten kommunale Unternehmen ihren Mitarbeitern meist bessere Arbeitsbedingungen als private. Aber während des verbissenen Lobbyistenringens um die Frage »Wem gehört's?« wurden wichtigere Fragen aus der öffentlichen Debatte verdrängt oder nur am Rande behandelt. Nämlich: Wie sorgen wir künftig dafür, dass etwa Kunststoffe tatsächlich in Kreisläufen landen – und daraus nicht nur minderwertige Dinge hergestellt werden? Lassen sich die Unternehmen dazu bewegen, reparaturfähige und leicht zu recycelnde Produkte herzustellen? Wieviel Energie wollen wir einsetzen, um Stoffe zu recyceln? Weil diese Fragen aus dem Blickfeld gerieten, bleibt das neue Gesetz weit hinter seinen Möglichkeiten.

Weitere Mankos: Die vorgegebenen Recyclingquoten werden schon jetzt erreicht und sind somit zu niedrig. Das Gesetz lässt zu, dass wertvolle Rohstoffe wie knappe und zunehmend teurere Metalle verbrannt und dann mit der Schlacke verscharrt werden. Anreize für eine ressourcenschonende Produktion, in der die Hersteller Verantwortung für den ganzen Lebenslauf ihrer Waren übernehmen, finden sich schon gar nicht. Das wäre aber nötig, damit sich das deutsche Abfallgesetz wirklich zu einem Kreislaufwirtschaftsgesetz entwickelt.

Allerdings: Die interessierte Öffentlichkeit darf erst mal weiter den Streit zwischen Kommunen und Privatwirtschaft verfolgen. Die Branche hat bei der EU eine Beschwerde gegen das neue Gesetz eingelegt und hofft auf ein Vertragsverletzungsverfahren, weil sie es für nicht konform mit den europäischen Wettbewerbsregeln hält. Das kann dauern. Mein Frühstück jedenfalls scheint vorerst gesichert …

31 *Die Atomlobbyisten der IAEA tarnen sich unterm UN-Schirm. Wer kontrolliert die Atomkontrolleure?*

Von Manfred Kriener

Ihr großer Tag war der 10. Dezember 2005: In Oslo erhielt der damalige Chef der Internationalen Atomenergie-Agentur (IAEA), Mohammed el Baradei, den Friedensnobelpreis. Damit wurde eine Organisation geehrt, die mit ihren Inspektionen den militärischen Missbrauch der Atomenergie verhindern soll. 1957 war die IAEA eigens dafür gegründet worden. Seit 1970 ist sie auch offiziell für die Einhaltung des Atomwaffensperrvertrags zuständig. In einer Zeit zunehmender atomarer Bedrohung sei die IAEA »von unschätzbarer Bedeutung«, so die Begründung für die Verleihung des Preises an die Wiener Agentur.

Die Auszeichnung in Oslo war allerdings von heftigen Protesten begleitet. Die Trägerin des Friedensnobelpreises hat sich nämlich seit ihrer Gründung ausdrücklich zum Ziel gesetzt, den Ausbau der Atomkraft voranzutreiben. So steht es an erster Stelle in der Satzung der IAEA. Sie ist also Propagandist und zugleich Kontrolleur der Kernenergie: Bock und Gärtner in Personalunion. Sie versucht alles, um eine weltweit umstrittene Technologie anzuschieben, deren zivile und militärische Nutzung wie siamesische Zwillinge verbunden sind und die im Katastrophenfall, wie zuletzt in Fukushima, ganze Landstriche unbewohnbar macht.

Tritt die Katastrophe dann ein oder wird ein ziviles Atomprogramm zum Bau der Atombombe missbraucht, sind die Mitarbeiter der IAEA in »tiefer«, »ernsthafter« oder »großer Besorgnis«, so die Pressemitteilungen der Organisation. Zuletzt waren die Atomwächter vor allem über das iranische Atomprogramm besorgt, zuvor über das nordkoreanische und natürlich über die Atomkatastrophe in Fukushima, die sie zuvor systematisch kleingeredet hatten.

Inzwischen kann IAEA-Direktor Yukiya Amano mit Befriedigung feststellen, dass Fukushima eigentlich ein Segen für die Welt war: »Die nukleare Sicherheit ist heute stärker als jemals vor dem Unfall«, sagt er. »Wir wissen, was in Fukushima schiefgelaufen ist, und wir haben einen klaren Kurs, um gegen die Ursachen weltweit vorzugehen.« Schon Hans Blix, IAEA-Direktor von 1982 bis 1997, hatte einst festgestellt, dass Atomkatastrophen halb so schlimm sind. Nach Tschernobyl gab der schwedische Atommann zu Protokoll: »Angesichts der Wichtigkeit der Kernenergie könnte die Welt einen Unfall vom Ausmaß Tschernobyl pro Jahr ertragen.«

Trotz der unverhüllten Propaganda wird die IAEA in der Öffentlichkeit häufig mit einer internationalen Behörde gleichgesetzt, die im Auftrag der Weltgemeinschaft mit größter Objektivität den globalen Atompark überwacht. Das Missverständnis beruht auf dem Status der IAEA, die über ein Sonderabkommen als Beratungsorgan an die Vereinten Nationen gekoppelt ist. Ausgestattet mit UN-Weihen, einem Etat von rund 400 Millionen Dollar von 154 Mitgliedsländern sowie dem Kontrollauftrag gegen militärischen Missbrauch, wirkt die Organisation auf viele Beobachter hochseriös – wie ein ranghoher nuklearer Schiedsrichter.

Die Agentur sitzt in Wien und beschäftigt 2300 Mitarbeiter. Neben Generaldirektor Yukiya Amano gehören sechs weitere Direktoren zum engeren Führungsstab. Die IAEA gibt in ihrem Jahresbericht einen regelmäßigen Überblick über den Stand der Atomenergie und veröffentlicht den berüchtigten »Ausblick«. Daneben werden ständig Bücher und wissenschaftliche Reports vorgelegt sowie Kongresse organisiert. Zu allen Ländern, die Atomkraftwerke betreiben, werden umfangreiche Statistiken geführt. Einmal im Jahr treffen sich die 154 Mitgliedstaaten zur Generalversammlung und verabschieden Programm und Etat der Organisation.

Doch die Atommissionare aus Wien sind alles andere als objektiv. In einem denkwürdigen Risikovergleich der Energiesysteme im hauseigenen IAEA-Bulletin landete die Atomkraft 1979 auf Rang zwei, gleich hinter den siegreichen Gaskraftwerken. Abgeschlagen, weil angeblich hochgefährlich, waren Kohle und Öl, aber auch die Solar- und Windenergie sowie Wasserkraftwerke wurden in dem Risikovergleich als sehr viel riskanter eingestuft. Unvergessen ist der von der IAEA organisierte erste Kongress zur Atommüllproblematik im Jahre 1959 in Monaco. IAEA-Chef Sterling Cole wehrte sich in seiner Rede gegen die »irreführende« Bezeichnung Atommüll. Die strahlenden Abfälle (die für Jahrtausende von der Biosphäre isoliert werden müssen) seien ein wertvoller Rohstoff, für den man nur noch keine Verwendung gefunden habe.

Interessant sind die Prognosen des Hauses zum Ausbau der Atomkraft. Seit ihren Gründungsjahren wittert die IAEA regelmäßig eine »Renaissance der Kernenergie«, die sie dann mit entsprechenden Hochrechnungen unterfüttert. Immer wieder wird ein goldenes Atomzeitalter beschworen, und wehe den Nationen, die aus kleinkariertem Sicherheitsdenken heraus nicht vorneweg marschieren oder sogar aussteigen wollen. In ihrer Jahrtausendprognose von 1974 sagte die IAEA für das magische Jahr 2000 einen nuklearen Superboom voraus mit einer installierten Leistung von 4500 Gigawatt – das entspricht 4500 großen Atommeilern von je 1000 Megawatt. Die Prognose erwies sich als zwölfmal so hoch wie die tatsächliche Leistung im Jahr 2000. Voll daneben ist auch vorbei.

Auch nach Fukushima bleibt der Ausblick vollmundig. Während unabhängige Energiewissenschaftler für die nächsten Jahre einen deutlichen Rückgang des überalterten globalen Atomparks prophezeien, sieht die IAEA erneut eine »nukleare Expansion«. In der optimistischen Version ihrer in zwei Pfade gehaltenen aktuellen Prognose erwartet sie bis 2050 eine Vervierfachung der weltweiten Atomkapazität. In Wahrheit stagniert die Atomenergie schon seit 1989; die Zahl der Meiler pendelt seitdem zwischen 420 und 440. Der Anteil der Atomkraft an der weltweiten Energieversorgung ist inzwischen auf unter zwei Prozent (!) gefallen. Viel Lärm um fast nichts. Zur Jahresmitte 2012 laufen weltweit 436 Atomkraftwerke. In dieser Statistik sind die Reaktorruinen von Fukushima endlich ausgelistet. Laut IAEA befinden sich die Trümmerhaufen im »permanent shutdown«.

Und die Irankrise? Auch hier hat sich die IAEA nicht mit Ruhm bekleckert. Als Siemens 1975 in der Schah-Diktatur mit dem Bau eines Reaktors begann und der Iran damit Zugang zu einer militärisch brisanten Technologie erhielt, geschah dies unter den Augen der IAEA. Doch die demokratische Kultur und politische Stabilität eines Landes haben die Wiener Atomwächter nie zur Voraussetzung für ihre Atommeiler gemacht. Hauptsache, die Neutronen flitzen.

32 *Neue Seilschaften im Ökobusiness. Weshalb deckt sich die Förderung der Solarindustrie zufällig mit den Interessen der größten deutschen Solarfirma?*

Von Hannes Koch

Solarunternehmer Frank Asbeck ist ein barocker Typ, der Leibesfülle und Freude am Luxus gerne zur Schau stellt. Mit einem Umsatz von rund einer Milliarde Euro (2011) im Rücken ist der Chef des Bonner Konzerns Solarworld nicht nur ökonomisch, sondern auch politisch ein mächtiger Akteur der Ökoenergiebranche. Am Beispiel seiner Person kann man nachvollziehen, dass es auch Einflussnahme auf die Politik durch Leute gibt, mit denen man das schlimme Wort »Lobbyismus« eher selten in Verbindung bringt.

Eigentlich, so denken viele Bürger, arbeiten in der Umweltindustrie vor allem Menschen mit Idealen und staatsbürgerlichem Gerechtigkeitsempfinden, das sie selbst vor dem Missbrauch ihrer Macht schützt. Beim genaueren Hinsehen allerdings stellt sich heraus, dass auch Ökoproduzenten Eigeninteressen verfolgen und durchsetzen, die im Widerspruch zu Anliegen der Allgemeinheit stehen können.

Ein politischer Entscheidungsprozess, der vor allem 2012 ablief, mag in diese Richtung deuten. Die Bundesregierung aus CDU, CSU und FDP beriet, wie sie die Einspeisevergütung für Ökostrom senken könne, mit der die Produktion unter anderem von Wind- und Solarkraftwerken gefördert wird. Regierung und Bundestagsmehrheit entschieden sich schließlich dafür, die finanzielle Unterstützung für kleine Anlagen beispielsweise auf Hausdächern um rund dreißig Prozent zu kürzen und diejenige für neue große Solarkraftwerke über zehn Megawatt Leistung komplett zu streichen. Seltsamerweise kappten Union und FDP mit Letzterem gerade die Förderung für die kostengünstigste und effektivste Variante der Solarstromproduktion. Große Sonnenkraftwerke beispielsweise auf alten Militärflächen lassen sich mit geringeren Investitionen pro erzeugter Kilowattstunde errichten als kleine Anlagen, die Handwerker mühsam auf spitze Scheunendächer montieren müssen.

Interessant ist dabei auch der Umstand, dass Asbecks Konzern Solarworld im Geschäft mit großen Freiflächenkraftwerken eher wenig engagiert ist und seine Produktions- und Marketinganstrengungen vor allem auf den »Eigenstrom« ausrichtet. Soll heißen: Asbeck sieht im kleinen, dezentralen Kraftwerk des typischen Eigenheimbesitzers eher die Zukunft als im großen Solarpark eines Finanzinvestors. Aus dieser Strategie ergibt sich das ökonomisch-politische Interesse von Solarworld: Man wollte die Koalition daran hindern, einen Kahlschlag bei den kleinen Solarkraftwerken vorzunehmen – dann schon lieber bei den großen Anlagen.

Offenbar konnte Asbeck seinen Einfluss in dieser Richtung geltend machen. Seine Ausgangsposition dafür war günstig. Der Solarunternehmer lebt und arbeitet in Bonn, wo er sich bei den Grünen engagierte. Aufgrund seiner politischen und wirtschaftlichen Tätigkeit hat er sehr gute Kontakte zu zwei Spitzenpolitikern der Regierungskoalition, die ebenfalls aus Bonn beziehungsweise der unmittelbaren Umgebung stammen: Außenminister Guido Westerwelle (FDP) und Ex-Bundesumweltminister Norbert Röttgen (CDU). Die neuen Förderrichtlinien für die Solarindustrie seien deshalb nicht zuletzt im direkten Austausch zwischen Asbeck und Röttgen entstanden, sagen Kenner der Ökoenergieszene. Diese Interpretation ist in der Branche weit verbreitet, wenngleich harte Belege fehlen.

Solarworld selbst weist diese Darstellung zurück. Andererseits bestätigt das Unternehmen jedoch, dass man 2011 den schnellen Zubau großer Solarparks für problematisch hielt, weil dort in großer Zahl Billigmodule aus China installiert wurden.

Anzeichen für Interessenpolitik lassen sich auch in der Rückschau finden. Eigentlich sollten die Fördersätze für regenerativen Strom so bemessen sein, dass die Produzenten einen Ausgleich für die höheren Herstellungskosten und eine angemessene Rendite im einstelligen Bereich erhielten. Jahrelang funktionierte dieses Modell leidlich, doch spätestens ab 2010 sanken die Preise für Photovoltaikmodule so stark, dass Eigenheimbesitzer, Bauern und Solarparkbetreiber nicht selten zweistellige Profite erwirtschafteten – garantiert für zwanzig Jahre, finanziert aus der Umlage zulasten vor allem der Privathaushalte. Trotzdem verteidigen Organisationen wie der Bundesverband Solarwirtschaft (BSW) das Umverteilungssystem zugunsten ihrer Klientel mit Zähnen und Klauen und bekämpfen jede Senkung der Fördersätze.

Dies ist klassischer Lobbyismus in neuem Gewand. Von ihm profitieren manche Politiker ebenso wie Unternehmen. Nutznießer auf politischer Seite waren und sind unter anderem die Grünen. Das Spitzenpersonal der Partei pflegt traditionell enge Beziehungen zur Branche der Ökoindustrie. Mit deren zunehmender wirtschaftlicher Macht im Rücken lässt sich politisch einiges bewegen. Umgekehrt profitiert auch die Umweltbranche, weil ihr die Grünen in Landes- und Bundespolitik Gehör verschaffen.

Diese Liaison war ein einträgliches Geschäft auf Gegenseitigkeit besonders für relative politische und ökonomische Newcomer wie die Grünen und die Ökofirmen, die nicht auf jahrzehntelang gewachsene Netzwerke zurückgreifen konnten.

Ähnliche Beziehungen findet man in abgeschwächter Form aber auch zwischen der Ökoindustrie und den Umweltministerien in Bund und Ländern sowie den anderen Parteien. So transportieren auch manche Politiker der CSU gerne die partikularen Anliegen von Ökoenergiefirmen, die in den heimatlichen Regionen eine wichtige Rolle spielen.

33 *Ganz Deutschland will die Energiewende hin zum sauberen Strom. Warum ist dennoch vom Bau neuer Kohlekraftwerke die Rede?*

Von Hannes Koch

Die Atomkatastrophe von Fukushima hat die mächtigen deutschen Energiekonzerne hart getroffen. Mit ihrem schnellen Beschluss zum kompletten Atomausstieg entzog die Bundesregierung den vier Unternehmen E.ON, RWE, Vattenfall und EnBW Milliardeneinnahmen, die sonst noch jahrelang sicher geflossen wären. Umso konsequenter kämpfen die Firmen nun um den Fortbestand ihres übrigen Geschäftsmodells. Mit einer trickreichen Argumentation setzen sie sich bei der Politik dafür ein, dass ihr fossiler Kraftwerkspark nicht nur am Netz bleibt, sondern noch ausgebaut wird.

Es ist schon erstaunlich: Die Energiewende, sollte man meinen, besteht unter anderem darin, die Atom-, Gas- und Kohlekraftwerke nach und nach abzuschalten und durch die regenerative Stromproduktion zu ersetzen. Die vier großen

Energiekonzerne und eine Reihe regionaler Versorger plädieren jedoch dafür, zusätzliche Gas- und Kohleanlagen für die kommenden Jahrzehnte zu bauen. Ihr Ziel ist es, den heutigen Umfang der fossilen Stromproduktion mindestens aufrechtzuerhalten, möglichst jedoch zu erweitern. Während der Bedarf an einer Anzahl neuer, vergleichsweise emissionsarmer Gaskraftwerke auch vom Umweltbundesamt nicht bestritten wird, dreht sich der Streit vor allem um das Ausmaß der Stromproduktion mittels Braun- und Steinkohle. Die Argumentation und Vorgehensweise der Stromkonzerne zeigen dabei auf schöne Art, wie der Lobbyismus der Energiewirtschaft in Deutschland funktioniert.

Die großen Energieerzeuger, aber auch der Bundesverband der Energie- und Wasserwirtschaft (BDEW), der viele Firmen der Branche vertritt, ziehen öffentlich die Produktionssicherheit der erneuerbaren Energien in Zweifel. Die alte Stromlobby weist daraufhin, dass die Herstellung von Strom mit Wind- und Solarkraftwerken von Wetter-, Jahreszeiten- und Tagesrhythmus abhängig ist. Windanlagen liefern nur Energie, wenn der Wind weht. Und ohne Sonne – bei wolkenverhangenem Himmel oder nachts – produzieren auch Solarkraftwerke wenig oder gar keinen Strom. Für einen Zustand, in dem beides zusammenkommt, hat sich der Begriff der »dunklen Flaute« eingebürgert.

Die erneuerbaren Energien, so die Argumentation, können aus eigener Kraft keine sichere Versorgung mit Elektrizität garantieren. Mehr noch: Nimmt ihr Anteil an der Stromproduktion über das gegenwärtige Maß von zwanzig Prozent (2012) zu, wird die Gefahr der dunklen Flaute relevanter. Was also tun? Die Stromkonzerne haben eine Antwort, die in ihrem Interesse liegt. Deutschland braucht angeblich ein zweites System zur Stromversorgung neben den erneuerbaren Energien. Diese Reservekapazitäten stehen zur Verfügung, wenn die

Ökokraftwerke nicht ausreichend Saft liefern. Und natürlich besteht dieses Stand-by-System für den Notfall vor allem aus den Kraftwerken der Konzerne, die fossile Energieträger verfeuern. Deshalb braucht Deutschland mehr Kohlekraftwerke, wenn mehr Ökostrom produziert wird, lautet die These.

Diese paradoxe Ansage beinhaltet allerdings mindestens einen Fehler. Man darf die Energiewende nicht auf Wind- und Solarkraftwerke reduzieren. Zur Infrastruktur der Zukunft gehören auch neue Speichertechnologien, mit denen sich große Mengen Ökostroms für angebotsarme Zeiten aufbewahren lassen. Die Elektrolyse von Wasser in Sauerstoff und Wasserstoff mittels Ökostrom sowie die spätere Fusion der beiden Gase in Brennstoffzellen zur erneuten Elektrizitätsgewinnung sind nur eine der Möglichkeiten.

Auf derartige Feinheiten kommt es den Stromkonzernen aber nicht an. Der Hebel, mit dem ihre Kommunikationsabteilungen arbeiten, ist letztlich das Schüren von Angst vor einem Stromausfall. Im politischen Raum verfängt diese Argumentation ebenso wie in der Öffentlichkeit. Das zugrundeliegende Interesse besteht schlicht darin, dass die Unternehmen ihr traditionelles Geschäftsmodell, mit dem sie sich auskennen, möglichst lange aufrechterhalten wollen. Denn jede Kilowattstunde Ökostrom, die in die Netze fließt, schmälert die Gewinne des alten Oligopols.

Dafür, dass die Argumentation der alten Stromversorger in der Politik gehört und berücksichtigt wird, sorgt unter anderem der schon erwähnte Bund Deutscher Energie- und Wasserwirtschaft (BDEW), der wichtigste Verband der Energielobby. Dessen Geschäftsführerin Hildegard Müller trat 1983 der Jungen Union bei. 1998 wurde sie Bundesvorsitzende der Jugendorganisation der CDU. 2000 schaffte es Müller als erste Vertreterin der JU ins Präsidium der CDU – ein Aufstieg, der auch auf ihrem guten Verhältnis zur damals neuen CDU-Chefin Angela

Merkel beruhte. Diese machte Müller 2005 zur Staatsministerin im Bundeskanzleramt, 2008 folgte dann ihr Übertritt von der Politik in die Geschäftsführung des Energieverbandes.

Als Vertretung von rund 1800 Unternehmen der Energie- und Wasserwirtschaft ist der BDEW ohnehin ein wichtiger Gesprächspartner der Regierung. Die persönliche Bekanntschaft und Vertrautheit der obersten Energielobbyistin mit der Kanzlerin stellt darüber hinaus jedoch sicher, dass der Verband besten Zugang zu den politischen Entscheidungsträgern hat.

34 *Seit 2007 sind Glühbirnen in der EU verboten. Wie kommt es, dass man stattdessen nur noch überteuerte und giftige »Energiesparlampen« kaufen kann?*

Von Helmut Höge

Der erste Wirtschaftswissenschaftler Adam Smith war sich bereits sicher: »Geschäftsleute des gleichen Gewerbes kommen selten zusammen, ohne dass das Gespräch in einer Verschwörung gegen die Öffentlichkeit endet …« Diese Verschwörung, so sie sich organisiert, nennt man »Kartell« – ein Begriff aus dem Duellwesen. 1924 gründete eine Handvoll Elektrokonzerne ein internationales Kartell namens Phoebus, in dem sie unter anderem ihre Preise absprachen, mit einer »Kriegskasse« die Konkurrenz bekämpften, die Weltmärkte unter sich aufteilten und die Brenndauer von Glühbirnen auf 1 000 Stunden reduzierten. Kartellmitglieder, die langlebigere Glühbirnen produzierten, mussten Strafgebühren zahlen. Im Hinblick auf die Werbung fasste das Kartell 1929 folgenden Beschluss: »Die Propaganda soll dahin gehen, dass der Eindruck entsteht, es gäbe eine Konkurrenz zwischen den Lampenfabriken.« Und: »Die Wahl der Mittel bleibt jedem Mitglied vorbehalten, da es wünschenswert erscheint, dass keine Einheitlichkeit nach außen besteht.«

Noch vor der Gründung des Elektrokartells war dies ein Streitpunkt gewesen, an dem die 1919 von Rathenau und Siemens gemeinsam gegründete Aktiengesellschaft Osram erst einmal scheiterte. Emil Rathenau hatte 1883 das Glühbirnenpatent von Thomas Alva Edison erworben, sein Sohn Walther Rathenau wollte dann auf amerikanische Art mit Werbung das »Bedürfnis« nach der neuen elektrischen Beleuchtung wecken. Dazu illuminierte er zum Beispiel eine Theateraufführung in München und das Café Bauer in Berlin. Der Geheime Regierungsrat Werner von Siemens wollte hingegen die Elektrifizierung von oben durchsetzen und drängte Rathenau aus dem Konzern. Siemens setzte dann auf direkte Einflussnahme auf den Staat, mit dem sich sein Konzern von Beginn an korruptiv verband, später noch mit so manchen anderen Staaten, auch mit Diktaturen wie Burma und – gegen einen gehörigen Aufpreis – sogar mit sozialistischen Ländern.

So bestellte zum Beispiel das DDR-Elektrokombinat Narva 1987 bei Osram für sechs Millionen DM eine Energiesparlampen-Fertigungsstrecke. Als sie geliefert wurde, kostete sie 21 Millionen, denn es handelte sich dabei um ein Embargo-Gut, dessen Erwerb Agenten – im Osten (die KoKo-Firma F.C. Gerlach) wie im Westen (Heinz Pietsch) – erforderte. Ähnlich horrend überteuert lieferte Siemens in den neunziger Jahren Medizingeräte nach Moskau, wobei der Konzern dazwischen mehrere Agenten, unter anderem vom russischen Geheimdienst, »vermitteln« ließ. In Deutschland konnte man bis in die siebziger Jahre Bestechungsgelder von der Steuer absetzen und das Wirtschaftsamt lieferte Exporteuren sogar Informationen, mit wie viel Schmiergeld sie in welchem Land rechnen sollten.

Als nach dem Mauerfall dann die westliche Elektroindustrie begann, die Ostindustrien unter sich aufzuteilen, behauptete das Elektrokartell einfach, es existiere nicht mehr. Das Glühbirnenkartell Phoebus S.A., das später International Electrical Association (IEA) hieß und sich in Pully bei Lausanne niedergelassen hatte, teilte mir 1992 schriftlich mit, dass sich die Association im Herbst 1989 aufgelöst habe. »Wer's glaubt, wird selig«, meinte dazu der brasilianische Kartellexperte Rudolf Mirow. Er besuchte damals gerade das Kartellamt in Berlin und schimpfte anschließend: »Das sind keine Kartellverhinderer, sondern Kartellhüter.«

Der Siemens-Konzern hatte bis dahin bereits an die hundert DDR-Betriebe zu »Schnäppchenpreisen« übernommen – und über seine von der Treuhand übernommenen Manager die für den Konzern unwichtigen »abwickeln« lassen. Mirow schrieb der Treuhandpräsidentin Birgit Breuel: »Es besteht der Verdacht, dass dieses Kartell sich jetzt den Markt der neuen Deutschen Bundesländer aufgeteilt hat … und dass Mitglieder der IEA erneut mit ›combat-‹ oder auch ›fighting proceedings‹ gegen sogenannte ›non-members‹ vorgehen … Es wäre bedauerlich, wenn auf Grund der Unkenntnis der Organisationsformen der Elektroindustrie jetzt möglicherweise veraltete, aber doch sanierungsfähige Betriebe geschlossen würden, die Mitgliedern der IEA einmal Paroli und Wettbewerb bieten könnten. Da alle Untersuchungen zeigen, dass es in der Elektroindustrie nie eine Marktwirtschaft gegeben hat, werden sich die Probleme der ostdeutschen Unternehmen, und also auch die von Narva, vorerst nicht mit reinen marktwirtschaftlichen Instrumenten lösen lassen.«

Sein Brief nützte nichts: Narva wurde abgewickelt. Als wenig später General Electric das DDR-Renommierwerk »Elektroprojekt« (Elpro AG) von der Treuhand erwerben wollte, trafen sich einen Tag vor Vertragsunterzeichnung einige Siemens-Manager mit GE-Managern in Belgien: Sie einigten sich, GE trat von seiner Kaufabsicht zurück, dafür half Siemens GE, wieder im Iran ins Geschäft zu kommen. Die Elpro AG wurde abgewickelt. Ähnliches geschah beim DDR-Kühlschrankhersteller Foron. Als Samsung den Betrieb zu übernehmen beabsichtigte, schrieb Siemens dem koreanischen Konzern, dass es diese Übernahme als einen unfreundlichen Akt ansehen würde. Samsung trat daraufhin vom Kauf zurück.

Als ich deshalb bei der Antikorruptionsinitiative Transparency International des Weltbankmanagers Peter Eigen vorsprach, tat dieser erstaunt: Er hatte vom IEA-Kartell noch nie etwas gehört. Kein Wunder, war doch der Siemens-Konzern »Mitglied« in seiner Organisation. Diese Kooperation wurde erst mit dem »Siemens-Skandal« beendet, das heißt als nach und nach herauskam, dass der Elektrokonzern aus seinen »schwarzen Kassen« über formal freie Mitarbeiter (Berater) Schmiergelder an Regierungsmitglieder in zig Staaten gezahlt hatte, um an Aufträge heranzukommen. Als Transferstelle fungierte unter anderen die »Bank der Banken«: Clearstream in Luxemburg – mindestens bis dieses »Siemens-System« 2006 aufflog.

Der größte Coup sollte jedoch erst noch kommen: Im Jahr darauf gelang es Siemens/Osram und Philips, bei der EU in deren sogenanntem Komitologieausschuss für Beleuchtung am Parlament vorbei (!) ein allgemeines Glühbirnenverbot durchzusetzen – zugunsten ihrer hochgiftigen, umweltschädigenden und zudem völlig überteuerten »Energiesparlampen«. Da die beiden Elektrokonzerne in diesem EU-Ausschuss Greenpeace auf ihrer Seite hatten, muss man sich fragen, ob und wenn ja was die internationale Umweltschutzorganisation dafür bekam. Nachdem zwei Dokumentarfilme – »Bulb Fiction« und »The Light Bulb Conspiracy« – sie über diese »Riesensauerei« aufgeklärt hatten, sprachen einige deutsche EU-Parlamentarier von einer »extrem gelungenen Lobbyarbeit«. Ob das Elektrokartell von Gesetzgebern und staatlicher Aufsicht jemals kontrolliert werden kann, scheint angesichts seines nunmehr bald hundertjährigen Bestehens äußerst fraglich.

Pharma und Drogen

35 *Jeder weiß, dass der »Krieg gegen Drogen« gescheitert ist. Warum wird er dennoch unbeirrt weiter geführt?*

Von Mathias Bröckers

Der »Krieg gegen Drogen« ist gescheitert. Um zu dieser Erkenntnis zu gelangen, brauchte es nicht erst die aktuellen Mordstatistiken aus Mexiko, es hätte eigentlich ein Blick auf die Unmengen politik- und sozialwissenschaftlicher Studien der letzten Jahrzehnte gereicht. Doch davon unbeirrt wird der 1972 von Richard Nixon ausgerufene Krieg weitergeführt – ausgestattet mit stetig wachsenden Budgets und ohne Rücksicht auf die Verluste: den weiterhin steigenden Drogenkonsum und die »Kollateralschäden«, die dieser Krieg verursacht – wie aktuell etwa die bürgerkriegsähnlichen Zustände in einigen Provinzen Mexikos.

Dass im Sommer 2011 die Global Commission on Drug Policy, ein hochrangiges Kommitee ehemaliger Staatspräsidenten und Politiker, nach einer Untersuchung zu dem Schluss kam, dass der »war on drugs« beendet werden muss, ist von daher nicht überraschend, sehr wohl aber die Eindringlichkeit ihres Appells: »Die politischen Führer sollten den Mut haben, öffentlich zu äußern, was viele von ihnen sich privat längst eingestanden haben: Repressive Strategien werden das Drogenproblem nicht lösen, und der Krieg gegen die Drogen kann nicht gewonnen werden.« Zu befürchten ist indessen, dass auch dieser dringende Aufruf eines Rats verdienter und unabhängiger Weiser nichts nützen wird – der ungewinnbare Krieg wird unbeirrt weitergeführt.

Wenn ein dysfunktionales System aufrechterhalten wird – und dass der Krieg gegen Drogen als gesundheits- und sozialpolitische Maßnahme ein solches System darstellt, ist vielfach belegt – müssen andere Interessen dahinter stehen als gesundheits- und sozialpolitischen Intentionen. Dem selbstverständlichen Interesse von Staaten, ihre Bürger vor den schädlichen Folgen bestimmter Substanzen zu schützen und ihren Verkehr mit Einschränkungen oder Verboten zu regulieren, hat der Krieg gegen Drogen in den vergangenen Jahrzehnten einen wahren Bärendienst erwiesen: Es werden mehr illegale Drogen konsumiert als zu seinem Beginn, die Preise für Heroin und Kokain sind deutlich gefallen, die gigantischen Gewinnspannen machen das Geschäft für die organisierte Kriminalität attraktiver denn je. Haben also Drogenbarone und Mafiabosse ihre Lobbys in Washington, London oder Berlin und sorgen mit diskreten Geldkoffern dafür, dass die Fronten im Drogenkrieg verhärtet und die Strafgesetze möglichst drakonisch bleiben? Da die Herren naturgemäß im Untergrund operieren, ist eine solche direkte Lobbyarbeit schwer nachweisbar. Indirekt aber gibt es etliche Interessengruppen, die massiv von diesem Krieg gegen bestimmte Drogen profitieren und ihn deshalb fördern.

In den USA, dem Führer des internationalen »war on drugs«, stellen nach einem Bericht von Republic Report – einer NGO zur Untersuchung von Korruption – die Polizeigewerkschaften und die privaten Gefängnisunternehmen die einflussreichsten Lobbygruppen für die Beibehaltung oder Verschärfung der Drogengesetze. Die Verfolgung und Inhaftierung von Konsumenten und Kleinhändlern – Drogendelinquenten stellen fast ein Drittel aller Gefängnisinsassen – sind eine zentrale Säule ihres Geschäftsmodells. Ebenfalls unter den Top-Fünf der Drogenkriegslobbyisten sind die Prison Guard Unions. Früher eine unbedeutende Interessenvertretung der Gefängniswärter, sind sie mit der Privatisierung der Strafvollstreckung zu einem mächtigen Einflussinstrument geworden: 2008 gaben die privaten Strafvollstrecker zum Beispiel in Kalifornien eine Million Dollar aus, um eine Volksabstimmung über ein Gesetz zu kontern, mit der die Haftstrafen für nicht-gewalttätige Drogenverurteilte gesenkt werden sollten. Zu den größten Spendern für weitere Aufrüstung im Drogenkrieg zählen in den USA außerdem die Schnaps- und Bierindustrie und die Pharmaunternehmen, die sich als Großproduzenten legaler Drogen jede Konkurrenz vom Leibe halten wollen – vor allem die von legalem Marihuana. Das Patent für Hanf liegt bei Mutter Natur, er wächst nahezu kostenfrei auf jeder Fensterbank und stellt sowohl als Heilpflanze wie auch als Stimmungsdroge eine Bedrohung für die milliardenschweren Märkte von Alkoholika und Antidepressiva dar.

So nachvollziehbar diese Geschäftsinteressen des Verfolgungs- und Vollstreckungsgewerbes sowie der Hersteller legaler Drogen und so gewichtig ihr Einfluss und ihre Spendenbereitschaft zur Beibehaltung des Status quo auch sein mögen – allein würden diese Faktoren nicht ausreichen, diesen sinnlosen Krieg und seine ständig wachsenden Kosten (allein in den Vereinigten Staaten waren es 2011 über vierzehn Milliarden Dollar) weiter zu rechtfertigen. Die Verdienstausfälle der Pharma-, Bier- und Schnapskonzerne ließen sich damit locker kompensieren und es blieben noch viele Milliarden für Präventions- und Therapieprogramme sowie für die allgemeine Drogenerziehung. Auch der zivilgesellschaftlich ohnehin begrüßenswerte Verlust von Arbeitsplätzen in der Gefängnisindustrie könnte damit aufgefangen werden.

Dass an der ökonomisch irrationalen und gesundheitspolitisch fehlgeschlagenen Prohibition bestimmter Drogen immer noch festgehalten wird, verdankt sich letztlich jenen Einflussgruppen, die mit wechselnden Drogenbaronen und Mafiabossen seit Jahrzehnten kooperieren und dies ebenso lange schon offiziell abstreiten: den Geheimdiensten und den Militärs. Von den Kriegen in Vietnam und Südostasien über Südamerika und den Balkan bis aktuell nach Afghanistan, wo die Bundeswehr die größte Opiumproduktion aller Zeiten nicht bekämpft, sondern bewacht, lässt sich diese verdeckte Kooperation nachzeichnen.

Verbündeten Warlords und Milizen wird zwecks Finanzierung von Kriegen der Drogenhandel ermöglicht, während die Verschärfung der Prohibition zu Hause aus einfachen Agrarprodukten die lukrativsten Waren überhaupt macht: aus Cocablättern oder Mohnsaft im Wert von 1 000 Dollar werden so im Endverkauf Schwarzmarktprodukte im Wert von 100 000 Dollar. Nur der »Krieg gegen Drogen« macht solche exorbitanten Gewinnspannen möglich und finanziert so ganz andere Kriege. Diese außen- und geopolitische Funktion des »war on drugs« ist der wohl entscheidende Faktor, der bis heute jede innere Reform der Drogenpolitik verhindert.

Die Alkoholprohibition wurde in den USA Ende der Zwanziger des letzten Jahrhunderts nicht abgeschafft, weil mehr getrunken wurde als zuvor, sondern weil aus kleinen Banden italienischer und jüdischer Einwanderer, die das illegale Geschäft übernommen hatten, milliardenschwere Mafiasyndikate geworden waren, die in etlichen Landkreisen schon die Staatsgewalt unterwandert und übernommen hatten. An der Südgrenze der USA, in Mexiko, herrschen jetzt schon wieder solche Verhältnisse. Und gestoppt werden kann diese Entwicklung einmal mehr nur durch ein Ende der Prohibition. Solange diese freilich zur Finanzierung verdeckter Kriege offenbar unverzichtbar ist – und solange die Zivilgesellschaften diesen Praktiken ihrer Geheimdienste und Militärs keinen Riegel vorschieben –, so lange müssen alle vernünftigen Argumente zur Schadensminimierung durch den Drogenmissbrauch weiter ungehört verhallen. Nur ein kontrollierter und besteuerter Verkauf von Drogen – die Rückkehr von Heroin und Kokain in die Apotheken – kann die tödliche Spirale von Krieg, Profit und Sucht brechen.

36 *Die Einnahme antipsychotischer Medikamente führt oft zum Suizid. Warum interessiert niemanden, dass so viele Psychiatriebetroffene an der Behandlung sterben?*

Von Peter Lehmann

Menschen mit psychiatrischen Diagnosen und entsprechender Behandlung haben eine um durchschnittlich zwanzig bis dreißig Jahre herabgesetzte Lebenserwartung, wie vielfach belegt wurde. Das liegt an ihrer oft prekären Lebenssituation, ihrem daher häufig miserablen körperlichen Allgemeinzustand sowie an der Verabreichung toxischer Psychopharmaka. Dass sie in großer Zahl auch in jungen Jahren wegsterben, häufig aufgrund der psychopharmakabedingten suizidalen Eigenwirkung gar von eigener Hand, interessiert jedoch kaum jemanden.

Menschen mit psychiatrischen Diagnosen werden massiv diskriminiert. Menschenrechte wie das Recht auf körperliche Unversehrtheit und das Recht auf Schutz ihrer Menschenwürde werden ihnen ebenso vorenthalten wie diverse bürgerliche Rechte. Auch im Entwurf zum neuen »Patientenrechtegesetz« fehlt das Recht auf Akteneinsicht oder die Pflicht zur Aufklärung über Behandlungsrisiken (»Referentenentwurf«

2012). Vielfach werden sie zur Einnahme riskanter Psychopharmaka genötigt, oft werden diese gewaltsam verabreicht. Als einziges medizinisches Fachgebiet hat die Psychiatrie eine staatlich legitimierte Ordnungsfunktion, die solch ein Handeln ermöglicht. Die staatliche Kontrolle der Folgen ist dagegen minimal.

Von Psychiatern werden unerwünschte Wirkungen meist als Nebenwirkungen abgetan, zum Symptomwechsel deklariert, psychologisiert, ignoriert oder tabuisiert (Letzteres betrifft insbesondere den Suizid als Folge der Eigenwirkung von Neuroleptika, also antipsychotischer Medikamente). Ihre Indikationsbreite reicht von »Schizophrenie« über psychosomatische Störungen bis hin zu übermäßigem Schwangerschaftserbrechen. Selbst über frühe Warnzeichen möglicherweise chronisch oder tödlich verlaufender Auswirkungen von Neuroleptika werden die Behandelten nicht aufgeklärt. Dies betrifft beispielsweise das metabolische Syndrom (Symptomkomplex aus Übergewicht, Fettstoffwechselstörungen, Bluthochdruck und Insulinresistenz), Agranulozytosen, Leberschäden, chronische Muskelstörungen, das Defizitsyndrom (bleibende Antriebslosigkeit und verminderte Willensstärke, Spontaneität, Zuwendung zur Umwelt und emotionale Regungen), prolaktinbedingte und sich möglicherweise zu Brustkrebs entwickelnde Geschwulstbildungen in den Brustdrüsen, Delirien, körperliche Abhängigkeit und Suizidalität.

Suizid ist mittlerweile eine der häufigsten Todesursachen von Menschen mit der Diagnose »Psychose« oder »Schizophrenie«. Nach Einführung von Neuroleptika zu Beginn der fünfziger Jahre stieg die Suizidrate dramatisch. Der US-amerikanische Psychiater Frank J. Ayd schrieb schon 1975: »Es besteht nun eine allgemeine Übereinstimmung, dass milde bis schwere Depressionen, die zum Suizid führen können, bei der Behandlung mit jedem Depot-Neuroleptikum auftreten können, ebenso wie sie während der Behandlung mit jedem oralen Neuroleptikum vorkommen können. Diese depressiven Veränderungen der Stimmung können zu jeder Zeit während depotneuroleptischer Behandlung auftreten. Einige Kliniker haben Depressionen kurz nach Behandlungsbeginn bemerkt; andere machten diese Beobachtung Monate oder Jahre nach Behandlungsbeginn.«

Schaut man sich Suizidprophylaxeprogramme und dort aufgelistete Risikofaktoren an, fällt das Fehlen des Risikofaktors »antipsychotische Medikamente« auf. Gleichzeitig stechen die Namen der Sponsoren dieser Programme ins Auge: Janssen-Cilag, Lundbeck, AstraZeneca, Eli Lilly, Pfizer, GlaxoSmithKline und so weiter, allesamt Herstellerfirmen von Neuroleptika. Deren Vertreter sponsern nicht nur Tagungen und Fortbildungen zum Thema Suizidprophylaxe, sondern sind auch bei deren Planung beteiligt und bieten ihren Referentinnen und Referenten beste Podien zur karrierefördernden Selbstdarstellung und Anpreisung der eigenen Produkte. Die Frage nach der Bereitwilligkeit, mit der behandlungsbedingte Suizidfaktoren verschwiegen werden, ist daher nur eine rhetorische.

Potenziell Betroffene sollten Neuroleptika verwendende psychiatrische Einrichtungen meiden und sich per Vorausverfügung wie dem Psychiatrischen Testament vor deren gewaltsamer Verabreichung schützen. Ist die Neuroleptikaeinnahme unvermeidlich, wäre es Aufgabe von Angehörigen, Freundinnen und Freunden, einem Mitglied des psychiatrischen Personals – unter Zeugen! – eine schriftliche Beschreibung der wahrgenommenen Neuroleptikawirkungen mit der höflichen Bitte in die Hand zu drücken, die »Medikation« zu überdenken und das Schreiben der »Krankenakte« beizufügen. Kommt es tragischerweise zum Todesfall, sollte Anzeige wegen Verdachts auf bedingt vorsätzliche Tötung erstattet und zivilrechtlich entsprechend argumentiert werden.

Suizidale und andere tödliche Risiken von Neuroleptika sind öffentlich zu machen. Herstellerfirmen und psychiatrisch Tätige müssen verpflichtet werden, in ihren Informationsschriften beziehungsweise Aufklärungsgesprächen deutlich insbesondere vor dem Suizidrisiko zu warnen. Wichtig ist außerdem die Einrichtung eines Suizidregisters wie in Schweden. Gemäß dem dortigen Gesetz zur Regelung professioneller Handlungen im Gesundheitsbereich (»Lex Maria«) müssen seit Februar 2006 alle Suizide, die innerhalb von vier Wochen nach dem letzten Besuch einer Stelle des Gesundheitssystems begangen werden, der Nationalen Behörde für Gesundheit und Soziales gemeldet werden. Die dortige Datenauswertung zeigte die massive Beteiligung aller Arten von Antidepressiva und Neuroleptika an Suiziden. Ein Suizidregister könnte als unabhängiges Pilotprojekt und unter Mitwirkung unabhängiger, keinen pharmafirmengesponserten Verbänden angehörender Psychiatriebetroffener auf den Weg gebracht werden. Es versteht sich von selbst, dass es wenig Sinn macht, Organisationen und Personen, die Gelder von der Pharmaindustrie beziehen, an solchen Studien zu beteiligen.

Neben der überfälligen Beweislastumkehr wird es Zeit, »Mietmäulern« das Handwerk zu legen und Psychiater und deren Standesorganisationen zu verpflichten, Zuwendungen von Pharmafirmen in Zeitungsartikeln, Buchbeiträgen, Kongressprogrammen, Fernseh- und Internetauftritten etc. offenzulegen: Dies betrifft auch Gremienarbeit und die konkrete Arbeit mit Patientinnen und Patienten und könnte in Form von Aushängen in der Praxis oder auf psychiatrischen Stationen sowie zeitgemäß durch Internetpublikation passieren. Öffentlich finanzierten Bibliotheken sollte es untersagt werden, Publikationen anzuschaffen, die keine Erklärungen der Autorinnen und Autoren zu solchen Interessenkonflikten enthalten.

37 *Seit Jahren bekommen immer mehr Kinder Psychopharmaka. Sponsert die Pharmalobby die Diagnose Aufmerksamkeitsdefizithyperaktivitätsstörung (ADHS)?*

Von Gaby Sohl

»Das will ich nicht, das mach ich nicht, das zerfetz ich!« Kleine Jungs spielen verrückt – sie hören Erwachsenen nicht zu, rasen durch die Gegend wie von der Tarantel gestochen, machen nie das, was sie sollen, können sich nicht auf ihre Aufgaben konzentrieren, mischen ein ganzes Klassenzimmer auf und landen schließlich beim Kinderarzt. Diagnose: Aufmerksamkeitsdefizithyperaktivitätsstörung (ADHS). Therapie: Psychopharmaka. Vorzugsweise Medikinet oder Ritalin. It's the brain, stupid! Im Vorderhirn stimmt was nicht.

Die Befürworter der psychopharmakologischen Behandlung von Kindern im Vorschul- und Grundschulalter behaupten eine neurophysiologische Ursache der Aufmerksamkeitsstörung. Der Markenname Ritalin avancierte umgangssprachlich zum Synonym für alle Psychostimulantien, die konzentrationsschwachen, aggressiven Kindern verabreicht werden. Ritalin enthält den Wirkstoff Methylphenidat (MPH). Es ist ein amphetaminähnliches Aufputschmittel, das auf der Dopingliste des Olympischen Komitees steht und unter das Betäubungsmittelgesetz fällt. Der Patentschutz ist lange abgelaufen, inzwischen heißt der umsatzstärkste Spitzenreiter der MPH-enthaltenden Psychopharmaka Medikinet. Nennen wir MPH an dieser Stelle die »More-Miles-Per-Hour-Droge«. Früher nannte man es auch »Koks für Arme«. Studenten nehmen es als eine Art »Büffelspeed« im Prüfungsstress.

Der für CIBA (heute Novartis) arbeitende Chemiker Leandro Panizzon synthetisierte den Wirkstoff MPH schon in den vierziger Jahren. Im Selbstversuch mit seiner Ehefrau stellte sich damals heraus, dass die sportbegeisterte Signora Panizzon plötzlich sehr viel konzentrierter und ausdauernder Tennis spielen konnte. Die Signora hieß Rita. ADHS-Kinder reagieren auf den Wirkstoff MPH extrem und scheinbar paradox: Verhaltensauffällige, »wilde«, aggressive Jungs, die sich benehmen, als wäre der Klassenraum ein Bolzplatz, werden mit dieser »Rita-Pille« friedlicher und aufnahmefähiger. Kurzum: schulfähiger. Von vielen Eltern, Lehrern und Kinderärzten wird MPH deshalb als Wundermittel bezeichnet. Es wirkt schlagartig. Ein paar Stunden – dann muss die nächste Pille geschluckt werden.

Kritiker rücken dagegen die Nebenwirkungen der Wunderpille in den Fokus der Aufmerksamkeit: Schlafstörungen, Essstörungen, Gewichtsverlust, Wachstumsverzögerungen und ein abgeflachtes Stimmungsbild, Suchtgefahren, optische Halluzinationen, plötzliche Todesfälle, vereinzelt massive Suizidgefährdung.

Die Diagnose ADHS ist bis heute nicht ausreichend wissenschaftlich abgesichert. Es wird überdiagnostiziert und fehldiagnostiziert. Inzwischen geht die allen sozialpsychologischen Argumentationen kaum noch zugängliche Fachwelt in den USA sogar noch einen Schritt weiter: Viele der ADHS-Kids hätten in Wahrheit eine bipolare Störung, seien also manisch-depressiv. Wir sprechen hier über drei- bis sechsjährige Kinder. Eine bipolare Diagnose ist eine der langfristigsten und schwerwiegendsten im psychiatrischen Klassifikationskatalog. Hier eröffnen sich unter Umständen lebenslange Neuroleptikabegründungen.

Verhaltens- und Lerntherapie, Integrationshilfen in den Schulen und eine gezielte Elternunterstützung helfen bei ADHS – aber nicht so schnell und nicht so schlagkräftig wie die Psychopharmaka. Das Bundesinstitut für Arzneimittel schreibt inzwischen vor, dass eine Behandlung von ADHS grundsätzlich ohne MPH beginnen muss. Ausnahmefälle ausgenommen. Aber wer definiert den Ausnahmefall? Die Kinderärzte. Flugs gründeten einige Pharmakonzerne eigene Institute für Verhaltenstherapie und bitten zur gesponserten Ärzteweiterbildung. Das »Ghost Management« der Pharmafirmen im Hintergrund bedient ein großes Spektrum: Sie bezahlen gewiefte PR-Agenturen für fachwissenschaftlich daherkommendes Säusel-Marketing, das gefährliche Nebenwirkungen ganz verschweigt oder schönredet und Kritiker diffamiert oder lächerlich macht. Die milliardenschweren Konzerne übernehmen auch gern üppige Honorare und Sachleistungen für Beiträge von MedizinerInnen in Fachpublikationen, auf Kongressen, bei Fernseh- und Internetauftritten, in der Gremienarbeit mit Betroffenen und ihren Angehörigen. Und dies alles meist ohne jede Erklärung der schreibenden oder schreiben lassenden Ärzte zu ihren Interessenkonflikten.

Verhaltensauffällige Kinder gab es immer und zu jeder Zeit. Die Boom-Diagnose ADHS ist selbst in Fachkreisen äußerst umstritten. In Deutschland stellte das Robert-Koch-Institut 2008 fest: ADHS-Diagnose und Methylphenidat-Verordnung treffen überproportional häufig Kinder und Jugendliche mit niedrigem Sozialstatus sowie die jeweils Jüngsten in einer Klasse, die zu früh Eingeschulten. Jungen erhalten 4,3-mal häufiger ADHS-Medikamente, bei den sehr kleinen Kindern allerdings (vier bis sechs Jahre) prozentual mehr Mädchen. 1990 wurden circa 1500 Kinder mit MPH behandelt. 2006 waren es schon 50000 bis 100000 nach Schätzungen der deutschen Gesellschaft für Sozialpädiatrie. Die Bundesärztekammer spricht von 300000 bis 500000 Kindern und Jugendlichen, die von diesem Störungsbild betroffen seien. Inzwischen warnt der Arzneimittelreport, dass – entgegen ursprünglicher Erwartungen – 25 Prozent der mit Methylphenidat behandelten ADHS-Kinder ihre Symptome auch im Erwachsenenalter behalten.

Dies ist eine konservative Analyse; andere Studien belegen, dass fünfzig bis siebzig Prozent der Kinder ihre ADHS-Symptome mit ins Erwachsenenalter nehmen – trotz Medikamentierung. Oder vielleicht gerade wegen der Medikamentierung?

Trotz ihrer Behandlung mit MPH werden 27,1 Prozent der behandelten Kinder straffällig im Vergleich zu 7,4 Prozent bei Kindern ohne die Diagnose ADHS. Die Pharmaindustrie aber wirbt für ihre MPH-Medikamente mit dem Hinweis, dass gerade unbehandelten Kindern Straffälligkeit oder eine lebenslange Suchtkarriere drohe. Inzwischen verschreiben etliche Ärzte bei unklarer Diagnose Ritalin und sagen: Wenn das Kind darauf reagiert, hat es ADHS. Diese Praxis ist eigentlich: verrückt.

Der US-amerikanische Lehrer Rick Riordan hat in seinen Fantasyromanen mit dem legasthenischen ADHS-Kinderhelden Percy Jackson vielen begabten »Störenfriedkindern« ein kreatives Denkmal gesetzt: »Du hast kein ADHS, Junge«, sagt ein Beschützer des Bestsellerhelden Percy Jackson, »du hast Schlachtfeldenergie.«

Auf dem Schlachtfeld Schule entfalten sich seit Jahrhunderten Macht-, Disziplinierungs- und Willenskämpfe zwischen Kindern und Erwachsenen. Das ist normal. Die ADHS-Kinder aber drohen an unserem heutigen Setting komplett zu scheitern. Die Gründe sind vielfältig: Ist es die permanente Reizüberflutung, der Leistungsdruck? Zu wenig feste Regeln? Zu hohe Leistungserwartungen? Zu früh eingeschult? Überforderte LehrerInnen mit zu großen, zu schwierigen Klassen? Sozial überforderte Eltern? Einige Studien zeigen: Kleinkinder, die im Alter von ein bis drei Jahren zu oft vor dem Fernseher abgesetzt wurden, entwickeln häufiger ADHS-Symptome als »fernsehfreie« Kleinkinder.

Wenn ein Verhaltensproblem zur Hirnstörung erklärt wird, ist die »Schuldfrage« für die Erwachsenen aus dem Spiel. Das Kind aber verliert die Chance, zu lernen, wie es seine eigenen

Gefühle und Impulse selbst kontrollieren kann. Es verwundert wenig, dass viele der behandelten Kinder auch als Erwachsene ADHS-Symptome zeigen.

Welche Alternativen gibt es und welche könnten entwickelt werden? Der Staat müsste eine von der Pharmaindustrie komplett unabhängige Ursachenforschung fördern. Daneben ist eine gesetzgeberische Initiative zur Verhinderung von Korruption und »Ghost Management« durch Pharmakonzerne in Ärztekreisen erforderlich. Alle Medien, nicht nur die Fachjournale, sollten die zur Selbstverständlichkeit gewordene Verordnung von persönlichkeitsverändernden Psychopharmaka in zentralen Entwicklungsphasen von Kindern und Jugendlichen kritisch ins Visier nehmen und hinterfragen. Wir brauchen eine kontinuierliche, sozialpolitisch und medial gestützte Aufmerksamkeit für den Aggressionskreislauf von überforderten Eltern, Lehrern, Ärzten … und Kindern.

38 *Geldspielautomaten treiben immer mehr Spielsüchtige in den Ruin. Warum werden sie nicht stärker kontrolliert?*

Von Mathias Bröckers

Dass Spielhallen in Deutschland seit Jahren wie Pilze aus dem Boden sprießen, bleibt niemandem verborgen, der mit offenen Augen durch die Städte geht. Mit 242 500 registrierten Geldspielautomaten Ende 2011 verzeichneten die Daddelmaschinen seit 2005 einen Zuwachs von fast dreißig Prozent und stellen somit eine Wachstumsbranche par excellence dar. Denn noch stärker als die Zahl der mit Automaten bestückten über 10 000 Spielhallen ist der Umsatz der Branche in diesem Zeitraum gewachsen: Der Bruttospielertrag hat sich von 2,35 Milliarden auf 4,41 Milliarden Euro nahezu verdoppelt. Befeuert wurde dieser Boom von einer Änderung der gesetzlichen Verordnungen im Jahr 2006. In einem aktuellen Bericht des Bundesministeriums für Wirtschaft heißt es dazu: »Die wirtschaftliche Entwicklung der Unterhaltungsautomatenbranche ist seit der Novelle wieder positiv verlaufen.«

Doch positiv kann man diese Rekordumsätze nur sehen, wenn man ihre Schattenseite ignoriert – die etwa 500 000 Menschen mit pathologischem oder problematischem Spielverhalten, die für diesen Aufschwung mit dem Ruin ihrer Existenz und der ihrer Familien bezahlen. Dass es eigentlich Aufgabe des Gesetzgebers ist, seine Bürgerinnen und Bürger vor den Gefahren der Spielsucht ebenso zu schützen wie vor betrügerischen Geldspielen und Automaten, wird zwar niemand bestreiten – die 2006 erlassene Spielverordnung aber hatte genau den gegenteiligen Effekt.

Laut einer Studie der Bundeszentrale für gesundheitliche Aufklärung stieg zwischen 2007 und 2009 der Anteil von sechzehn- bis siebzehnjährigen Jugendlichen, die an Glücksspielen teilnahmen, um 24 Prozent, der Anteil von Achtzehn- bis Zwanzigjährigen hat sich zwischen 2009 und 2011 mehr als verdoppelt. Die geldfressenden und suchterzeugenden Automaten stellen dabei das größte Problem dar, weil sie es ermöglichen, »an einem Tag sein gesamtes Monatsgehalt zu verdonnern«. So sieht das nicht nur Ilona Füchtenschnieder, die Vorsitzende des Fachverbands Glücksspielsucht, sondern auch die Drogenbeauftragte der Bundesregierung Mechthild Dyckmans. Sie hat als Ursache dieses Problems eben diese Novelle der Spielverordnung von 2006 ausgemacht, durch die »die Ereignisfrequenz, der Grad der Interaktivität, die Illusion der Beeinflussbarkeit und die Einsatz- und Gewinnstruktur (der Geräte) weiter erhöht worden« seien.

Die Zeiten, in denen solche Apparate »einarmige Banditen« genannt wurden und einem nur Kleingeld abnahmen, sind lange vorbei. Heute greifen sie ihren Opfern durch softwaregesteuerte Licht- und Toneffekte mit mehr als zwei Armen sehr viel tiefer in die Taschen. Da aber solche Automatenspiele – anders als Spiele in Casinos oder »Oddset«-Wetten – nicht als Glücksspiel gelten, sondern per rechtlicher Definition als »Unterhaltungsautomaten mit Gewinnmöglichkeit«, unterliegen sie nicht dem Sperrsystem, mit dem Spielsüchtige in Spielcasinos oder bei Oddset geschützt werden. Der Automatensalon um die Ecke steht noch dem krankhaftesten Zocker jederzeit offen.

Nicht nur die für Suchtgefahren zuständige Regierungsbeauftragte und die Fachverbände halten diesen Zustand für absurd, und so wuchs der Druck auf das für die Regulierung der Spielhallen zuständige Wirtschaftsministeriums, die offensichtlich missratene Verordnung von 2006 erneut zu novellieren. Doch was aus dem von FDP-Chef Philipp Rösler geführten Ministerium dazu vorgelegt wurde, empfanden die zu einer Anhörung geladenen Spiel- und Suchtexperten derart inakzeptabel, dass sie das für März 2012 anberaumte Treffen boykottierten. Denn keine der von den Verbänden seit langem erhobenen Forderungen – wie eine Verlangsamung der Spiele und eine Reduzierung der maximalen Gewinne und Verluste – wurde umgesetzt. Die bisher vorgeschriebenen regelmäßigen Kontrollen der Geräte allerdings sollen abgeschafft werden. Nach der Zulassung können die Daddelmaschinen dann vier Jahre auf Beutefang gehen, um dann außer Dienst gestellt zu werden – ohne jede zwischenzeitliche Kontrolle über Manipulationen an der Software.

Im Vergleich etwa zur Schweiz, wo der private Betrieb von Spielhallen rundum verboten ist, um die Bevölkerung vor Abzocke und Suchtgefahren zu schützen, herrschen in Deutschland also geradezu paradiesische Verhältnisse – und dafür sorgt seit Jahrzehnten und ohne Unterlass die Automatenlobby: Namentlich der Verband der deutschen Automatenindustrie, ihre PR-und Lobbyagentur Automaten-Wirtschaftsverbände-Info GmbH (AWI) sowie der größte Automatenhersteller und -aufsteller der Republik, die Gauselmann-Gruppe. Deren Gründer Peter Gauselmann hat das als Familienbetrieb geführte Unternehmen nicht nur zu einem hochprofitablen Glückspielkonzern ausgebaut (Jahresumsatz 2010: 1,5 Milliarden Euro), seine Pflege der politischen Landschaft kann auch als Phänotyp erfolgreichen Lobbyismus gelten. Besonders sind »die Spielemacher« (so die Selbstbezeichnung) dabei der FDP verbunden und richten für deren Obere wie Rainer Brüderle oder Hermann Otto Solms gerne mal Empfänge aus, Letzterer machte einst selbst mit Gauselmann Geschäfte. Und ein enger Partner des Automatenkönigs sitzt in der für Sponsoring zuständigen GmbH der Liberalen, entscheidet also mit über Parteispenden in der FDP.

Dass derlei Vetternwirtschaft zwischen der Politik und einem Unternehmen über die Jahre kaum auffiel oder Anstoß erregte, hatte wohl auch mit der ausgefuchsten Methode der Landschaftspflege zu tun, derer sich der Glückspielkonzern befleißigte: Über Jahrzehnte stellten leitende Angestellte der Gauselmann-Gruppe »private« Spendenschecks aus, deren Beträge stets unter der laut Parteispendengesetz meldepflichtigen Summe lagen. Wie die *Süddeutsche Zeitung* im Frühjahr 2011 enthüllte, flossen auf diese Weise seit 1990 mehr als eine Million Euro verdeckt an FDP, CDU, SPD und Grüne. Da steuerlich gegen diese raffinierte Methode nichts einzuwenden ist, wundert es dann auch wenig, dass die für Gewerberecht, Spielverordnung und Gesundheitsschutz zuständigen Parteipolitiker die Automatenbranche mit Samthandschuhen anfassen – außer mit regelmäßigen Schecks ist die AWI schließlich auch mit großzügigen Anzeigen in den Parteiblättern vertreten. Weil aber das Parteispendengesetz die Annahme von Geldern verbietet, die »erkennbar in Erwartung oder als Gegenleistung eines bestimmten wirtschaftlichen oder politischen Vorteils gewährt werden« – und nachdem aus einem internen Papier der Gauselmann-Gruppe dieser Vermerk bekannt geworden war: »… um nach der Wahl die SpielV(erordnung) auf den Weg zu bringen, benötigen wir Verständnis in den unterschiedlichen Parteien. Hilfreich dabei ist, wenn wir Politikern helfen, ihren Wahlkampf zu begleichen.« –, nominierte LobbyControl diese »kreative Spendenpraxis« Gauselmanns für die »Lobbykratie-Medaille«. Ob diese kleine Aufmerksamkeit etwas nützen wird, wird die nächste Spielverordnung zeigen.

Nach einer Studie der »Forschungsstelle Glücksspiel« an der Universität Hohenheim belaufen sich die Folgekosten der Spielsucht in Deutschland auf 326 Millionen Euro jährlich, 225 Millionen davon werden durch Geldspielautomaten verursacht. Zumindest das müsste selbst ein wie geschmiert laufendes FDP-Ministerium der im Geld schwimmenden Daddelbranche abringen: Dass sie für die Schäden, die ihr einträgliches Gewerbe verursacht, auch selbst aufkommen.

Politik und Lobby

39 *Staaten und Großunternehmen wollen das Internet kontrollieren. Wer steckt eigentlich hinter ACTA?*

Von Meike Laaff

Still und heimlich sollte das internationale Handelsabkommen ACTA (Anti-Counterfeiting Trade Agreement) ausgehandelt werden: Von den ersten Vorgesprächen zwischen den USA und Japan 2006 bis zur zwölften Verhandlungsrunde im Dezember 2010 in Sydney wurde hinter verschlossenen Türen gesprochen – und Informationen darüber, was dort eigentlich vor sich ging, erhielt selbst die interessierte Fachöffentlichkeit lediglich tröpfchenweise. Ein Grund dafür könnte der große Einfluss von Unterhaltungs- und Softwareindustrie sowie der Pharmabranche gewesen sein. Deren Lobbyisten und Anwälte hatten vor allem durch die US-Delegation Zugang zu den Verhandlungen und den Entwürfen bekommen. Unschätzbar wertvoll für sie, schließlich ging es um ihre Interessen: den Schutz von geistigem Eigentum rigider durchzusetzen und die Regeln für Produktpiraterie zu verschärfen.

Wie das künftig aussehen soll, hatten die USA erstmals im Sommer 2006 mit Japan besprochen. Das belegt ein Ende 2010 veröffentlichtes Dokument auf der Whistleblowingplattform Wikileaks – eine von tausenden US-Diplomatendepeschen. Darin wird geschildert, wie der US-Verhandlungsführer Stanford McCoy 2006 den japanischen Regierungsvertretern das ACTA-

Vorhaben vortrug: Er kündigte ACTA als »Goldstandard für die Durchsetzung von geistigen Eigentumsrechten« an, sprach von Verhandlungen zwischen einer kleinen Anzahl gleichgesinnter Länder. Die Japaner, so heißt es in dem Dokument, hätten »enthusiastisch« reagiert. Sie hatten sich zuvor mit einem Entwurf für ein derartiges Abkommen, das das Vorgängerabkommen TRIPS aktualisieren sollte, und der Bitte um Hilfe an die Organisation für wirtschaftliche Zusammenarbeit und Entwicklung (OECD) gewandt. Doch McCoy, der in seiner früheren Karriere bei einer US-Anwaltskanzlei Klienten in Urheberrechts- und Anti-Produktpirateriemaßnahmen vertreten hatte, versicherte ihnen, dass es nicht nötig sei, die OECD oder eine andere internationale Organisation zu involvieren. Denn das US-Amt des Handelsbeauftragten (USTR) – jene Behörde, die McCoy als Verhandlungsführer entsandt hatte – verfüge über ausreichende Expertise in diesem Gebiet. Bloß keine Aufmerksamkeit von außen!

Warum sich diese US-Behörde so wenig wie möglich in die Karten schauen lassen will, wird mit einem Blick auf das Personal klar. Denn dort arbeitet – unmittelbar betraut mit den ACTA-Verhandlungen – als stellvertretende Assistentin für die Durchsetzung von geistigem Eigentum Kira Alvarez. Eine Frau, in deren Lebenslauf nicht nur eine Tätigkeit als stellvertretende Chefin der »Global Public Policy«-Abteilung bei Time Warner auftaucht, sondern auch eine Beschäftigung beim weltweit operierenden Pharmakonzern Eli Lilly.

Außerdem, so gab das USTR auf Drängen einer NGO zu, schickte es die US-Entwürfe für die internetbezogenen Kapitel von ACTA während der laufenden Verhandlungen 2009 an alle Mitglieder des zuständigen USTR-Beraterkomitees für geistige Eigentumsrechte – und das heißt übersetzt: an 42 Lobbyisten und Vertreter großer Unternehmen. Denn in diesem Beraterkomitee sitzen vor allem Vertreter der großen Unterhaltungsindustrieverbände: für die Filmindustrie die Motion Picture Association of America, für die Musikindustrie die Recording Industry Association of America (RIAA), für die Softwareindustrie die Entertainment Software Association (ESA) und als Dachverband dieser und anderer Verbände die International Intellectual Property Alliance (IIPA). Außerdem wurde das Papier, gegen Unterzeichnung eines Stillschweigeabkommens, auch an über dreißig weitere Firmenvertreter weitergegeben – darunter Juristen und Lobbyisten von Google, Intel, Dell und Ebay. Ebenfalls auf der Liste taucht die Business Software Alliance auf, die unter anderem Unternehmen wie Microsoft oder Apple vertritt, Sony Pictures Entertainment und Rupert Murdochs Medienkonzern News Corp.

Weil ACTA im Geheimen verhandelt wurde, kann nicht genau eingeschätzt werden, wie groß der tatsächliche Einfluss all dieser Konzerne auf die Vorschläge der USA in den ACTA-Verhandlungsrunden gewesen ist. In Blogs, auf Wikileaks und an anderen Stellen im Netz tauchten zwar Papiere auf, in denen Verbände Vorschläge machten, wie der ACTA-Text gestaltet werden könnte – deren Echtheit ist im Einzelfall aber ebenso schwer zu beurteilen wie der tatsächlichen Einfluss der Lobbyverbände auf die Verhandlungen. Nach außen gaben sich die informierten Lobbyisten allerdings abgezockt: Stephan Metalitz etwa, Vertreter des Dachverbands der Unterhaltungslobby IIPA und einer der wenigen, die sich überhaupt öffentlich zu der Thematik äußerten, sagte bei einer öffentlichen Diskussionsveranstaltung im Januar 2010, dass nicht er ACTA aushandle, sondern das zuständige USTR. Und dass ACTA transparenter als andere internationale Abkommen sei.

Heraus jedenfalls kam – trotz einiger Abstriche gegenüber früheren Entwürfen des Vertragstexts – ein Abkommen, das die Interessen von Hollywood, Musikmultis und anderen Firmen, die mit dem Schutz geistigen Eigentums viel Geld verdienen, durchaus wohlwollend vertritt. In vielen Ländern kritisierten Netzaktivisten und Wissenschaftler ACTA jedoch rege – wegen der mangelnden Transparenz im Verhandlungsprozess, aber auch wegen Geist und Text des Abkommens. Erste Leaks von Vertragstextentwürfen tauchten schon 2008 auf, wurden in Blogs veröffentlicht und scharf kritisiert – weil darin besonders im Umgang mit Filesharern drastische Maßnahmen enthalten waren. Zum Beispiel der »Three Strikes«-Mechanismus: Wer dreimal beim Herunterladen von urheberrechtlich geschütztem Material erwischt wurde, dem sollte der Internetzugang gekappt werden. Derartige Passagen tauchen im finalen ACTA-Text nicht mehr auf – ebenso wie andere, radikalere Textteile, die in Vorabversionen noch enthalten waren.

Doch auch diese endgültige Version attackierten Kritiker wie die französische Netzbürgerrechtsorganisation La Quadrature du Net oder der kanadische Wissenschaftler Michael Geist scharf. Unter anderem fürchteten sie, dass ein im Abkommen festgeschriebener ACTA-Ausschuss auch nach Inkrafttreten des Abkommens dessen Inhalt verändern und erweitern könnte.

Anfang 2012, als immer mehr Staaten begannen, das Abkommen zu unterzeichnen, formierte sich in mehreren Ländern Europas plötzlich unerwartet großer Widerstand: Zehntausende kamen zu Anti-ACTA-Demonstrationen, mobilisiert von US-Protesten gegen die dortigen Anti-Piraterie-Gesetzesentwürfe SOPA und PIPA. Unter dem Eindruck der Proteste kündigten einige EU-Staaten, darunter Deutschland, an, das Abkommen nicht zu unterzeichnen. Vorerst. Bis das Europäische Parlament darüber abgestimmt habe.

Eben dieses Europäische Parlament lehnte ACTA Anfang Juli 2012 mit überwältigender Mehrheit ab. Und das, obwohl die Abgeordneten zuvor noch einmal Ziel von besonders engagierten Pro-ACTA-Lobbybemühungen geworden waren: Ein bunter Zusammenschluss aus Vertretern vom internationalen Musikverband IFPI über Softwarefirmen bis hin zum deutschen Aktionskreis gegen Marken- und Produktpiraterie – unter dessen Schirm vom Bundesverband der Deutschen Industrie über Autokonzerne bis zu Pharmafirmen zahlreiche große deutsche Unternehmen und Verbände organisiert sind – legten eine Broschüre auf, mit der sie potentiell widerspenstige Parlamentarier wieder auf ihre Linie einstimmen wollten.

Nach der ACTA-Ablehnung drehte sich die Erzählung: Diverse konservative Zeitungen und Politiker deuteten die junge Anti-ACTA-Protestbewegung zum digitalen Mob um, unter dessen Druck die EU-Politiker eingeknickt seien.

Nach dem Nein im Europäischen Parlament kann ACTA in Europa nicht in Kraft treten. Die Idee des Abkommens ist aber nicht tot: Schon jetzt kursieren Entwürfe für ganz ähnliche internationale oder europäische Abkommen unter kryptischen Namen wie CETA, IPRED2 oder TPP. Doch trotz noch so kryptischer Namen werden diese Vorhaben nicht so still und heimlich lanciert werden können wie das ACTA-Vorhaben – die Aufmerksamkeit im Netz ist ihnen gewiss.

40 *Früher hatte jede anständige Kommune ein öffentliches Frei- oder Hallenbad, heute kann sich kaum noch eine Stadt eines leisten. Warum nicht?*

Von Edith Kresta

»Bäder werden geschlossen, weil die Gemeinden kein Geld haben«, sagt schlicht und ergreifend Franz Reinhard Habbel, Pressesprecher des Deutschen Städte- und Gemeindebundes. Doch das ist nur die halbe Wahrheit: Bäder werden geschlossen, weil der politische Wille sie zu erhalten nicht da ist. Denn: Öffentliche Bäder sind keine Profitzentren. Sie verursachen immer mehr Kosten als Einnahmen, wenn sie einem breiten Publikum dienen sollen. Hinzu kommt: Die Bäder haben privatwirtschaftliche Konkurrenz bekommen. Spaßbäder mit Tropenfeeling und überfrachteten Badelandschaften lassen die funktionalen öffentlichen Schwimmbäder schlicht erscheinen. Und da der Sommerurlaub auch zum Lebensstil der meisten Familien gehört, sind vor allem manche Freibäder in den kurzen Sommermonaten wenig ausgelastet. Ein Zuschussgeschäft.

In den sechziger Jahren, als der Schwimmbadsegen über Westdeutschland kam, gab es den politischen Willen, den Sport breitflächig zu fördern. Man nannte das den »Goldenen Plan«. Bis zu achtzig Prozent der Kosten eines Schwimmbades übernahm damals das Land, die Gemeinde musste nur zwanzig Prozent zusteuern. Anders im Osten Deutschlands: Zu DDR-Zeiten wurden vor allem Sportleistungszentren und nicht der Breitensport gefördert.

Die Folge: Der Osten hatte zur Wiedervereinigung eine doppelt so hohe Ertrinkungsrate wie der Westen, wie eine Statistik der Deutschen Lebens-Rettungs-Gesellschaft (DLRG) zeigt. Auch heute noch, nach 22 Jahren Wiedervereinigung, liegt diese um dreißig Prozent höher als im Westen. Zudem sterben im Osten heute viele Gemeinden aus und es fehlen die Einnahmen durch Gewerbesteuer, die zunehmenden Bäderschließungen zeitigen Konsequenzen: »Konnten vor einigen Jahren noch neunzig Prozent der Siebtklässler schwimmen, sind es heute nur noch siebzig Prozent«, sagt der Präsident der Deutschen Lebens-Rettungs-Gesellschaft (DLRG), Dr. Klaus Wilkens.

Heute gibt es noch 6 200 öffentliche Bäder in ganz Deutschland, jeweils zur Hälfte Hallen- und Freibäder. 1 100 Bäder wurden in den letzten zehn Jahren geschlossen. Immer öfter fragen sich Kommunen angesichts leerer Kassen, ob sie sich ein

Schwimmbad, das in den sechziger Jahren als Inbegriff der Innovation auch einen Pluspunkt in der Wählergunst brachte, noch leisten wollen. »Es gibt achtzig Prozent festgelegte Ausgaben einer Gemeinde, dazu gehören Schulen und soziale Ausgaben. Zu den zwanzig Prozent freiwilligen Ausgaben gehören Schwimmbäder, aber auch Museen, Vereinsförderungen oder touristische Infrastruktur«, weiß Habbel vom Deutschen Städte- und Gemeindebund. »Die Kommunen stehen mit dem Rücken zur Wand«, sagt er. Zwar stehe die Sportförderung im Gesetz, trotzdem sei der Betrieb von kommunalen Bädern laut Rechnungshof eine »freiwillige Ausgabe«. Wenn das Geld knapp werde, könne man schließlich nicht bei den Schulen oder der Feuerwehr sparen. Der Bürger hat keinen gesetzlichen Anspruch auf ein öffentliches Schwimmbad.

Trotz extrem üppiger Gewerbesteuereinnahmen dank der angezogenen Konjunktur in Deutschland kämen viele Kommunen heute nicht über die Runden. »Das liegt auch am demographischen Wandel, der älter werdenden Gesellschaft und der Notwendigkeit, bei vielen Rentnern die Grundsicherung aufzustocken«, sagt Habbel. Die zunehmenden Ausgaben für Arme, Alte und Behinderte belasteten den Sozialetat der Gemeinden. Notwendige Sanierungen und Modernisierungen von Bädern blieben dabei auf der Strecke. Den Hallenbädern fehlt heute die öffentliche Lobby.

Doch nicht nur Sozialleistungen, sondern auch die Schulden steigen, vor allem in übermöblierten urbanen Landschaften wie dem Ruhrgebiet, wo sich manche Gemeinde in Prestigeobjekte versteigt. Schleunigst müssen neue Geldquellen her. Oberhausen treibt eine Sexsteuer für Bordellbesuche ein, Köln experimentiert mit einer Tourismusabgabe, andere senken die Wassertemperatur in Bädern oder schließen das Bad gleich ganz. In Nordrhein-Westfalen schafften von 427 Städten und Gemeinden nur 39 Städte einen ausgeglichenen Haushalt. Die anderen müssen Rücklagen aufzehren – oder neue Schulden aufnehmen. Siebzehn weitere Städte sind bereits überschuldet oder stehen kurz vor der Pleite. Wären sie Unternehmen, müssten sie Insolvenz anmelden. Weil zur Not das Land einspringt, gibt es weiter Geld von der Bank. Der kommunale Offenbarungseid ist oftmals auch überforderten Kämmerern und inkompetenten Räten geschuldet. Selten kommt es zu Kooperationen mit benachbarten Städten. Der Nachbar ist immer zugleich Konkurrent um Steuergelder, Einwohner und Firmen. Und die Kommunen lassen sich nicht gern in die Karten schauen. Sollten sie aber – und sich etwa fragen: Wie effizient arbeitet eine Verwaltung im Vergleich zur Nachbargemeinde? Warum ist der Nahverkehr günstiger als anderswo?

Trier ist die erste Stadt in Rheinland-Pfalz, die eine sogenannte Public-Private-Partnership eingegangen ist, um ein sanierungsbedürftiges Freibad langfristig zu erhalten. Die Partnerschaft vermittelte die Projektentwicklungsgesellschaft des Landes Rheinland-Pfalz (PER). Die Risikoverteilung ist laut PER so angelegt, dass jede Partei das Risiko trage, »das sie am besten steuern kann«. Das kann aber auch so ausgelegt werden, dass die Gewinne verteilt würden, die finanziellen Risiken aber trägt – wie so oft – die Stadt. Denn: Ein privatwirtschaftlicher Partner will verdienen und hat weder Breitensport noch soziale Aspekte im Blick.

Aufgrund der finanziellen Situation der Gemeinden könnte das rein kommunal betriebene Bad tatsächlich bald zum Auslaufmodell werden. Schon jetzt ist die DLRG mit fünfzig Bädern Deutschlands größter Bäderbetreiber. »Die Finanzierung kommt von den Gemeinden und wir unterstützten die Bäder mit einem breiten Netzwerk von ehrenamtlichen Mitarbeitern«, sagt DLRG-Präsident Klaus Wilkens. Er fordert: »Wir brauchen wieder ein bundesweites, ortsnahes Netz an Schwimmbädern, also eine Kehrtwende in der Kommunalpolitik.«

Ein Kehrtwende dahin, dass sich Gemeinden nicht mit prestigeträchtigen Projekten schmücken, sondern öffentliche Räume für Alte, Junge, Arbeitslose und Mütter unterstützen und vor allem finanzieren: ein Schwimmbad als bezahlbares, klassenübergreifendes Vergnügen. Auch als Lobby für die Volksgesundheit.

41 *Einkaufszentren am Stadtrand sind oft der Tod der Innenstädte. Wie kann dann ausgerechnet der größte Shoppingcenterbetreiber mit einer Stiftung »Lebendige Stadt« punkten?*

Von Johannes Gernert

Alexander Otto und sein Unternehmen ECE dürften in Deutschland nur wenige Menschen kennen. Trotzdem hatten die meisten schon einmal mit Otto zu tun: Wenn man in einem Shoppingcenter einkauft, ist die Wahrscheinlichkeit hoch, dass es Alexander Ottos Unternehmen gehört oder er zumindest Anteile daran hält. 444 solcher Center gibt es in Deutschland, so zählt das EHI Retail Institute aus Köln in seinem aktuellsten »Shopping-Center-Report«. Der größte Entwickler dieser überdachten Einkaufsstraßen ist die ECE Projektmanagement GmbH – nicht nur für Deutschland, sondern für ganz Europa. ECE ist das weniger bekannte Unternehmen aus der Otto-Familie. Es gibt den Otto-Versand mit seinem Katalog. Und es gibt ECE, die Einkaufscenter-Entwicklungsgesellschaft. Seit 2000 heißt ihr Chef Alexander Otto. Er ist der Sohn von Werner Otto, dem Gründer des Einkaufsimperiums.

ECE betreibt als Marktführer bald hundert deutsche Shoppingmalls. Und obwohl sich seit einigen Jahren Bürger und Politiker gegen den Bau einzelner Malls wehren, obwohl es Initiativen wie »Kein ECE-Center in Leer« gibt, obwohl mancher Otto vorwirft, mit seinen Centern die Innenstädte auszusaugen und tote Fußgängerzonen zu hinterlassen, obwohl mittlerweile verschiedene Stadtplaner nachgewiesen haben, dass Shoppingcenter die öffentlichen Einkaufsmeilen tatsächlich leeren: ECE baut weiter, und das mit großem Erfolg.

Dieser Erfolg beruht auch auf guten Kontakten in die Rathäuser, wo die Entscheidungen über den Bau solcher Center getroffen werden. Und auf einer Stiftung, die den Namen »Lebendige Stadt« trägt.

»Das mit der Stiftung ist ja 'ne Lachnummer«, sagt Eckhard Brockhoff, ein Konkurrent Ottos, der als Makler Ladenflächen in Innenstädten vermietet. »Der ruiniert die Städte und macht dann eine Stiftung für die lebendige Stadt.«

Die Stiftung Lebendige Stadt versammelt in ihrem Stiftungsrat Politiker und Verwaltungsleute aus allen Teilen Deutschlands. Sie behauptet von sich, unabhängig vom Unternehmen ECE zu operieren. Ihre wichtigsten Gremien allerdings – das Kuratorium und der Vorstand – sind mit ECE-Managern besetzt. Den Vorsitz des Kuratoriums hat Alexander Otto selbst, den Vorstand führt Andreas Mattner an, der gleichzeitig Geschäftsführer von ECE ist. Der Städteforscher Hans-Hermann Albers hat sich für seine Dissertation intensiv mit der Stiftung befasst. Er sagt: »ECE ist eine Lobby-Stiftung, weil sie durch Nähebeziehungen versucht, Sympathie für die ECE zu erzeugen.«

Wie die Stiftung Nähe schafft, kann man an einem Abend im Herbst 2011 im Dortmunder Signal Iduna Park beobachten. Scheinwerfer beleuchten den Rasen, aus Lautsprechern dringen Fangesänge. Unten in den Katakomben besichtigen Bürgermeister und Stadträtinnen aus ganz Deutschland die Dortmunder Umkleidekabinen, sie können Erinnerungsfotos mit dem Dortmunder Meistertrainer Jürgen Klopp machen. Der Höhepunkt ist die Verleihung von Preisen unter anderem an die Städte Ingelheim und Hiddenhausen, das Motto der Preisverleihungen: »Unverwechselbare Stadt«.

Anschließend, beim Umtrunk mit Buffet, stehen der Oberbürgermeister von Leipzig, der ehemalige Oberbürgermeister von Köln und der damalige Ministerpräsident von Schleswig-Holstein Peter Harry Carstensen an den runden Tischen. Auch der Freiburger Bürgermeister Dieter Salomon ist an diesem Abend da. Im Rat der Stiftung Lebendige Stadt sitzen neben Salomon der Oberbürgermeister von Dortmund Ullrich Sierau, der Oberbürgermeister von Köln Jürgen Roters, der Stadtentwicklungssenator von Berlin Michael Müller und der Oberbürgermeister von Jena Albrecht Schröter. Wobei das mit dem SPD-Mann Schröter etwas komplizierter ist. Weil die ECE gerade plant, in Jena zu bauen, habe Schröter seine Mitgliedschaft im Stiftungsrat ruhen lassen, teilt seine Pressereferentin mit. Schröter sei zu einem Zeitpunkt beigetreten, als viele andere namhafte Politiker das auch getan hätten. Er habe da auch nicht gewusst, so müsse man gestehen, in welchem Verhältnis ECE und die Stiftung stehen.

ECE ist auch in Köln aktiv. Einen Interessenkonflikt sieht dessen SPD-Oberbürgermeister nicht. Man schätze den »interdisziplinären Erfahrungsaustausch«. Die Stiftung trage zur Verbesserung des städtischen Lebens bei, mit Deutscher Bahn und Rheinenergie verbessere sie gerade die Beleuchtung für Bahnunterführungen in Köln, schreibt Sprecher Gregor Timmer. Eine zu große Nähe zwischen Stifterunternehmen ECE und der Stiftung Lebendige Stadt nimmt Timmer nicht wahr. Er verteidigt die Stiftung mit den Argumenten, die diese auch selbst anführt: Sie beschäftige sich nicht mit dem Thema Einzelhandel, dem Geschäftsfeld von ECE. Nur fünf Prozent der Gremienmitglieder seien Vertreter des Stifterunternehmens.

Ulrich Müller von LobbyControl widerspricht sehr deutlich: »Die Stiftung ist ein Instrument von ECE und von Alexander

Otto. Sie ist damit direkt verbunden und wird von ECE kontrolliert.« Warum sonst säßen an der Spitze von Kuratorium und Vorstand die ECE-Männer Otto und Mattner? »Alles, was die Stiftung selbst anders darstellt, ist eine Täuschung der Öffentlichkeit.« Ein Sprecher der Stiftung entgegnet, die Gremien entschieden mit einfacher Mehrheit. Man bemühe sich um eine Trennung von ECE und Stiftung.

Thematische Unabhängigkeit? »Natürlich beschäftigt sich die Stiftung mit Bereichen, die für die Unternehmensziele relevant sind. Lebendige Stadt: Als Imageabfederung gegen den Vorwurf, dass diese Einkaufszentren tot sind. Es dient dazu, positiv wahrgenommen zu werden. Nicht als die grauen Männer, die ihre Center möglichst profitabel verticken wollen. Sondern als die netten Männer, die etwas für die Stadt tun.« Die Stiftung helfe bei der Kontaktpflege zu den stadtpolitischen Entscheidern.

»Die Stiftung wirkt in Richtung Politik und Verwaltung. Die Gremien sind hauptsächlich mit Politikern besetzt und kaum mit Fachpersonen«, sagt Hans-Hermann Albers. Auch der Stiftungsexperte Rupert Graf Strachwitz stellt fest: »Dass eine Stiftung so dezidiert Positionen vertritt, von denen das nahestehende Unternehmen unmittelbar betroffen ist und dass die Unternehmensleitung zugleich in der Stiftung tätig ist, das ist schon ein Ausnahmefall.« Alexander Ottos Bruder Michael habe einen sehr guten Leumund für seine Stiftung, er engagiere sich im Umweltbereich. Alexander Otto dagegen setze »einen ganz anderen Akzent«. Rechtlich allerdings sei das Vorgehen nicht angreifbar, solange sich die Stiftung Lebendige Stadt gemeinnützig betätige.

Der Kölner Oberbürgermeister steht trotz alledem zu seinem Engagement: »Der Gedanke, ein Unternehmen könne über die Unterstützung von Stiftungsarbeit direkt oder indirekt Einfluss auf politische Entscheidungsprozesse in Kommunen nehmen, ist nicht nachzuvollziehen«, schreibt sein Sprecher.

Dem stünden nicht nur die Komplexität politischer Willensbildung und moderner Bürgerbeteiligung, sondern auch die rechtlichen Anforderungen von Genehmigungsprozessen und die Verfahren der europäischen Ausschreibungs- und Vergabepraxis entgegen.

Stadtforscher Albers hält dagegen, dass nicht nur ECE, sondern auch die Politiker von dieser Nähe profitierten, etwa indem sie auf Vertreter der Deutschen Bahn träfen. Gerade Politiker aus schwachen Regionen setzten daher große Hoffnungen in ein Engagement von ECE – oder in die Förderung durch die Stiftung. Albers sieht so die Kontrollmechanismen der Demokratie ausgehebelt, weil Politiker, die sich einem Konzern und seiner Stiftung verbunden fühlen, dessen Vorhaben vielleicht weniger kritisch prüfen.

»Die Sensibilität dafür, dass das Filz ist, die ist ja relativ neu«, sagt Rupert Graf Strachwitz. Sie sei unter anderem wegen des Wulff-Skandals gewachsen. Allerdings nur langsam und längst nicht bei allen. Im Kuratorium der Stiftung Lebendige Stadt sitzt auch Olaf Scholz, der Erste Bürgermeister von Hamburg, einer Stadt, in der ECE mehrere Center betreibt. Ein Interessenkonflikt? »Nein«, antwortet Scholz' Sprecher knapp.

42 *Entwicklungshilfe ist eine Beziehungskiste aus Hilfe und Geschäft. Wie kann es sein, dass sie den Gebern oft mehr bringt als den Empfängern?*

Von Antje Stiebitz

Die Aufgaben sind gigantisch: Eine Milliarde Erdenbürger sind unterernährt, für 0,9 Milliarden ist sauberes Wasser unerreichbar, 1,5 Milliarden können zu Hause nicht einmal eine Glühbirne anknipsen und knapp 0,8 Milliarden Menschen sind Analphabeten. Angesichts dieser weltweiten sozioökonomischen Herausforderungen formulierten die Vereinten Nationen bereits 1970 das Ziel, dass die Industrieländer 0,7 Prozent ihres Bruttosozialproduktes für öffentliche Entwicklungshilfe investieren sollen. Die Paradigmen der Entwicklungspolitik haben seit jener Zeit immer wieder ihr Gesicht verändert. Am grundsätzlichsten war vielleicht die Umbenennung von »Entwicklungshilfe« in »Entwicklungszusammenarbeit« – dieser Begriffswandel sollte einer gleichberechtigten Partnerschaft zwischen Geber- und Empfängerländern Rechnung tragen. Doch inwieweit sich Industrie- und Entwicklungsländer tatsächlich auf Augenhöhe begegnen, bleibt strittig.

Meistens ist es die Deutsche Gesellschaft für Internationale Zusammenarbeit (GIZ), die die Entwicklungspolitik der Bundesregierung mit Leben füllt. Die GIZ – zum 1. Januar 2012 aus der Fusion der Gesellschaft für Technische Zusammenarbeit, dem Deutschen Entwicklungsdienst und der Bildungsorganisation INWEnt hervorgegangen – ist ein Gigant: Ansässig in Bonn und Eschborn beschäftigt die Gesellschaft weltweit 17000 Mitarbeiterinnen und Mitarbeiter. Rund siebzig Prozent von ihnen sind als nationales Personal in den Partnerländern beschäftigt. Hinzu kommen 3075 Entwicklungshelfer, Fachkräfte und Freiwillige. Mit dem jährlichen Etat von 1,85 Milliarden Euro werden nicht nur Brunnen gebaut. Die Entwicklungscompany beackert ein weites Feld: Sie will Millionen von Burundern einen Zugang zu Wasser verschaffen, bekämpft in Mosambik die Immunschwäche Aids und plant jüngst, 350 Tonnen Giftmüll aus dem indischen Katastrophenort Bhopal zu entsorgen. In mehr als 130 Ländern berät und finanziert die GIZ, stellt Ausrüstung und Material zur Verfügung, verfasst Studien und Gutachten und engagiert sich in der internationalen Bildungsarbeit. Sie unterstützt in Ghana im Auftrag des

Auswärtigen Amts die Ausbildung der Polizei und setzt sich in Kambodscha für Good Governance ein.

Doch für wen ist die GIZ Lobby? Für die Armen, für Abenteurer mit Helfersyndrom oder für die Bundesregierung? »Wir sind keine Lobbyisten. Unser Ziel ist die nachhaltige Entwicklung«, erklärt GIZ-Sprecher Hans Stehling. »Wir arbeiten mit Menschen, Organisationen und Systemen zusammen, um sie voranzubringen, leistungsfähiger zu machen und Ressourcen zu schützen.« Das Zwitterwesen GIZ, weder Konzern noch Behörde, sondern gemeinnütziges Unternehmen, ist zwar nicht auf der Jagd nach hohen Renditen, hat aber selbstverständlich ein wirtschaftliches Eigeninteresse. Es ist abhängig von seinen Auftraggebern, erschließt sich neue Aufgabenfelder und platziert sich geschickt auf den globalen Entwicklungsmärkten.

Als Ausführungsorgan der bundesdeutschen Regierung ist die GIZ dem westlichen Wirtschaftsmodell verpflichtet – ein Fakt, der vor allem von linken Kritikern moniert wird. Gerne werden im Namen der partnerschaftlichen Entwicklungszusammenarbeit wichtige Rohstoff- und Absatzmärkte gesichert. Und damit deutsche Unternehmen und Arbeitsplätze gefördert: »Wird durch Entwicklungshilfe in einem Entwicklungsland die Technik eines Industrielands exportiert, so kann auch mit Folgeaufträgen gerechnet werden«, schreibt Werner Lachmann, Ökonom an der Universität Erlangen-Nürnberg. Der Wissenschaftler kommt zu dem Schluss, dass keine Gebernation über einen längeren Zeitraum hilft, ohne eine entsprechende Gegenleistung zu erwarten. Geben und Nehmen. Eine solche Revanche kann politisch, ökonomisch oder militärisch sein, kann Hilfe im Kampf gegen Drogenanbau oder Terrorismus bedeuten. Entwicklungshilfe macht aber auch Sinn, um die eigene Bevölkerung vor Migration aus der Dritten Welt zu schützen.

Immer wieder kommt es auch vor, dass die Entwicklungshilfe an den Bedürftigen vorbeigeht. Die Gründe sind meist vielfältig:

Oft ist es eine Mixtur aus organisatorischen, finanziellen oder politischen Faktoren. Manchmal seien die Aufgaben so groß, erklärt GIZ-Sprecher Hans Stehling, dass die zur Verfügung stehenden Mittel einfach verpufften. Ein GIZ-Wasserprojekt in Burundi, das acht Millionen Menschen den Zugang zu Trinkwasser erleichtern sollte, versickerte im Streit um Veruntreuung und Kompetenzen. In Kambodscha, das von Landgrabbing betroffen ist, beteiligt sich die GIZ an der Vergabe von Landtiteln. Die Menschenrechtsorganisation FIAN beanstandet, dass die GIZ im Zweifel für die Investoren und gegen die Landlosen entscheide. Und in manchen Fällen stecken die Eliten der Nehmerländer fließende Gelder lieber selbst ein und ignorieren die Interessen der eigenen Bevölkerung. Doch das sind laut Stehling »Einzelfälle«. Wer deshalb Entwicklungshilfe kritisiere, könne genauso gut behaupten, der medizinische Fortschritt sei eine einzige Katastrophe, weil der Mensch immer noch sterblich sei.

Die »nachhaltigen Entwickler der GIZ« machen Erfahrungen in Lebenswelten, die den Zuhausegebliebenen verwehrt bleiben. Nach ihren Auslandsaufenthalten reichen sie ihre Eindrücke – als Botschafter anderer Kulturen – an uns weiter. Und das ist ein echter Gewinn, denn ihre Einsichten öffnen die Herzen der Zuhörenden und erweitern somit unseren Horizont.

43 *Viele Politiker sind für ihre Posten offensichtlich ungeeignet. Warum werden sie dennoch in ihre Jobs berufen?*

Von Cigdem Akyol

Wer ist ein unfähiger Politiker? Ist es ein Michael Glos (CSU)? Der ehemalige Wirtschaftsminister gab während der Weltwirtschaftskrise 2009 sein Amt auf – freiwillig. Sein Parteikollege Karl-Theodor zu Guttenberg beendete seine Karriere als Verteidigungsminister 2011, nachdem bekannt wurde, dass er für seine Doktorarbeit einen Großteil abgeschrieben hatte. Vorerst gescheitert? War ein Christian Wulff (CDU) unfähig? Der einstige Bundespräsident musste wegen seiner ausufernden Schnäppchenjagd im Februar 2012 zurücktreten. Und Kristina Schröder (CDU)? Die Familienministerin fällt durch ihre wenig emanzipatorischen Aussagen und die Verteidigung der sogenannten »Herdprämie« auf. Wirtschaftsminister und FDP-Vorsitzender Philipp Rösler hingegen fällt höchstens wegen des desaströsen Zustands seiner Partei und seiner Unauffälligkeit auf. Die Aufzählung ließe sich noch lange fortsetzen. Doch schaut man sich die Fehlleistungen dieser Politiker an, stellt sich unweigerlich die Frage: Wie konnten diese Politiker trotz ihres geringen Talentes Minister werden?

Laut *Duden* ist Unfähigkeit der Mangel an Kompetenz und an Handlungsmöglichkeiten. Über keine Eigenschaft des politischen Handelns wird so oft gesprochen wie über die Unfähigkeit. Sie ist eine der stärksten Fallen, dabei aber eine sehr menschliche Eigenschaft. Doch in der Politik hat die Unfähigkeit nichts zu suchen. Von einem Politiker wird erwartet, dass er sich für das Gemeinwohl einsetzt, Großes und Gemeinnütziges zustande bringt; möglichst 24 Stunden an sieben Tagen in der Woche.

Unentdeckt kann der Unfähige es Monate oder Jahre schaffen weiterzuarbeiten. Die Unfähigkeit überlebt Positionswechsel, der Betroffene kann in ungeahnte Höhen aufsteigen. Wer seine eigene Unfähigkeit nicht erkennt, den kann sie ganz in Beschlag nehmen und letztlich zugrunderichten. Die Unfähigkeit ist nicht vorgesehen in der politischen Arena. Wenn sie dann doch zutage tritt, verschiebt sie manchmal das Koordinatensystem.

So kam in jüngster Vergangenheit erst der zu Guttenberg-Rücktritt, dann folgte der Wulff-Abgang – zurück blieb das Bild vom Politiker als Blender und tricksendem, gierigem Mann mit mangelnder moralischer Integrität. Kein Volksvertreter, sondern ein Ich-Vertreter. Wulff hat nicht zuletzt durch seinen späten Rücktritt dem Amt geschadet. Er hat darauf spekuliert, dass er durch sein hohes Amt geschützt wird; dabei hätte er das Amt schützen müssen. Doch in der Politik wird fast jeder Vorgang auf offener Bühne ausgetragen, jede Lüge und jede Wahrheit finden vor Publikum statt, da will keiner als Verlierer dastehen.

Nichts wurde in den vergangenen Jahren so gründlich zertrümmert wie der Mythos, dass sich ein Spitzenamt in der Politik vor allem durch Kompetenz begründet. Spitzenämter in der Politik sind vor allem Manövriermasse der Parteien und Parteivorsitzenden. Erst weit danach kommt der Anspruch nach Kompetenz und öffentlicher Zustimmung. Parteien sind der Maschinenraum der Demokratie, hier werden Karrieren geschmiedet und Pfründe verteilt. Die Gründe, denen ein Politiker seinen Aufstieg verdankt, sind vielfältig. Da sind erst einmal Loyalität zur Führung, die Zugehörigkeit zu bestimmten Seilschaften, der regionale Proporz, in einigen Parteien kommt der Geschlechterproporz mittlerweile dazu. Ein guter Auftritt in Wahlkämpfen ist hilfreich, muss aber nicht unbedingt sein. Wenn der Mann oder die Frau dann auch noch ein wenig Ahnung von seinem/ihrem Zuständigkeitsbereich vortäuschen kann, umso besser.

Als der blasse Glos seinen Rücktritt einreichte, musste ein strahlender Ersatz gefunden werden. So begann die kurze Karriere von zu Guttenberg, der vorher nur auf lokaler Ebene aufgefallen war. Wulff wurde von Angela Merkel als Bundespräsident beharrlich durchgesetzt, weil Merkel einen Konkurrenten loswerden wollte, und Familienministerin Schröder bekam ihren Posten, weil sie aus Hessen kommt und die Bundeskanzlerin sich vor ihr nicht fürchten muss.

Politik ist ein erbarmungsloses Geschäft. Politiker sollen jederzeit zu den Themen der Zeit sprechfähig sein. Ein einziges Stammelvideo im Internet kann einen schnell der Lächerlichkeit preisgeben. Doch hat dies nichts mit Unfähigkeit zu tun. Politiker sind fast schon von Amts wegen dazu gezwungen, dem Publikum eine Rolle vorzuspielen. Ein Schauspiel, welches man ihnen nicht einmal übelnehmen kann. Sie müssen gewählt werden und Fassaden aufrechterhalten, ein bisschen Show gehört stets dazu.

Wer weder Schauspiel noch Versteck beherrscht, dessen Unfähigkeit wird irgendwann sichtbar und der muss manchmal schlicht ausgehalten werden. Bestes Beispiel für solch ein Szenario und damit auf Platz eins ist Kristina Schröder, Bundesministerin für Familie, Senioren, Frauen und Jugend. Bisher kennt man sie vor allem aus drei Gründen: Sie änderte während ihrer Amtszeit ihren Nachnamen, wurde Mutter. Und sie ist gegen eine gesetzliche Frauenquote. Außerdem ist sie durch die Entscheidung aufgefallen, in ihrem Ministerium ein Männerreferat einzurichten. Für Frauen, Senioren, Jugend und Familie hat sie noch nicht viel getan. Im Juni 2012 hat sie die erste Lesung ihres Betreuungsgeldgesetzes im Bundestag verpasst. Kristina Schröder ist – dies lässt sich ganz klar feststellen – unfähig und ungeeignet für dieses Amt.

Auf Platz zwei schafft es Philipp Rösler, der zwar noch nicht gestürzt ist, aber es wohl nicht mehr lange machen wird. Er ist jetzt schon ein Gescheiterter, ein Mann, der es nicht verstanden hat, seine FDP hinter sich zu einigen und zu beweisen, dass seine Partei harmonisch mit der Union regieren kann. Er ist, ohne Zweifel, für den Job als FDP-Bundesvorsitzender eine Fehlbesetzung. Da es keine beständige Vereinbarkeit von Unfähigkeit und Politik gibt – jedenfalls nicht ganz oben –, ist Röslers Abgang nur noch eine Frage der Zeit.

44 *Die Deutschen werden immer weniger. Warum bekommen dennoch nicht alle Kinder, die in Deutschland geboren werden, die deutsche Staatsbürgerschaft – und zwar für immer und nicht auf Probe?*

Von Sabine am Orde

4487 Jugendliche bekommen in diesem Jahr zu ihrem 18. Geburtstag Post vom Amt. Doch es sind keine Glückwünsche, die im Briefkasten stecken. Es ist die Aufforderung, sich zu entscheiden. Für einen der beiden Pässe, den die Jugendlichen besitzen. Für den deutschen oder jenen, den auch ihre Eltern haben, in den meisten Fällen ist das der türkische. Spätestens bis zum 23. Geburtstag müssen die jungen Frauen und Männer einen der beiden Pässe abgeben. Machen sie das nicht, verlieren sie automatisch die deutsche Staatsbürgerschaft. Den Pass des Landes also, in dem sie geboren wurden und in dem sie leben.

Dieses integrationspolitisch zweifelhafte und bürokratisch aufwendige Verfahren ist das Ergebnis einer Blockade von CDU und CSU – jener Parteien also, die sich lange der Einsicht verweigert haben, dass Deutschland ein Einwanderungsland ist. Und die sich bis heute schwer damit tun, sich von ihrer veralteten Vorstellung von Staatsbürgerschaft zu lösen: der Vorstellung, dass eigentlich nur Deutscher ist, wer deutsche Eltern hat. Dass doppelte Staatsbürgerschaften zu Loyalitätskonflikten führen und daher abzulehnen sind. Und dass Einbürgerungen bestenfalls das krönende Ende einer gelungenen Integration darstellen. Entsprechend torpedierte die Union jede Reform für ein modernes Staatsbürgerschaftsrecht – und sie tut es heute noch.

Das Ergebnis: In Deutschland leben derzeit fast sieben Millionen Menschen ohne deutschen Pass. Sieben Millionen, die nicht wählen und nicht mitbestimmen dürfen. Nicht nur demokratietheoretisch, auch ganz praktisch ist das ein Problem.

Wer setzt sich schon für Menschen ein, die bei der nächsten Wahl keine Stimme haben? Hinzu kommen inzwischen über 450 000 sogenannte Optionskinder – jener Nachwuchs mit zwei Pässen also, die als junge Erwachsene einen der beiden Ausweispapiere abgeben müssen. Sie haben die deutsche Staatsbürgerschaft also nur auf Probe.

Die rot-grüne Bundesregierung hatte eigentlich etwas anderes im Sinn, als sie sich 1999 an die Reform des Staatsbürgerschaftsrechts machte. In Deutschland geborene Kinder von ausländischen Eltern sollten unter bestimmten Bedingungen endlich die deutsche Staatsbürgerschaft erhalten, Einbürgerungen nach acht Jahren möglich sein und nicht mehr davon abhängen, dass der bisherige Pass abgegeben wird. Doch gegen den Doppelpass mobilisierte CDU-Kandidat Roland Koch im hessischen Landtagswahlkampf extrem erfolgreich mit einer Unterschriftenaktion. Koch gewann, Rot-Grün verlor die Mehrheit im Bundesrat. Die damalige Bundesregierung suchte einen Kompromiss mit der FDP: Im Jahr 2000 wurde das Geburtsortsprinzip ins deutsche Gesetz eingeführt, das dort jetzt das Abstammungsprinzip ergänzt. Die doppelte Staatsbürgerschaft ist aber nur noch in Ausnahmefällen erlaubt. Für Kinder und Jugendliche gilt seit 2000 das Optionsmodell.

Dieses ist seitdem vielfach kritisiert worden, zuletzt versuchten SPD, Grüne und die Linkspartei im November 2011, das Optionsmodell im Bundestag zu kippen. Doch die Union blockierte wieder einmal. Das Optionsmodell, so argumentierte damals Innenstaatssekretär Ole Schröder (CDU), fordere den Jugendlichen ein notwendiges »Bekenntnis zu ihrer Zukunft in Deutschland« ab. Zu einem Land also, in dem sie geboren und aufgewachsen sind und in dem sie leben.

Tatsächlich leben in Deutschland seit Jahrzehnten viele Menschen ohne Probleme mit der doppelten Staatsbürgerschaft. Millionen Spätaussiedler gehören dazu, auch Menschen aus den

Mitgliedstaaten der Europäischen Union müssen ihren Pass nicht abgeben, um den deutschen zu bekommen. Mittlerweile wird in der Mehrheit der Einbürgerungen die Mehrstaatlichkeit hingenommen. Doch all das führt nicht zu einem Umdenken in der Union. Denn die Konservativen wissen, dass sie besser damit fahren, die Ressentiments ihrer Stammwählerschaft zu bedienen, als sich auf den mühsamen Weg zu machen, ihren Wählern die Augen für die Realität zu öffnen. Deshalb reden die konservativen Bundesinnenminister – egal ob sie Schäuble, de Maizière oder Friedrich heißen – dann gerne zur Begründung von Identitätskonflikten, und davon, dass man sich nicht gleichzeitig zwei Ländern gegenüber loyal verhalten könne.

Das aber verkennt, dass die emotionale Verbindung mit mehr als einem Land für viele Menschen schlicht alltäglich ist, und auch, dass menschliche Identität weit mehr ausmacht als das Zugehörigkeitsgefühl zu einem Land. Der Schriftsteller Navid Kermani ist Doppelstaatler, er hat einen deutschen und einen iranischen Pass. Ein Identitätskonflikt sei für ihn nicht, zwei Ausweispapiere zu haben, sagt er. Ein Identitätskonflikt sei, wenn der 1. FC Köln gegen die iranische Nationalmannschaft spielte. Dazu aber wird es vermutlich nicht kommen.

45 *Seit knapp fünfzig Jahren verhandelt die Türkei über eine Mitgliedschaft im europäischen Club. Warum nur ist das Land immer noch nicht EU-Mitglied?*

Von Jürgen Gottschlich

Es ist das Jahr 1963, als die Türkei unter tätiger Mithilfe der damaligen deutschen CDU-Regierung ein Assoziierungsabkommen mit der damaligen Europäischen Wirtschaftsgemeinschaft EWG abschließt. Das Abkommen sieht vor, Türken innerhalb der EWG Freizügigkeit zu gewähren und stellt dem Land einen späteren Beitritt zum europäischen Club in Aussicht, dem damals außer Deutschland noch Frankreich, die Beneluxländer und Italien angehörten. Damals stellte niemand innerhalb der CDU die europäische Identität der Türkei in Frage und ein Beitritt des Landes in den europäischen Verbund schien eine Frage von vielleicht zehn Jahren zu sein.

Heute verhandelt die Türkei noch immer über einen Beitritt in die mittlerweile zur EU mutierten Gemeinschaft und ein Erfolg der Verhandlungen scheint dennoch weiter entfernt als vor fünfzig Jahren. Damals schien alles ziemlich einfach. Das Land war bereits 1952 der Nato beigetreten und sicherte damit die Südostflanke des »freien Westens« gegen die Sowjetunion. Als einziges Nato-Land neben der BRD hatte die Türkei eine direkte Grenze mit dem Ostblock und stand damit an vorderster Front gegen »die Russen«. Es verstand sich fast von selbst, dass man die Türkei deshalb außer in den militärischen auch in die wirtschaftlichen Strukturen des Westens einbinden wollte. Gerade für Deutschland kam noch ein gewichtiges Argument hinzu. Für sein »Wirtschaftswunder« fehlten noch Hilfsarbeiter, und die holte man sich aus Anatolien.

Kein Mensch redete davon, dass die Türkei »zu neunzig Prozent zu Asien gehört« oder die Türken sich aus kulturellen und religiösen Gründen in Europa nicht integrieren könnten. Sie gehörten einfach zu den südosteuropäischen »Gastarbeitern«, die sowieso in irgendwelchen Barackensiedlungen lebten und in der Öffentlichkeit nicht weiter auffielen. Der Grund, warum das Land zunächst nicht in die EWG aufgenommen wurde, war das enorme Wirtschaftsgefälle zwischen Nord- und Südeuropa. Trotzdem schien der Beitritt nur noch eine Frage der Zeit, wurde hauptsächlich unter außenpolitischen Gesichtspunkten gesehen und beschäftigte nur wenige Experten.

Die Situation veränderte sich jedoch grundlegend 1973. Das deutsche Wirtschaftswunder schwächelte, die große Wachstumsphase nach dem Krieg neigte sich ihrem Ende zu und die »Gastarbeiter« wurden weniger benötigt. Die Regierung Helmut Schmidt verhängte den sogenannten Anwerbestopp und verfügte strenge Einreisevisa für Türken. Auf einen Schlag hatte die BRD auf einmal ein »Türkenproblem«. Plötzlich bemerkten die Büchsenspanner bei *Bild* und Co., dass in Köln, Gelsenkirchen, Berlin und Stuttgart viel zu viele schnauzbärtige Anatolier herumliefen, die kein Deutsch sprachen, aber angeblich den Deutschen die Arbeitsplätze wegnahmen und deshalb möglichst schnell in »ihre Heimat« zurück expediert werden sollten. Ab jetzt waren die Türken und die Türkei ein innenpolitisches Problem.

Tatsächlich hat die Türkei selbst bis Mitte der achtziger Jahre für eine Mitgliedschaft in der EWG (später EG und dann EU) auch nicht viel getan, doch das änderte sich mit dem wirtschaftsliberalen Turgut Özal, der das Land für den Weltmarkt öffnete und 1987 erstmals offiziell einen Beitrittsantrag stellte. Seitdem sind alle türkischen Regierungen diesem Ziel verpflichtet und spätestens seitdem wirken organisierte Pro-und-Contra-Lobbys mit, um die Beitrittsbemühungen in die eine oder andere Richtung zu bewegen.

Die Türkei hat immer wieder teure PR-Agenturen verpflichtet, die zumeist mit verdienten Ex-Politikern wie Hans-Dietrich Genscher versuchten, das Meinungsklima in ihrem Sinne zu beeinflussen. Doch gegen die Meinungsmacht konservativer Blätter und konservativer Politiker in Deutschland, die aus gezielt geschürten Ressentiments ihren Profit zogen, hatten sie wenig Chancen.

Daran konnten selbst der mächtige Verbündete USA und die meisten deutschen Großkonzerne wenig ändern. Amerikanische Politiker, die die Türkei aus geopolitischen Gründen gern im Westen tief verankert hätten, machten in Bonn immer wieder Druck, um die Regierung Kohl dazu zu bringen, einem EU-Beitritt der Türkei zuzustimmen – doch vergeblich. Auch einflussreiche Konzerne wie Daimler-Benz hatten keine Chance. Der damalige Vorstandschef Edzard Reuter pries die Zukunft des Wirtschaftsstandortes Türkei in den höchsten Tönen, doch er fand bei der CDU/CSU kein Gehör. Die Stimmungsmache gegen »die Türken« ließ sich allzugut in Wählerstimmen ummünzen. Fremdenfeindlichkeit ist in der konservativen Mitte Deutschlands so tief verankert, dass CDU und vor allem CSU mit dem Ruf »Türken raus aus Europa« immer wieder ihre Reihen schließen und Wechselwähler zu sich rüberziehen konnten.

Die Haltung zur Türkei ändert sich deshalb erst, als Rot-Grün unter Schröder an die Regierung kam. 1999 wurde innerhalb der EU beschlossen, dem Land offiziell den Status eines Beitrittskandidaten zu geben. Plötzlich entstand eine Dynamik, mit der so niemand gerechnet hatte. Die türkische Regierung machte Ernst mit den Reformversprechen und schafft als erstes die Todesstrafe ab. Die Umsetzung der Kopenhagener Kriterien als Voraussetzung für den Beginn formaler Beitrittsverhandlungen ging zügig voran. Europas Konservative waren alarmiert wie lange nicht, erstmals seit 1963 rückte ein Beitritt der Türkei in die EU wirklich in den Bereich des Möglichen.

Eine Kampagne begann, wie sie bis dahin noch kein Beitrittskandidat der EU erleben musste. Motto der Kampagne: »Die Türkei gehört nicht zu Europa. Weder geographisch, noch kulturell noch historisch«. Neben den konservativen Medien wie der *Welt*, der *Frankfurter Allgemeinen Zeitung* und dem ZDF wurden insbesondere zwei Historiker in Deutschland zur Speerspitze der Anti-Türkei-Kampagne, die bis dahin eher auf der linken, zumindest der sozialdemokratischen Seite verortet waren. Heinrich August Winkler und Hans-Ulrich Wehler, zwei emeritierte Professoren, erlebten als Hauptstichwortgeber der

Konservativen so etwas wie einen dritten Frühling. Waren sie vordem bereits abgemeldet, sah man sie nun bald jede Woche in einer anderen Talkshow. Und die Kampagne wirkte. Nicht mehr nur bei den Konservativen, auch innerhalb der SPD-Rechten machte sich Unmut über Schröders Türkeikurs breit.

Doch Schröder und Fischer ließen sich nicht beirren. Das hatte zwei Gründe. Erstens gingen die Wirtschaftsdaten der Türkei steil nach oben, was bedeutete, dass das Land durchaus nicht zum Eurograb werden musste, und zweitens: nach »Nine Eleven« wäre die Türkei in der EU ein gutes Beispiel dafür gewesen, dass der Westen sich nicht in einem generellen Konflikt mit islamischen Ländern befindet. Eine der letzten Amtshandlungen der Regierung Schröder im Sommer 2005 war es, ihre Unterschrift unter das Beitrittsverhandlungsabkommen der EU mit der Türkei zu setzen.

Mit Merkel und wenig später Sarkozy in Frankreich veränderte sich die Haltung der EU gegenüber der Türkei wieder in Richtung neunziger Jahre. Nachdem Sarkozy nun durch Hollande abgelöst wurde und Rot-Grün sich in Deutschland Hoffnungen machen kann, CDU/CSU und FDP abzulösen, könnte es auch für die Türkei wieder eine Chance geben. Dass die Türkei nach fünfzig Jahren immer noch nicht EU-Mitglied geworden ist, hat deshalb wenig mit außenpolitischen Gründen oder den Menschenrechten am Bosporus zu tun, sondern spiegelt getreulich den Einfluss fremdenfeindlicher Gruppen in den wichtigsten EU-Ländern. Wie schnell eine fremdenfeindliche Stimmung zu mobilisieren ist, hat man zuletzt erst wieder am Erfolg Thilo Sarrazins gesehen. Erst wenn die Mehrheit in Deutschland wirklich »weltoffen« geworden ist und einen Beitritt unter außen- und wirtschaftspolitischen Gesichtspunkten diskutiert, wird die Türkei eine Chance haben.

46 *Niemand will Kriege. Warum werden sie dennoch dauernd geführt?*

Von Mathias Bröckers

»Natürlich, das einfache Volk will keinen Krieg; weder in Russland, noch in England, noch in Amerika, und ebenso wenig in Deutschland. Das ist klar. Aber schließlich sind es die Führer eines Landes, die die Politik bestimmen, und es ist immer leicht, das Volk zum Mitmachen zu bringen, ob es sich nun um eine Demokratie, eine faschistische Diktatur, um ein Parlament oder eine kommunistische Diktatur handelt. Das Volk kann mit oder ohne Stimmrecht immer dazu gebracht werden, den Befehlen der Führer zu folgen. Das ist ganz einfach. Man braucht nichts zu tun, als dem Volk zu sagen, es würde angegriffen, und den Pazifisten ihren Mangel an Patriotismus vorzuwerfen und zu behaupten, sie brächten das Land in Gefahr. Diese Methode funktioniert in jedem Land.«

Dass einer der führenden Nazis und größten Kriegstreiber des 20. Jahrhunderts, der designierte Nachfolger Hitlers und Oberkommandierende der Luftwaffe Hermann Göring, bei seiner Vernehmung im Nürnberger Prozess 1946 diese Aussage machte, nimmt ihr nichts von ihrer zeitlosen Richtigkeit. Die Nazis hatten mit dem Mythos vom »Volk ohne Raum« und der Angst vor einer aggressiven »jüdisch-bolschewistischen Weltverschwörung« propagandistisch ein Klima geschaffen, das die Mehrheit der Deutschen willig in den Krieg ziehen ließ – und bis heute kann ohne die Schaffung von Bedrohungsszenarien kein Krieg vom Zaune gebrochen werden. Auch der sogenannte Kalte Krieg von 1945 bis 1989, der in mörderischen Stellvertreterkriegen in den entlegensten Ecken der Welt ausgetragen wurde, konnte nur geführt werden, weil auf beiden Seiten eine Kirche der Angst permanent die Gebetsmühlen der

Propaganda drehte und das Volk in Furcht vor dem »Feind« versetzte. Dass die »Massenvernichtungswaffen« des Irak nicht nur vorhanden seien, sondern Europa »in 45 Minuten erreichen können«, wie der britische Premier Tony Blair beschwor, und dass die Bundesrepublik nach Ansicht des deutschen Verteidigungsministers gezwungen sei, ihre »Freiheit am Hindukusch« zu verteidigen, sind zwei aktuelle Beispiele der Panikmache, mit der Regierende ihre ahnungslose Bevölkerung in Kriege treiben.

Die Methode funktioniert in der Tat, zu jeder Zeit und in jedem Land. Doch wer sorgt eigentlich dafür, dass sie immer wieder angewendet wird? Die unverblümte Antwort, die General Smedley Butler, bei seinem Tod 1940 der höchstdekorierte Marine der US-amerikanischen Armee, auf diese Frage gegeben hat, ist ebenso eindeutig wie zeitlos richtig: »Es gibt keinen Gaunertrick, den die militärische Gang nicht auf Lager hat. Sie hat ihre Spitzel, die mit dem Finger auf die Feinde zeigen, sie hat ihre ›Muskelmänner‹ zur Vernichtung der Feinde, sie hat ein Gehirn, das die Kriegsvorbereitungen trifft, und einen Big Boss, den supernationalistischen Kapitalismus. Es mag merkwürdig anmuten, dass ausgerechnet ich als Angehöriger des Militärs einen solchen Vergleich wage. Aber die Wahrhaftigkeit zwingt mich dazu. Ich habe dreiunddreißig Jahre und vier Monate als Mitglied der agilsten Militärmacht dieses Landes, der Marineinfanterie, im aktiven Dienst verbracht. Ich habe in allen Rängen gedient, vom Leutnant bis zum Generalmajor. Und einen Großteil dieser Zeit war ich ein erstklassiger Muskelmann für das Big Business, für die Wall Street und die Banker. Kurzum, ich war ein Gangster des Kapitalismus. Ich ahnte damals, dass ich nur ein Teil eines großen Gangsterplans war. Jetzt weiß ich es.« (*War is a Racket*, 1935)

Smedley Butlers Kollege im Generalsstand, US-Präsident Eisenhower, drückte sich in seiner Abschiedsrede 1961 zwar etwas staatsmännischer aus und sprach nicht von Gangstern, sondern vom »militärisch-industriellen Komplex«, doch seine explizite Warnung geht in dieselbe Richtung: »Wir in den Regierungsgremien müssen uns vor unbefugtem Einfluss durch den militärisch-industriellen Komplex schützen. (…) Wir dürfen es nie zulassen, dass die Macht dieser Kombination unsere Freiheiten oder unsere demokratischen Prozesse gefährdet. (…) Nur wachsame und informierte Bürger können die angemessene Mischung der gigantischen industriellen und militärischen Verteidigungsmaschinerie mit unseren friedlichen Methoden und Zielen erzwingen, so dass Sicherheit und Freiheit zusammen wachsen und gedeihen können.«

Fünf Jahrzehnte später kann man nur feststellen, dass die Wachsamkeit und Informiertheit der Bürger nicht ausgereicht hat, eine friedliche Außenpolitik der USA zu erzwingen – etwa sechs Millionen Menschen, so schätzt der Politologe John Tirman vom Massachusetts Institute of Technology (MIT), sind seit 1945 durch Kriege der US-Armee ums Leben gekommen. Für die laufenden Kriege im Irak und Afghanistan liegt die Zahl der getöteten Zivilisten bei mindestens 650 000 beziehungsweise 100 000 in Afghanistan.

Wenn das niemand will, warum lassen sich dann doch immer Koalitionen der Willigen schmieden, die dieses massenhafte Morden veranstalten? Es ist der »unbefugte Einfluss« der »gigantischen industriellen und militärischen Verteidigungsmaschinerie« auf die Politik und auf die großen Medien. Diese übernehmen als Erfüllungsgehilfen die Aufgabe, »dem Volk zu sagen, es würde angegriffen«, indem sie die von Think Tanks und Strategen ausgebrüteten Kriegslügen unter das Volk bringen. Dann werden Aluminiumrohre auf der Titelseite der *New York Times* als Langstreckenwaffen dargestellt, um den Angriff auf den Irak zu legitimieren; oder, wie nach den 9/11-Anschlägen, gefälschte Videos von jubelnden Palästinensern weltweit auf allen TV-Kanälen ausgestrahlt, um die Niedertracht des »Feindes« zu demonstrieren. Die Liste ließe sich um viele Beispiele erweitern und zeigt, dass sich nichts geändert hat, seit die Nazis einen Überfall auf den Sender Gleiwitz inszenierten und dann behaupteten: »Seit 5.45 Uhr wird zurückgeschossen.«

Dass sich Menschenmassen wie eine verängstigte Schafherde leicht in eine Richtung treiben lassen, wenn sie mit einem Bedrohungsszenario konfrontiert werden – diese natürliche Reaktion ist der Grund für den Erfolg bellizistischer Panikmache. Sie ist ebenso »natürlich« wie die Gier, die durch die gigantischen Budgets der »Verteidigungsmaschinerie« erzeugt wird. Diese psychologischen Komponenten – die Empfänglichkeit für Angstszenarien und die Unersättlichkeit menschlicher Gier – lassen sich nicht qua Vernunft einfach abschalten. Eine Transparenz der Einflussnahme der »Verteidigungs«- und »Sicherheits«-Lobby auf Politik und Medien kann nur ein erster Schritt dahin sein. Solange der nicht vollzogen ist, bleibt nur die Wachsamkeit und Informiertheit der Bürger, die Eisenhower forderte. Sie besteht vor allem darin, sich von Feindbildern und Angstszenarien nicht weiter für dumm verkaufen zu lassen.

47 *Seit der Gründung vor 41 Jahren ist Greenpeace heute eine der größten Umweltorganisationen weltweit. Sind die Schlauchboothelden von einst mittlerweile eine tricksende und täuschende Lobbyorganisation wie viele andere?*

Von Jürgen Gottschlich

»Greenpeace hat sich schon seit längerem vom hemdsärmeligen Umweltschutz verabschiedet und ist in das krawattentragende Lobbying eingestiegen. Der Unterschied zwischen der

Initiative Neue Soziale Marktwirtschaft und Greenpeace ist, dass es keinen gibt. Das Campaining ist genau gleich, nur die Botschaft ist eine andere.« Das meint ein Leser der *Süddeutschen Zeitung* in einem Brief im Januar dieses Jahres. Er fordert deshalb: »Besteuert Greenpeace«, so wie andere Unternehmen auch. Der *SZ*-Leser ist kein Einzelfall, auch andere gehen mit der Regenbogenorganisation mittlerweile sehr ungnädig um. »Greenpeace«, befand ein *Focus*-Leser, »ist mittlerweile ein globaler Ökokonzern, der bei der Vermarktung seines Produkts genauso rücksichtslos und kriminell vorgeht, wie andere Konzerne auch.«

Sprechen da ideologische Gegner oder eher enttäuschte Liebhaber? Als Greenpeace kürzlich eine Studie veröffentlichte, wonach der Rückbau der deutschen Atomkraftwerke 44 Milliarden Euro kosten würde, die großen Energiekonzerne aber nur dreißig Milliarden Euro Rücklagen zu diesem Zweck gebildet hätten, schrieb ein *FAZ*-Leser erbost. »Es wäre ja nicht das erste Mal, dass Greenpeace mit falschen Zahlen operiert. Auch in der Brent-Spar-Affäre hat Greenpeace behauptet, in der Ölplattform wären 5500 Tonnen verseuchter Ölschlamm, tatsächlich waren es aber dann nicht mehr als die von Shell angegebenen hundert Tonnen. Das hat Methode: mit Hilfe der Medien eine Drohkulisse aufbauen, für die konkreten Zahlen interessiert sich ja dann nachher sowieso niemand mehr. Die Medien lassen sich ja gerne vor den grünen Wagen spannen, da sitzen ja immer die Guten drauf.«

Damit erinnert der Leserbriefschreiber an einen wunden Punkt, der tatsächlich so etwas wie der Verlust der Unschuld für Greenpeace war. Von ihrer – zumindest in Europa – erfolgreichsten Kampagne blieb bei vielen Beobachtern und selbst bei Greenpeace-affinen Medien vor allem eins hängen: Greenpeace hat manipuliert. Am 30. April 1995 besetzten Greenpeace-Mitglieder nordöstlich der Shetlandinseln die Ölverladeplattform Brent Spar mitten in der Nordsee, die von ihrem Besitzer, dem Shell-Konzern, nicht mehr gebraucht wurde und deshalb einfach im Meer versenkt werden sollte. Damit wäre nicht nur das Stahlungetüm, sondern mit ihm der im Unterbauch der Plattform über Jahre abgelagerte giftige Ölschlamm auf immer in den Fluten versunken. Statt dass einer der reichsten Konzerne der Welt das Meer als Abfallhalde missbraucht, forderte Greenpeace von Shell, die Plattform an Land zu schleppen und dort umweltverträglich zu entsorgen.

Der Erfolg der Kampagne übertraf die kühnsten Erwartungen von Greenpeace. In Deutschland, später auch in den Beneluxländern und Großbritannien, führte die Greenpeace-Aktion zu einem überwältigenden Medienecho mit einem anschließenden, bis dahin nie dagewesenen Konsumentenboykott. Die Leute gingen einfach bei Shell nicht mehr tanken. Gab der Konzern sich zunächst arrogant und hartleibig, kam es angesichts der immensen Verluste im Tankstellengeschäft schließlich zum Rückzug. Am 20. Juni, knapp zwei Monate nach Beginn der Besetzung der Brent Spar, ließ Shell verlauten, dass die Plattform nach Norwegen geschleppt und dort an Land entsorgt werde.

Doch einen Monat zuvor machte Greenpeace einen entscheidenden Fehler. Die Organisation verkündete am 18. Juni, dass nach neuesten Messungen in der Brent Spar vermutlich 5500 Tonnen Giftschlamm statt der von Shell angegebenen rund hundert Tonnen lagerten. Greenpeace setzte ohne Not noch eins drauf und brachte die Zahl in Umlauf, obwohl die Kampagne bereits ein Riesenerfolg war und die Menge des giftigen Ölschlamms dabei kaum eine Rolle spielte. Doch Shell konnte bald beweisen, dass seine Zahl von rund hundert Tonnen stimmte – und Greenpeace musste sich bei Shell und der Öffentlichkeit entschuldigen.

Dieses Eingeständnis im September 1995 kam just zu einem Zeitpunkt, als Greenpeace – beflügelt von seinem Brent-Spar-

Erfolg – im Pazifik vergeblich versuchte, oberirdische Atomwaffentests Frankreichs auf dem Mururoa-Atoll zu verhindern. Beides zusammen führte nach dem Jubel vom Frühjahr zum Kater im Herbst. Aus der »Weltmacht Greenpeace« (*Stern*) war plötzlich die Truppe geworden, die wie andere Organisationen auch die Menschen mit falschen Zahlen manipuliert. In einer Rückschau zehn Jahre später schreibt Greenpeace selbst: »Heute gilt es wahrscheinlich einer Mehrheit von Medienvertretern als erwiesen, dass Greenpeace seine gewaltige Brent-Spar-Kampagne von 1995 auf falschen Messdaten gegründet hatte (*FAZ*), denn selbst die *taz* schrieb, Greenpeace lag mit der Besetzung der Brent Spar daneben.« Der Schaden für Greenpeace war verheerend, vor allem die Medien wurden der Organisation gegenüber sehr skeptisch.

Die falschen Zahlen von 1995 hängen Greenpeace bis heute nach, doch die Organisation hat noch ein anderes, grundlegenderes Problem. Die alten Aktionsformen ziehen nicht mehr. Im Mai 2011 entert Greenpeace erneut eine Shell-Plattform, dieses Mal eine Ölbohrplattform in der Arktis, wo der Konzern trotz des BP-Desasters im Golf von Mexiko im April 2010 eine Tiefenbohrung in einer der ökologisch sensibelsten Zonen der Erde vornehmen will. Die Greenpeace-Leute werden von der dänischen Marine aufgebracht, Greenpeace werden hohe Geldstrafen angedroht, wenn sie sich der Plattform noch einmal nähern, und obwohl sich daraufhin Greenpeace-Chef Kumi Naidoo per Hubschrauber extra noch einmal auf die Plattform fliegen lässt, bleibt das Medienecho gering.

David gegen Goliath, Schlauchboothelden gegen Schweinekonzerne: Das lang erprobte Greenpeace-Konzept des zivilen Ungehorsams funktioniert nicht mehr. Das hängt nicht nur damit zusammen, dass die »spektakulären Aktionen« sich abgenutzt haben, sondern auch, weil aus dem David von einst selbst eine mächtige Organisation geworden ist. Im Jahr 2010 verfügte Greenpeace insgesamt über einen Etat von rund 200 Millionen Euro. Greenpeace hat weltweit 1200 feste Mitarbeiter, von denen die meisten keine Schlauchboot-, sondern Kommunikationsexperten sind. Mailkampagnen haben die spektakulären Abseilaktionen größtenteils ersetzt, statt auf die Schornsteine steigen die Greenpeacer den Konzernen jetzt schon mal ins Hinterzimmer.

Dazu gehört ein Lobbying, das sich zumindest von der Form her von den Industrieverbänden nicht mehr grundsätzlich unterscheidet. Statt auf Konfrontation setzt Greenpeace jetzt häufiger auf Kooperation. Als Beispiel nennt Kumi Naidoo, der als erster Afrikaner seit 2009 an der Spitze der Umweltorganisation steht, wie man Nestlé davon habe überzeugen können, seine Zusammenarbeit mit dem indonesischen Palmölproduzenten Sinar Mas zu beenden, weil dieser großflächig Regenwälder abholzen würde. Intensive Gespräche mit der Geschäftsführung hätten dazu geführt, dass Nestlé den Imageschaden höher veranschlagte als den Gewinn aus der Zusammenarbeit. Noch wird Greenpeace, anders als dem World Wildlife Fund (WWF), nicht vorgeworfen, sich mit globalen Konzernen gemein zu machen oder gar für den eigenen finanziellen Vorteil zu arbeiten, doch die Organisation muss aufpassen. Die Spender, die die 200 Millionen Euro für Greenpeace jährlich aufbringen, haben über die Verwendung der Gelder traditionell wenig zu sagen, und auch von den Hauptamtlichen sind nur wenige Leute in die vertraulichen Gespräche mit Staatspräsidenten und Konzernlenkern eingebunden.

Greenpeace ist zu einer weltweiten Marke geworden. Will die Organisation nicht zu einer Lobbygruppe unter anderen werden, müssen Glaubwürdigkeit und Transparenz an erster Stelle stehen.

48 *Europa ist stolz auf seine demokratischen Strukturen. Warum gibt es dann in Belarus immer noch einen Diktator?*

Von Barbara Oertel

Am 10. Juli 1994 wurde Alexander Lukaschenko mit 80,1 Prozent zum ersten Präsidenten der seit zweieinhalb Jahren unabhängigen Republik Belarus gewählt. Damals hätten wohl nur wenige vorausgesagt, dass sich an der heutigen Außengrenze der Europäischen Union in dem Zehn-Millionen-Einwohnerstaat ein Regime etablieren würde, das zu Recht als die »letzte Diktatur in Europa« bezeichnet wird. Dabei war bereits 1996 abzusehen, wohin die Reise gehen würde. Bei einem Referendum am 24. November ließ sich der frühere Direktor einer Sowchose weitreichende Verfassungsänderungen absegnen, die seine Amtszeit verlängerten, seine Vollmachten erweiterten und es ihm ermöglichten, das Parlament auszuschalten.

Heute, nach achtzehn Jahren und drei gefälschten Präsidentschaftswahlen, ist Lukaschenko immer noch an der Macht. Gestützt auf einen gigantischen Sicherheitsapparat geht der 57-Jährige mit drakonischen Methoden gegen seine Widersacher vor, wobei sich die gleichgeschaltete Justiz bei den schweren Menschenrechtsverletzungen immer wieder als verlässlicher und willfähriger Erfüllungsgehilfe erweist. Kritiker verschwinden – wenn nicht gleich ganz – auf Jahre in Gefängnissen, wo sie grausam gefoltert werden. Derzeit sitzen vierzehn politische Gefangene in belarussischen Knästen ein – darunter der Sozialdemokrat und alternative Präsidentschaftskandidat bei den Wahlen 2010 Nikolai Statkewitsch sowie der Vorsitzende der Menschenrechtsorganisation »Vjasna« Ales Beljazki. Die Massenmedien sind fast ausnahmslos staatlich und beten stumpf Lukaschenkos Propaganda nach. Die wenigen unabhängigen Blätter werden durch

Schikanen aller Art – wie Geldstrafen, Verwarnungen oder Konfiszierung von technischer Ausstattung – bei ihrem Erscheinen und ihrer Verbreitung behindert. Auch die Nutzung des Internets versucht die Regierung durch entsprechende Gesetze zu reglementieren.

Im vergangenen März demonstrierte der Autokrat vor aller Welt seine ganze Menschenverachtung, als er zwei junge Männer hinrichten ließ. Die beiden waren in einem Schauprozess eines Bombenanschlages in einer Minsker-U-Bahn-Station schuldig gesprochen worden, der am 11. April 2011 fünfzehn Menschen das Leben gekostet hatte. Mittlerweile scheint es Lukaschenko auch nicht einmal mehr für nötig zu befinden, den wahren Charakter seiner Herrschaft zu verschleiern. Dem deutschen Außenminister Guido Westerwelle beschied er im vergangenen März als Reaktion auf dessen Kritik, dass es immer noch besser sei, ein Diktator zu sein als schwul.

Die Gründe dafür, warum dieser Mann noch immer fest im Sattel sitzt, sind vielfältig. Trotz einer tiefen Wirtschaftskrise wird Lukaschenko vor allem von einem Großteil der weniger gut ausgebildeten älteren Landbevölkerung immer noch unterstützt – wenngleich in weit geringerem Ausmaß, als das Regime glauben macht. Aber auch viele derjenigen, die sich einen Wandel wünschen, sind durch den harten Repressionskurs eingeschüchtert. Sie haben sich von der Politik abgewandt und erdulden lieber das System Lukaschenko, als durch Aufbegehren den Verlust des Studien- oder Arbeitsplatzes beziehungsweise noch Schlimmeres zu riskieren. Ein anschauliches Beispiel für diese weit verbreitete Apathie liefert eine spontane Straßenumfrage der unabhängigen Zeitung *Nascha Niwa* Anfang Juli in Minsk. Keiner der Angesprochenen konnte sagen, wie lange Lukaschenko bereits regiert, wobei die Schätzungen von vier bis dreißig Jahren reichten.

Zivilgesellschaftliche Strukturen sind erst im Entstehen begriffen und die politische Opposition ist marginalisiert – nicht zuletzt auch eine Folge des Umstandes, dass einige ihrer führenden Köpfe kaltgestellt worden oder außer Landes gegangen sind. Dessen ungeachtet hat sie es bisher nicht vermocht, ihre Kräfte zu bündeln und eine glaubwürdige Alternative zu formulieren.

Nicht nur der Repressionsmaschinerie im Inneren des Landes verdankt Lukaschenko seinen Verbleib im Präsidentenpalast. Russland hat ebenfalls einen nicht unerheblichen Anteil daran. Aus Sicht des Kremls, der immer noch an Amputationsschmerzen nach dem Untergang der Sowjetunion leidet, geht es in allererster Linie darum, das Abdriften seiner ehemaligen Bruderrepubliken gen Westen zu verhindern. Im Falle von Belarus funktioniert das bislang über die Vergabe günstiger Kredite sowie Gas- und Öllieferungen zu Vorzugspreisen.

Doch auch die EU leistet einen wertvollen Beitrag dazu, dass Lukaschenko seine Widersacher weiterhin wegsperren und quälen kann. Zwar hat Brüssel, das sich ja demokratischen Grundwerten verpflichtet sieht, in der Vergangenheit immer wieder versucht, Druck auf Minsk im Hinblick auf eine Liberalisierung auszuüben. So wurden 2004 erstmals Sanktionen in Form von Einreiseverboten und dem Einfrieren von Konten gegen führende Vertreter des Regimes verhängt. Nach einer zwischenzeitlichen Aussetzung der Strafmaßnahmen setzte die EU diese im Januar 2011 wieder in Kraft. Sie reagierte damit auf die brutale Niederschlagung der Massenproteste gegen die gefälschten Präsidentenwahlen am 19. Dezember 2010 und die Verhaftung hunderter Demonstranten. Zum vorläufig letzten Mal wurde die sogenannte Visa-Bannliste per Beschluss vom 23. März 2012 auf nunmehr 243 Personen und 32 Firmen erweitert.

Doch trotz der verschärften politischen Gangart funktionieren die Geschäftsbeziehungen zwischen Belarus und der EU, die für Minsk der wichtigste Handelspartner ist, prächtig. 2011 erhöhten sich im Vergleich zum Vorjahr die Exporte aus Belarus (vor allem Düngemittel sowie Produkte der Stahl- und Rohölverarbeitung) in die EU um mehr als das Doppelte. Das entspricht einem Handelsbilanzüberschuss von sechs Milliarden US-Dollar. Auch Deutschland tat kräftig mit, das belarussische Regime, in dem siebzig Prozent der Wirtschaft in staatlicher Hand sind, zu stützen. In den ersten elf Monaten des Jahres 2011 erhöhte sich das Handelsvolumen zwischen den beiden Staaten im Vergleich zum gleichen Zeitraum des Vorjahres um 158 Prozent auf 1,6 Milliarden US-Dollar.

Wie ernst einige EU-Mitgliedstaaten Demokratie und Menschenrechte nehmen, wenn wirtschaftliche Interessen im Spiel sind, zeigte das Verhalten Lettlands und der Slowakei im Vorfeld der jüngsten Sanktionsverschärfungen. So versuchten die Regierungen – letztlich vergeblich – mit ihrem Veto unter anderem die Aufnahme des millionenschweren belarussischen Geschäftsmannes und Lukaschenko-Vertrauten Jurij Tschich auf die schwarze Liste der in der EU unerwünschten Personen zu verhindern. Der Grund: Firmen beider Länder sind im Auftrag von Tschichs Unternehmen an der Umsetzung größerer Investitionsprojekte beteiligt.

»Europas blühender Handel inmitten einer politischen Eiszeit, das sind die stabilisierenden Lebensadern des Regimes«, sagt der grüne EU-Abgeordnete Werner Schulz. »Wenn Europa nicht bereit ist, diese Kanäle zu kappen, können wir unsere Hoffnungen auf einen demokratischen Wandel des Landes begraben.« Und die beiden russischen Belarusexperten Olga Zacharowa und Jurij Dschibladse schreiben: »Die EU hätte genug wirtschaftliche Hebel, um auf Lukaschenko Einfluss zu nehmen. Die Frage ist, ob die Regierungen der EU-Staaten den politischen Willen besitzen, diesen Teufelskreis zu durchbrechen und damit verhindern, dass der Diktator an der Macht bleibt.« Im Moment sieht es leider nicht so aus, dass die EU-Staaten bereit wären, diese Hebel anzuwenden und das System Lukaschenko durch verschärfte Wirtschaftssanktionen unter Druck zu setzen.

Gerade deshalb wäre es von immenser Bedeutung, ein klares politisches Zeichen zu setzen und sich endlich zu weitreichenden Visa-Erleichterungen für die belarussische Bevölkerung durchzuringen. Das wäre ein wichtiger Beitrag zur Stärkung der dortigen Zivilgesellschaft. Doch bislang wird dieser Schritt noch von den Innenministern der beteiligten Staaten torpediert. Ein fatales Signal!

49 *Irak ist eines der erdölreichsten Länder der Welt. Warum haben die Iraker auch zehn Jahre nach dem Krieg immer noch keinen Strom?*

Von Inga Rogg

Er hat einen der wichtigsten Berufe im Irak: der Generatorenmann. Ohne ihn ist das Leben in Bagdad im Hochsommer, wenn das Thermometer auf bis zu fünfzig Grad klettert, kaum auszuhalten. Die privaten Generatorenbetreiber springen dort ein, wo der Staat versagt. Denn Strom ist im Land mit den drittgrößten Erdölverkommen weltweit immer noch Mangelware. Dass der Irak eine funktionierende Stromversorgung hatte, ist rund dreißig Jahre her. Kriege, Sanktionen und Misswirtschaft haben die Infrastruktur in Mitleidenschaft gezogen.

Mitte 2012 hat der Irak rund 8 000 Megawatt Strom produziert – das ist zwar doppelt so viel Strom wie vor dem Einmarsch der Amerikaner, doch von der Deckung des auf 15 000 Megawatt geschätzten Bedarfs ist der Irak weit entfernt. Nur die Kurden, deren Teilstaat rund ein Fünftel des Gesamtstroms produziert und zur Deckung des Eigenbedarfs verwendet, haben inzwischen fast rund um die Uhr Strom. In Bagdad und im Rest des Landes liefert das öffentliche Netz nur ein paar Stunden Strom am Tag. Oft geht er freilich sofort wieder aus, kaum dass er angegangen ist. »Traffic Light« nennen das viele. Kein Wunder, dass das Geschäft mit dem Privatstrom blüht.

Ahmed Munadhel stieg vor fünf Jahren ein, nachdem er seinen Job bei einer staatlichen Metallfabrik verloren hatte. Diese hatte ausgerechnet wegen Strommangels die Produktion einstellen müssen. Für 5 000 Dollar kaufte sich Munadhel zwei gebrauchte Hundert-Kilowatt-Dieselaggregate, mit denen er im Bagdader Stadtteil Jaderiya täglich hundert Haushalte für neun Stunden mit Strom beliefert. Einen Teil des Diesels bekommt er zum Subventionspreis von der Regierung. Allein für das Allernötigste wie Licht, Kühlschrank und Fernseher blättern seine Kunden fast fünfzig Dollar im Monat auf den Tisch.

Im Sturm hatten die Amerikaner im Frühjahr 2003 den Despoten Saddam Hussein hinweggefegt. Dass sie nicht mit gleicher Geschwindigkeit die Stromversorgung auf Vordermann bringen konnten, konnten viele Iraker lange Zeit nicht fassen. Jahrelang machte die extreme Gewalt den Wiederaufbau fast unmöglich. Untergrundkämpfer griffen nicht nur die US-Truppen, sondern auch Elektrizitätswerke und Umspannstationen an. Und etliches, das die Amerikaner planten, ging an der irakischen Realität vorbei. Etwa 4,6 Milliarden Dollar hat Washington in die irakische Elektrizitätsversorgung investiert. In seinem letzten Quartalsbericht vom April 2012 stellte Stuart Bowen, Generalinspektor für den Wiederaufbau im Irak, fest, dass Washington möglicherweise Milliarden Dollar in den Sand gesetzt hat.

Tausende von Wiederaufbauprojekten im Wert von 51 Milliarden Dollar drohten nach dem Abzug der US-Armee zu scheitern, so Bowen. Die irakische Regierung sei nicht in der Lage, die Anlagen zu warten und langfristig zu betreiben. Nach dreißig Jahren Kriegen und Sanktionen fehlen dem Irak gut qualifizierte Techniker und Handwerker. Doch mangelnde Kapazität ist nur ein Problem. Viel schlimmer sind die undurchsichtige Bürokratie und die endemische Korruption.

Im August letzten Jahres musste der damalige Elektrizitätsminister seinen Hut nehmen, nachdem bekannt wurde, dass das Ministerium Verträge mit Schwindlern abgeschlossen hatte. Ein deutsches und ein kanadisches Unternehmen, die es gar nicht gab, hatten sich einen Auftrag in Höhe von 1,7 Milliarden Dollar gesichert. Der Irak ist eines der korruptesten Länder der Welt. Zehn Prozent der Auftragssumme und mehr müssen laut Insidern hingeblättert werden, um einen Auftrag zu ergattern. Aber selbst dann können oft Jahre ins Land gehen, bis ein Auftrag tatsächlich vergeben und ausgeführt wird. In der »Doing Business«-Statistik der Weltbank nimmt der Irak mit Rang 164 einen der untersten Listenplätze ein.

So unterzeichnete die Regierung zum Beispiel bereits 2008 mit Siemens einen Vertrag über den Bau eines Gasturbinenkraftwerks, das 2000 Megawatt Strom liefern soll und rund eineinhalb Milliarden Dollar kosten wird. Dann versickerte der Auftrag in den dunklen Kanälen der irakischen Bürokratie, so dass die Bauarbeiten erst vor einigen Monaten beginnen konnten.

Einen Teil der Stromknappheit ließe sich durch Nutzung des Gases lösen, das bei der Erdölförderung abgefackelt wird. Aber entsprechende Pläne kommen nicht voran. Unmengen an Strom gehen zudem aufgrund der maroden Infrastruktur verloren. Würde man das Stromnetz erneuern, ließen sich die Verluste um mehr als ein Drittel reduzieren, sagen Experten.

Im vergangenen Jahr gingen tausende aus Protest gegen die miserablen Dienstleistungen auf die Straße. Mittlerweile hat die Regierung den Import von Strom aus dem Iran und der Türkei erhöht. Die Staatsmedien überschlagen sich mit Berichten über neue Vertragsabschlüsse. Doch selbst wenn diese realisiert werden, wird es aus Sicht von Fachleuten noch Jahre dauern, bis es im Irak wieder 24 Stunden Strom am Tag gibt. Die Gründe für die jetzige Misere sind vielfältig: Kriege und Sanktionen, Versagen der Amerikaner beim Wiederaufbau und fehlendes irakisches Know-how sowie Korruption und eine maßlose Bürokratie, die Investitionen behindert. Und der Bedarf wächst. Männer wie Ahmed Munadhel, der Generatorenbetreiber in Jaderiya, werden voraussichtlich noch lange Arbeit haben.

50 *Warum unterstützen so viele Männerorganisationen das Patriarchat, obwohl die große Mehrheit der Männer dadurch nur Nachteile hat?*

Von Ute Scheub

Immer mehr Studien fördern zutage, dass nicht nur Frauen unter patriarchalischer Gesellschaften leiden, sondern auch die große Mehrheit der Männer. Die Männerherrschaft beschert ihnen ein verkürztes, stressiges und schlechtes Leben. In Deutschland und Österreich ist das Leben von Männern im Schnitt sechs Jahre kürzer als das von Frauen, in Frankreich acht und in Russland sogar zehn bis dreizehn Jahre. Das hat keine biologischen Gründe, denn in Klöstern leben Nonnen und Mönche etwa gleich lang. Männer sterben weltweit signifikant öfter an Selbstmord, Unfällen, Gewalt, Krebs, Alkohol- oder Drogenmissbrauch, Mord und Risikoverhalten. Hierzulande sind zwei Drittel aller Notfallpatienten, drei Viertel aller Selbstmörder, achtzig Prozent aller Suchtkranken und über neunzig Prozent aller Häftlinge in Strafanstalten männlich.

Die Mehrzahl der Opfer männlicher Gewaltakte ist ebenfalls männlich, sieht man von Sexualdelikten ab, die vor allem Frauen und Kinder betreffen. Dem größten Teil der Männer trägt das Patriarchat also mehr Nachteile als Vorteile ein. Und dennoch wehrt sich kaum ein Mann dagegen. Warum?

Ein Grund dafür sind die »ganz normalen« Männerseilschaften in Politik, Wirtschaft und Militär, die dafür sorgen, dass die Quote erhalten bleibt – die Männerquote, die in Spitzenpositionen regelmäßig zwischen neunzig und hundert Prozent liegt. Viele dieser Männer sehen sich nicht als Frauenfeinde, weil sie sich einen ganzen Stall von Geliebten halten. Sie wollen in ihren Machtgefilden bloß nicht von Frauen gestört werden.

Diese Herren an der Spitze sind die einzigen echten Nutznießer des Patriarchats. In diesem stark hierarchisierten System stehen nur wenige Sieger ganz oben, dafür aber gibt es sehr viele Verlierer. Doch die Sieger haben es gar nicht nötig, Werbung in eigener Sache zu machen – sie stellen die patriarchalischen Strukturen einfach durch ihr Handeln ständig (wieder) her. Und weil sie so erfolgreich sind, glauben unzählige Männer, patriarchalische Macht sei unglaublich attraktiv, sie müssten ihnen nacheifern, sie müssten genauso werden, genauso »stark«, »unabhängig«, »autonom« und »durchsetzungsfähig«. Damit gelingt es dieser Lobby von Topmachos, ein für die große Mehrheit der Gesellschaft völlig kontraproduktives Rollenbild aufrechtzuhalten, ohne einen Cent für PR ausgeben zu müssen.

Vielen Männern sind diese Zusammenhänge aber überhaupt nicht klar, oder sie trauen sich nicht, darüber zu reden, weil sie sonst Gefahr laufen, als »unmännlich« oder »schwach« markiert zu werden. Patriarchalische Strukturen sind untrennbar mit Macht und Herrschaft verbunden, mit Werten wie Überlegenheit, Härte und Kampfbereitschaft, Durchsetzungs- und Leistungswillen. Die Erfolgreichsten sehen gerne auf alle anderen herab und diskriminieren sie als »weibisch«, »Weicheier« und »Schlappschwänze«, »Warmduscher« und »Frauenversteher« – eine symbolische Kastration.

Daneben gibt es noch die expliziten männlichen Lobbygruppen. »Maskulinisten« und »Männerrechtler« sprechen an Stammtischen dem Alkohol offenbar so gerne zu, dass sie die Kanzlerin nicht nur doppelt, sondern zigfach sehen: Überall wittern sie ein »Matriarchat« an der Macht. Zu deren übelsten Vertretern gehören die Fans des norwegischen Attentäters Anders Breivik, der in Europa eine »Verschwörung« zwischen Feministinnen und Moslems am Werk sah, die die arischen Christen entmännlichen wollten. Aber auch viele andere Männerrechtler tummeln sich im evangelikalen, rechtspopulistischen oder rechtsradikalen Lager. Wer es genauer wissen will, dem sei die bei der Heinrich-Böll-Stiftung erschienene Studie von Hinrich Rosenbrock ans Herz gelegt, der ihre wichtigsten deutschen Vertreter – etwa »agens« und »MANNdat« – untersucht.

Alle anderen leiden unter den Rollenzwängen der patriarchalischen Hierarchien, unter ständigem Stress und manchmal mörderischer innermännlicher Konkurrenz, viele bezahlen dafür mit ihrer psychischen und physischen Gesundheit. Aber sie glauben, das sei »normal«, Konkurrenz müsse mann im Kapitalismus nun mal hinnehmen. Oder sie wollen ebenso werden wie die Spitzenmänner – koste es, was es wolle.

Auch die Medien werden mehrheitlich von Männern gesteuert. Brutalitäten unter Männern werden deshalb nur wenig thematisiert, sie gelten als »normal«. Die am meisten verschwiegene und verleugnete Form von Gewalt ist sexuelle Gewalt von Männern gegen Männer. In den USA sind bis zu einem Fünftel der männlichen Häftlinge sexuellen Gewaltakten ausgesetzt. In iranischen Gefängnissen wurden nach den Unruhen von 2009 verhaftete Demonstranten vergewaltigt. Eine repräsentative anonyme Befragung in Südafrika brachte zutage, dass fast drei Prozent aller Vergewaltiger sich auch an ihrem Geschlecht vergangen hatten und zehn Prozent aller Männer bereits Opfer von sexueller Gewalt geworden waren. In zahllosen Kriegen kam es zu Vergewaltigungen männlicher Opfer, in der Demokratischen Republik Kongo ebenso wie in Ex-Jugoslawien.

Doch systematische Studien über das Ausmaß scheitern am Schweigen der Opfer. Das sei »das Tabu des Tabus«, sagt die Sozialwissenschaftlerin Dubravka Zarkov, die zu Vergewaltigungen von Männern in den Balkankriegen geforscht hat. Nichts sei für das Patriarchat bedrohlicher zu thematisieren als die Vergewaltigung von Männern durch Männer, glaubt auch Yakin Ertürk, die frühere UN-Sonderberichterstatterin über Gewalt gegen Frauen. Denn diese zerstöre den Mythos von der männlichen Wehrhaftigkeit. Opfer zu sein gilt als »unmännlich«.

Der kanadische Soziologe Michael Kaufman analysiert das Patriarchat als »Triade von Gewalt« – Gewalt gegen Frauen, gegen andere Männer und gegen sich selbst. Er sieht deshalb ein »Paradox der Männermacht«: Dieselben Mittel, die zur offenbar als lustvoll empfundenen männlichen Macht führten, seien »die Quelle enormer Angst, Isolation und Leiden auch für uns Männer«, weil machtvolles Handeln eine Art Körperpanzer und angstvolle Distanz zu anderen erfordere. Die verinnerlichten Anforderungen an Männlichkeit zu erfüllen, sei extrem anstrengend. Aus Furcht, nicht männlich genug zu sein, gerieten besonders Heranwachsende schnell »in Turbulenzen von Angst, Isolation, Ärger, Selbstbestrafung, Selbsthass und Aggression.« In einem solchen emotionalen Zustand werde Gewalt zu einem Kompensationsmechanismus. Sie sei ein Weg, um das männliche Gleichgewicht zu stabilisieren. Täter wählten daher gewöhnlich ein schwächeres Opfer: Kinder, Frauen, Schwule, religiöse oder soziale Minderheiten oder Migranten.

Gerade das »Schwulenklatschen« mache den Akt der Kompensation besonders deutlich. Die Täter seien zumeist Jugendliche in einer Lebensphase, in der sie ihre Identität als extrem unsicher und fragil erlebten. Um ihr Mannsein zu beweisen, schöben sie anderen die Rolle des »Unmännlichen« gewaltsam zu.

Gleichberechtigung hingegen mindert nachweislich Gewalt und hebt die Lebensqualität beider Geschlechter. In vergleichsweise egalitären Gesellschaften wie Skandinavien leben Männer fast genauso lang wie Frauen. In statistischen Analysen von jeweils mehr als hundert Ländern fanden Forscher wie Mary Caprioli, Marc A. Boyer, Erik Melander oder Margrit Bussman heraus: Staaten verfolgen eine friedliche Außenpolitik, wenn viele Frauen in ihren Parlamenten vertreten sind, wenn diese schon lange das Wahlrecht haben, wenn ein hoher Prozentsatz von ihnen bezahlt arbeitet und die Geburtenrate niedrig ist. Der innere Frieden in einer Gesellschaft wird durch die politische Repräsentation von Frauen, durch ihre ökonomische Teilhabe am Arbeitsmarkt und ihren Zugang zu Gesundheit und Bildung stabilisiert; Geschlechtergleichheit befördert eine gute Regierungsführung, Entwicklung und Demokratie. Und in ihrem Buch *Gleichheit ist Glück – warum gerechte Gesellschaften für alle besser sind* zeigen Kate Pickett und Richard Wilkinson, dass Menschen in Gesellschaften mit vergleichsweise viel Gleichheit gewaltärmer, länger und zufriedener leben, glücklicher und gesünder sind.

Das Patriarchat macht wütend, aggressiv, gewalttätig, unglücklich, krank und dick – Letzteres aufgrund von Frustessen. Dort aber, wo Frauen gestärkt werden, leben auch Männer besser.

Die Autorinnen und Autoren

Cigdem Akyol, Redakteurin der *taz* mit Schwerpunkt für gesellschaftspolitische Themen

Daniel Bax, Redakteur der *taz* in der Innenpolitik mit dem Schwerpunkt auf Migrationsthemen

Svenja Bergt, Redakteurin der *taz* mit Schwerpunkt auf umweltpolitischen Themen

Eric Bonse, Korrespondent in Brüssel, unter anderem für die *taz*

Mathias Bröckers, freier Autor, berät die *taz* seit 2006 bei ihrer Onlineentwicklung. Über 9/11 schrieb er drei internationale Bestseller.

Johannes Gernert, Redakteur der *taz*, betreut für die *sonntaz* die »Ganze Geschichte«.

Jürgen Gottschlich, Korrespondent in Istanbul unter anderem für die *taz*, vormals stellvertretender Chefredakteur der *taz* und später der *Wochenpost*

Ulrike Herrmann, Redakteurin der *taz* mit dem Schwerpunkt auf Wirtschaft. Sie schrieb zuletzt *Hurra, wir dürfen zahlen! Der Selbstbetrug der Mittelschicht*.

Helmut Höge, langjähriger Autor und Aushilfshausmeister der *taz*, ist seit 1983 unter anderem der »Glühbirnenverschwörung« auf der Spur.

Heike Holdinghausen, Redakteurin der *taz* im Ressort Wirtschaft und Umwelt, schrieb zuletzt (mit Armin Reller) *Wir konsumieren uns zu Tode*.

Annette Jensen, freie Journalistin und Buchautorin mit Schwerpunkt für ökologische und Zukunftsthemen

Hannes Koch, freier Journalist und Buchautor zu wirtschafts- und umweltpolitischen Themen, zuletzt (mit P. Unfried und B. Pötter) *Stromwechsel. Wie Bürger und Konzerne um die Energiewende kämpfen*

Edith Kresta, Redakteurin der *taz*, leitet die Reiseredaktion.

Manfred Kriener, Chefredakteur des Umweltmagazins *ZEO2*

Meike Laaf, Redakteurin der *taz* mit Schwerpunkt auf netzpolitischen Themen

Peter Lehmann, freier Autor, Gründer des Anti-Psychiatrie-Verlags, mit zahlreichen Veröffentlichungen zum Thema: www.peter-lehmann.de

Jost Maurin, Redakteur der *taz* mit Schwerpunkt auf agrarpolitischen Themen

Bernd Müllender, freier Journalist, schreibt seit langem für die *taz* und arbeitet als Fußballtherapeut in Aachen.

Barbara Oertel, Redakteurin der *taz* im Ressort Ausland mit Schwerpunkt Osteuropa

Sabine am Orde, Politikwissenschaftlerin und Journalistin, ist stellvertretende Chefredakteurin der *taz*. Ihr Schwerpunkt ist die Innenpolitik, ihr besonderes Interesse gilt der Migrations-, Integrations- und Flüchtlingspolitik.

Stefan Reinecke, Redakteur der *taz* im Parlamentsbüro

Inga Rogg, Korrespondentin für den Nahen Osten unter anderem für die *taz* und die *Neue Züricher Zeitung*

Richard Rother, Redakteur der *taz* im Ressort Umwelt und Wirtschaft mit Schwerpunkt für Verkehr und Mobilität

Ute Scheub, freie Journalistin und Schriftstellerin, schreibt über Feminismus, Ökologie und Friedenspolitik.

Tom Schimmeck, freier Journalist mit Schwerpunkt Rundfunkfeatures zu Medienthemen und Afrikakorrespondenz, zuletzt schrieb er *Am besten nichts Neues: Medien, Macht und Meinungsmache*.

Gaby Sohl, Autorin, arbeitet als Assistenz der *taz*-Chefredaktion und schrieb unter anderem über *Professionelle Logik, Psychopharmaka und das hoh(l)e Lied der Sachzwänge.*

Antje Stiebitz, freie Journalistin mit Schwerpunkt für entwicklungspolitische Themen

Ulrike Winkelmann, Redakteurin der *taz* und Leiterin des Ressorts »Inland«